浦东文化丛书

黄炎培撰传选

栾晓明 编

上海遠東出版社

图书在版编目(CIP)数据

黄炎培撰传选/栾晓明编. —上海：上海远东出版社，2022
(浦东文化丛书)
ISBN 978-7-5476-1800-4

Ⅰ. ①黄… Ⅱ. ①栾… Ⅲ. ①人物—列传—世界 Ⅳ. ①K811

中国版本图书馆 CIP 数据核字(2022)第 044242 号

策　　划 黄政一
责任编辑 黄政一
封面设计 李　廉
封面摄影 黄政一

浦东文化丛书
黄炎培撰传选
栾晓明 编

出　　版 上海远东出版社
(201101 上海市闵行区号景路 159 弄 C 座)
发　　行 上海人民出版社发行中心
印　　刷 浙江临安曙光印务有限公司
开　　本 710×1000 1/16
印　　张 21.5
插　　页 1
字　　数 351,000
印　　数 1-1050
版　　次 2022 年 8 月第 1 版
印　　次 2022 年 8 月第 1 次印刷
ISBN 978-7-5476-1800-4/K・190
定　　价 88.00 元

上海市浦东新区地方志办公室
“浦东文化丛书”编辑委员会

前言

“天生万物皆我与，论交四海恨犹窄。”1927 年，时年五十的黄炎培被蒋介石南京国民政府通缉，不得不避居大连。在人生的第二次政治流亡中，他以“答赠大连宗风、浩然两诗社中日诸友”为题，写下了以上两句诗。

诗中的“论交四海”可谓没有一丝夸诩的成分：邀请杜威演讲并与之辩论，在旧金山街头与傅兰雅晤谈，在纽约西橘村与爱迪生餐叙合影[①]等，黄炎培的“四海之交”个个堪称震古烁今的人物。遍览中国近代史，恐怕只有同样赁居在“内史第”的胡适差堪与之比肩。两人中的任何一人，仅凭记录其一生的交游，足可以勾勒出一部中国近代史来。只不过，胡适的结交之广，大多从朋友写胡适的角度来看[②]；黄炎培的各位朋友，则要从黄炎培的笔头下去寻找。

与时辈的钱穆、梁漱溟等人不同，黄炎培描写友人的文章并没有结撰成集。晚年的黄炎培自述写作了一部《旧友访谈录》，记录下夏蔚如、黄安生、洪铸生、钟子年、吴士翘、张新吾、李印泉等生平好友[③]，惜乎手稿未见。其实，自幼爱好“掇拾里闻”的黄炎培，早年一遇“乡里间咫闻尺见辄喜笔之于书[④]”，可惜新场党狱一起，家人将其付之一炬，片纸不存。所幸的是，平时因为应酬、发表的需要，黄炎培也撰作了大量人物传状、碑铭哀诔，散见于各处报纸、期刊，此番将其蒐辑单行，或许可以稍稍弥补上述之缺憾。

从本集内最早上溯至清光绪三十四年(1908 年)的作品来看，黄炎培的写作

① 《我所见一百一龄马相伯先生之生平》一文中引此为平生两大幸事之一。

② 甚至于林语堂在《论语》卷头开列的投稿禁条里明示“不得使用“我的朋友胡适之”一类的字句。”

③ 见 1960 年 9 月 18 日日记“写《访旧录》完稿，改名《旧友访谈录》。夏蔚如、黄安生、洪铸生、钟子年、吴士翘、张新吾、李印泉。”载《黄炎培日记》第 15 卷，华文出版社，2012 年。

④ 见《上海掌故丛书》序，许芳编著《黄炎培序跋选》，上海远东出版社，2020 年。

受旧学影响颇深。中式光绪壬寅科举人的黄炎培从小以“四书”发蒙，寝馈于沈肖韵、秦锡圭等人学养之中。黄氏自作《王母朱太夫人传》，即以此文为例，为幼子讲述桐城古文特色①。在早期的作品《杨君月如言行记》里，还保留了使用冷字僻字的习惯，例如“殇”(“殁”古字)、“�”(“杜”古字)、“嫥”(“专”古字)等等。以文体而论，更是涉及了传、事略、行状、墓志铭等几大重要门类，因此参酌吴讷《文章辨体序说》、李文实《清代传记文选》等书，将本次蒐辑到的文章依照传、行略、记、谥议、碑、墓志、哀诔、祭文、像赞、书、寿序、赠序、题跋考证等门类依次进行排列。

当然，身处变革时代的黄炎培并不是泥古不化的，他在写作手法上也进行了大胆的创新。如前所述，虽然文体的门类还是依从古称，但是可以看到黄炎培在某些门类里都进行了大胆的创新尝试，例如“哀词”、“赠言”。这种尝试，我们约略可以从黄氏的一句诗看出端倪：“陆空海解三军甲，苏美英联一字 V②。”律诗而以拉丁字母“V”押韵，可见黄氏对于陈规的打破以及对于时新元素的使用，黄炎培的创新还不止于此。与陈乐素合作，将与马相伯先生的谈话整理记录，发表于 1930 年间的《相老人八十年之经过谈》，当开我国口述史之先河。此外，与传统士大夫记载个人交游如《师友渊源录》等书不同，黄炎培特别关注小人物，将他们载入笔下，《隗先生谥辞》《曹显亭》《两位老婆婆的话》都显现出特别的活力。《国殇张在森君传记》文末附记川沙二十二名少年志愿入伍，转战南京，城陷，“夜半，被迫出挹江门，大江前横，路绝，弹雨下，群跳入江，江面如瓜田，累累者皆人头也。”从平民百姓角度讲述抗战，尤为让人动容。

写作手法上有旧与新的不同，贯串其中的一点是求真。为了保存文献的本真，《辛亥革命史中之一人——程德全》《上海法租界新出土之四百年前唐錞父子墓志铭考》大段大段的抄撮文献而成，仅以编排、裁剪史料来表述自身的观点，手法上与文学界的周作人“文抄体”相近。

本书选辑过程中，中共浦东新区党史办、黄炎培故居、上海浦东历史研究中心编印的《黄炎培序跋记文书信选辑》、许芳女士编著的《黄炎培序跋选》给予参考良多，柴志光先生数次以佚文赐示，谨此致以谢忱。最后需要点出的是，本次蒐辑工作中所主要依赖的“全国报刊索引”工具，即是沿承自黄炎培先生等人创

① 见 1942 年 9 月 20 日日记，载《黄炎培日记》第 7 卷，华文出版社，2008 年。

② 《痛定词六首》其五，见《黄炎培诗集》，中国文史出版社，1987 年。

办甲子社、人文社、鸿英图书馆其中的一项重要工作,当时名为"最近杂志要目索引"。中华人民共和国成立后易名"全国主要报刊索引",1973 年定为现名。前人遗泽,相沿不绝,这也算是一种奇妙的缘分吧。

栾晓明

2022 年 6 月

目录

传

行略

记

谥议

碑

墓铭

哀诔

祭文

像赞

书

寿序

赠序

题跋考证

其他、连署

传

郑智勇传

⊙郑智勇像

天地奇气，郁久而一泄。历史久长之民族，其被陶铸也深、孕育也厚，与天真未凿之民族合，奇气德德于是泄焉。九年四月，游暹罗，得一人焉，曰郑智勇。郑智勇父世籍粤之潮安，母先世为暹人，生智勇于暹之曼谷。贫失学，为圬工，自效即魁其曹。年十六，为双刀会首领。双刀会者，与国内三点会连，在暹一名洪会，盖洪杨之徒之出走者也。廿二，为暹地烟酒赌税之请负者。时暹政府弱，非智勇莫能征。智勇得金，尽散去，数十年无所蓄。年五十二，又为花会番摊等税之请负者。所入大丰，家以肥，而勇于公益。凡曼谷华人所居之街衢、所崇奉之寺观，桥以通行，灯以烛夜，十九成于智勇手。清末革命，阴资之无算。辛亥之役，侨民议醵资为助，智勇奋然攘臂语人："若曹其恣书之，吾且倍若曹所书共数。"韩江水溢地震，堤先后被毁，筹修复，斥卅八万金。建医院，倡红十字会，斥十万。计其所以资革命及他公益，不下百数十万金，暹王策为内府官。

方十三岁时，尝一返国。顾无资斧，沿海且渔且行，失豆堕海，或投绠以极，得不死。居乡二年，复之暹，而恋国弥切。既富，于其乡淇园辟新村五，立学校，名以已名。学童三百余，附设织工场，有织机百七十，日赢二十圆充校费。收养义子女千三百余，咸给田宅，为昏嫁，使姓己姓。亲生子女二十余，多跅驰不羁，第五子长淇园之乡团。曼谷潮人之集资建培英学校也，智勇又宣言："若曹其恣书之，余且倍其最多者。"校卒以立，堂舍巍然。侨人公组华暹轮船公司，以智勇董其事。今年七十有一，犹行蹻捷，言磊爽，精采奕奕。母在堂，年八十九，子孙相见者六代。智勇貌魁伟，大耳，两目重瞳，余亲见之。

黄炎培曰：郑智勇形奇行亦奇。设少岁受教，范其才而准则之，吾不知其所造何如。或曰：今教者好准则人，天才之被斲多矣。智勇所为，智勇之才之未被斲也，教者其知之。夏威夷市长某语余：华人与他族婚，生子特优秀。其信然乎！

（录自《中国与南洋》1921 年第 2 卷第 2/3 期）

从嫂张氏小传

先大父厚余公有子六，二从父佐臣公与先父先后以弱冠列邑诸生，而二从父早世，实生我从兄洪培。娶嫂张，贤，以瘵卒。兄甚悼之，谋所以不死嫂者，则谓炎培曰："愿有以纪之。"炎培维嫂之贤，内外上下无间言，固不待炎培文者。抑炎培非能文嫂之贤者也，顾重违兄命，且炎培与兄同居有年，嫂懿言美行，得之多且确，惟炎培或克述嫂之贤于万一，则缕述之曰：

嫂氏张，南汇监生蓉生公讳豫桢之次女、诸生名尚思之女兄也。性沉静，不苟言笑，年十七而蓉生公殁，随母唐理家政，井井有条理，暇攻针黹尤精，待人务宽。张氏戚党贤之，仆媪临去每不忍舍者。以光绪二十一年乙未归我从兄洪培，大母沈、从母周素严治家，嫂能得重闱欢。从母早寡，励节苦行，躬操作且二十年。自嫂归，喜得佳妇，凡米盐斗斛、浣濯缝纫琐屑事，一以任之，劳少杀。

方嫂之归也，兄习举业，则晨夕勉兄力学，博青紫为堂上欢。及兄习贾，则又勉兄务敦厚、无罔利自殖。喜读书，则尽屏弹词小说，独喜读史，见忠臣孝子，歌泣随之，然事冗不常读也。又喜读诗，兄常意其能诗，然未尝出以问。殁，检故箧，乃不见只字。炎培有妹二，嫂共事爨，共事针黹，待之若手足宛若，闲谊尤笃。吾妇后归，未谙家政，则一一私指示之。盖自嫂归吾家，戚党贤之，一如在家时也。

质素弱，遂构瘵疾。秋九月，疾甚，自知不起，媪之乳兄者、姑姊妹治汤药者、张氏族子求疗瘵药以进者，恐不及报则亟报之，并检所手制佩物，先期分侄将嫁者。殁前一日，语兄曰："我死何足惜，独君早孤，事君六年，未生男以慰姑心，目不能瞑矣。"遂强起易所卧床曰："不可死此床也。"翌日，复起梳洗，手检钗珥盛一箪付兄。兄凄甚，慰兄曰："君自重，无弥我死，则早娶妇生男以慰姑心，不足念我也，君自重。"言已，含笑遂逝。实光绪二十六年庚子十一月九日也，年二十有七。女一：韵茗，四岁。炎培谨纂。

（录自《重修黄氏雪谷公支谱》卷九）

邹叶夫人传

⊙邹叶复琼像

邹叶夫人名复琼，广东南雄人，幼随宦至闽。十三岁，父病，侍母奉汤药，不解带者逾月，戚族目为孝女。入塾毕五经，能诗文，暇则习刺绣、缝纫、烹饪及簿记会计，无不精。寻入华英女学校，专修科学及英文，其学其行皆冠学友。□见器于邹君恩润之父母，乃以民国十一年十月归邹君。邹君固温厚□谨，毕业于圣约翰大学，服务于中华职业教育社。琴瑟之好，有逾寻常。夫人就所赁居，莳花于庭，四时青翠，明窗净几。邹君业务之余，读书其中，夫人则旁坐□斜□，或商学业，或话家常。虽一衣一馔，苟出夫人手，无不美且适。门庭内外，百物惟备，使邹君一其精于社会服务，则夫人之力也。而其自奉至约，尝言人能抑欲望、节嗜好，不以饥寒困心，则意志强、品格高。顾其待人独宽，使女银屏自幼相依，教之识字，课之女红，衣食服用，略同主妇，谓彼贫不能自存而就我，我惟善教之，长则归诸其母，俾自由耳。其厚德类此。十三年九月齐卢战作，沪市大震，迫而迁居，流离况瘁。十月二日病，病十日遂没。年二十有八，无出，病□中盖无时不惟母与夫是念也。

邹君哭之甚哀，葬之万国公墓，环植群花，将使四时青翠，一如夫人生日之家庭，而因以慰灵于泉壤焉。夫人尝言："吾夫妇所获资有余，当以助有效之教育事业。"邹君本其志，以其二年所蓄四百金捐入中华职业教育社，其后资罄，则减薪以偿之。其友黄炎培惜夫人之不获永年，而美其志与行为大可风也，乃为作传。赞曰：

秉志至高，含德至厚。不骛于政，不錮于守。如夫人之治家与处群，胡其年之不久？庄周有言，彭祖为夭。老聃有言，不亡曰寿。吾以慰吾友。

中华民国十三年十二月。

（录自《申报》1925 年 1 月 18 日）

辛亥革命史中之一人——程德全

程德全，四川夔州府云阳县人。生清咸丰十年(1860)，殁民国十九年(1930)。

(一) 庚子年之程德全

⊙程德全像

德全始以诸生留安徽候补知县，清光绪二十五年，黑龙江将军恩泽，副都统寿山奏调到黑。恩泽殁，寿山继为将军。二十六年五月，拳乱起于奉天，焚教堂，杀外人，山海关以内，音信不通，既而奉省亦隔绝。二十九日，廷寄各省将军督抚："务将和之一字，先除于胸，胆气自为之一吐。"又称："洋债一概不还，赶将旧式枪炮，发交民间，即以义和名团，快枪快炮，留营使用。"寿山心知其不可，而势已滔天，俄军大至。七月中旬，瑷珲、墨尔根相继失陷，省城大震。先是，德全请于寿山，愿赴前敌，规度防守，遂抵博尔多河营次。是月梢，驻俄杨使电称俄外、户两部有和意，嘱德全与俄兵官交涉停战，以待朝命。俄仅允停三日，两军夹河而屯。八月一日，俄军南渡，德全渡河阻之，不得，誓死以殉，拔刀自刎，俄官急掣德全腕曰："何至于是?"因议定："不攻城，不夺财产，不戕生命，人民官吏愿去者不阻。”俄语通事姜某密告俄：“省城有伏，议和乃诱使近城也。”俄遂发炮轰城，寿山自戕，德全时时以身迎弹立，所至，俄人不复逞，自此坚卧俄帐，以释敌疑。既闻将军死耗，乃复入城照料。十日，俄官邀德全至江干议事，谓：“奉伯利总督言，俄廷命德全权理将军事。”并要索种种。德全大骇，耸身向江心猛扑，投入中洪，俄兵十余人泅救，得苏，留俄帐五昼夜。既，请见俄军官商求安民数事，答称：“富拉尔基另有长官，此事当往与面议。”即日前往，比至，始知须押往七都，又有解至森彼得堡说。二十五日，至海拉尔城，民居残破，俄兵屯此者尤多，无可容置。俄人畀一毳幕，所谓蒙古包也，同伴数人卧起于旷野大风雪中，躬亲爨汲，往往僵卧至不能转侧，住蒙古包者二十有一日，既而七都俄军官至，宣示两国复交，劝归国，相与举酒酹地，免冠称谢而归。

程德全呈俄国伯利总督请代递上俄国皇帝书

大清国安徽候补知县程德全兹有上贵国大皇帝书一件，伏乞大俄国伯利总督阿穆尔省武固毕尔拉托尔麾下转奏，不胜叩祷之至。

程德全谨上大俄国大皇帝陛下：伏以国无盛衰，非信不立，民为邦本，自古皆然。中俄二百余年交好，万国皆知。凡属下风，罔不钦佩。今岁中国拳匪作乱，致启祸端。他处德全不知，惟黑龙江一省开仗之由，彼此互有曲直，兹不具论。德全于去岁八月，蒙前任将军恩泽奏调来江，办理文案。本年七月二十一日，将军寿山派往前敌，议和停战。二十八日，在博尔多河畔与带兵官连年刚博夫晤面，其时带兵官因未奉大皇帝停战之旨，不能擅专。德全见博尔多河南搬家难民，不下数十万，携老扶幼，情殊可怜。恐俄兵渡河，难民惊扰，恳缓二日，准其远徙道旁，让出大路，与俄兵行走。八月初四日，大兵已至省城，将军寿山自戕。省中人民及瑷珲、呼伦贝尔、墨尔根、布特哈四城并台站二十余处所有人民，均迁徙在此，露宿风餐，疮痍满目，惨不忍睹。况值秋成之际，亟宜收获，喂马秧草，亦须此时预备，再延十余日，则冬间毫无盖藏，不惟本地人民牛马必皆饿死，即大俄国兵马在此，转运恐亦不易。民人仓皇失措，大半离散，商贾远逃，懋迁无人，自应由大皇帝速撤兵队回国，以靖地方而振商务。日昨带兵官奉到伯利总督来电称：奉大皇帝谕旨，欲以德全担任将军职务，闻之悚惶万状。德全以羁旅之人，寄居江省，值此变乱，初意本以保全生灵为主。今荷大皇帝笃重邦交，省城得以安然无恙，德全受赐已多，今乃以将军殉难，主任无人，欲德全便宜从事，无论德全未奉我敝国大皇帝谕旨，固不敢擅专，而自思失律之臣，偷生人世，已属厚颜，有何面目冒居将军之任？反复思维，万无生理，是以投江自尽，而带兵官复设法将德全救活，并派人多方劝解，妥为照料，务使德全不再寻短见而后已。但此刻敝国大皇帝消息不知，德全椎心泣血，忧惧昏迷，苟延残喘，何能办理政务？惟念黑龙江全省尚未大定，呼兰、巴彦苏、北林子尚有兵队，贵国必须力保平和，免致开仗，再伤生灵。其关于地方官一切应办之事，仍祈责成各该员与带兵官妥为办理，则将来大皇帝与敝国之交谊，可永保亲睦于万世也。如蒙依允，尚有要求数事，条具于左。事关两国邦交，德全敢为大清国数百万生民九顿首以请。一、求不伤害生灵。一、求不夺人财产。一、求毋奸淫妇女。一、求中国人民照旧优待。一、求毋更张大清国政令。一、官员人民有愿迁徙者发给护照。一、求发给各城各站人民执照饬速归业。一、求前往呼兰等处收抚，不必多带人马，免民间惊恐，并求先发告示，大张晓谕，俾众周知。

黑龙江八旗协佐暨民兵商旅人等公呈

齐齐哈尔城八旗协佐率同军民人等敬公恳者：……江省与俄三路接仗，北西两路已失山河之险，省城重地，兵械两竭……百万生灵，毫无生路，其强而有力者，自谋逃匿，其弱而无能者，惟有待死，一省将军，至于服毒殒生，此事此时，诚所谓危急存亡之秋也。幸遇雪翁见义勇为，挺身急难。单骑直入敌营，面晤俄将，开诚示信，委婉致词，宣布我皇上停战议和之旨，细叙中俄历久未渝之交，俄人初尚不允，几至杀身成仁，俄人钦佩于心，始允不杀居民，不攻城镇，由此江省孑遗，始有生机。不意内有奸民，暗入蜚言于俄将，谓我设计诓诱，俄将怀疑，乃布长蛇之阵，包围省城，适当客队高悬红旗之际，俄将愈疑，开炮轰击，雪翁忘身舍命，伏于炮口，俄将始令止炮，扎兵城外，毫无滋扰，江省之人，始获更生，成此威而复安之局，救此垂死复生之人，实皆赖我雪翁一人之力也……雪翁才智人品，既见重于俄将，又有德于江省，俄将欲保为将军，江省官民之心，尤欲奉为将军，乃我雪翁虽当造次颠沛之际，犹然执礼守义，坚却不允，至于投河以明心迹，俄将因之怀疑，派兵看护，后来之事，动多掣肘，推原其故，总由雪翁守经所致。处大事者，平时固贵守经，乱时必须行权。若权而当理，即是守经，倘因守经而败已成之事，则江省旗民必然重遭涂炭，岳武穆奉调班师，弃垂成之功，每为后人所惜。雪翁因不忍死江省之人，始为冒险拯救，今已救生，惟望始终调护，时下江省之人，无不曰：生我者雪楼也。倘然朝廷用别人来莅是邦，不惟后来之和局难定，即江省人心亦决无爱戴之诚，必至败事而后已。如雪翁心畏僭越，清议难当，则又不然。有投河捐躯之一事，则雪翁心迹，不独彼苍照鉴，亦当为天下人所共谅也。数日以来，人心摇摇，无所向往，倘雪翁再三执意守经，不肯权摄军篆，人心必致涣散，遇事推诿，呼应不灵，不能合力，共体艰难，俄人或自行派令俄人来守，则江省之人虽得幸生，与死无异矣。雪翁如以未奉明诏，不肯苟就，现在拟由八旗官兵照会俄将，并具折奏明，恳请谕旨简放。惟奏折往返，必延时日，一省重务，不可一日无人办理，万望再莫峻辞，权摄军篆，振作于上，收拾人心，共任危难，以期有济，则江省生灵实为万幸。凡此公恳之言，皆出肺腑，谅雪翁自必不拘小节，慨然任事，始终保护江省也。况由副都统而将军者，江省未失以前之例也。八旗公恳之事者，是江省既失以后之事也。雪翁救江省于灰烬之余，功德并隆，莫之与京。论理论事，分所应然。朝廷作事，惟顺人心。江省如此公举，谅皇上亦无别意也。此际江省人命生死，只在雪翁任否之间，反复致词，惟望俯允，临颖不胜剀切翘望之至。

以上据多禄《庚子交涉隅录》。

黑龙江士民欲以德全为黑龙江将军，向清廷请求，任何态[恳]切，终以其为汉人，且一小官儿，万无一跃而为将军之理，不之许。会清太后招待外宾，俄公使夫人盛称德全，乃破格赏给副都统衔署将军，旋以黑龙江改省，署巡抚。

宣统二年三月，德全调任江苏巡抚。越一年有半，而民军起，清祚覆。

（二）辛亥年之程德全

辛亥八月十九日，武昌举义，德全先向清廷尽最后之忠告，前后疏陈大计，凡四上，其第三疏，张謇代拟。二十五日，与热河都统溥颋、山东巡抚孙宝琦会衔入奏，文如下：

热河都统溥颋、山东巡抚孙宝琦、江苏巡抚程德全会同奏请改组内阁宣布立宪疏

窃自川乱未平，鄂难继作。将士携贰，官吏逃亡。鹤唳风声，警闻四播。沿江各省，出处戒严。朝廷分饬廕昌、萨镇冰统率军队，水陆并进，并召用袁世凯、岑春煊总督川、鄂，剿抚兼施，其烦圣明南顾之忧者亦至矣。而民之讹言，日甚一日。或谓某处兵变，或谓某处匪作，其故由于沿江枭盗本多，加之本年水灾，横连数省，失所之民，穷而思乱，止无可止，防不胜防。沸羹之势将成，曲突之谋已晚。论者佥谓缓急之图，必须标本兼治，治标之法，曰剿，曰抚；治本之法，不外同民好

恶，实行宪政。臣某臣某亦曾以是概要，上渎明听。顾臣等今日广征舆论，体察情形，标本之治，无事分途，但得治本有方，即治标可以一贯。臣等受国厚恩，忝膺疆寄，国危至此，无可讳饰，谨更披沥为我皇上陈之。自内政不修，外交失策，民生日蹙，国耻日深，于是海内人士，愁愤之气，雷动雾结，而政治革命之论出，一闻先皇帝颁布立宪之诏，和平者固企踵而望治理，激烈者亦降心而待化成。虽有时因外侮之侵凌，不无忧危之陈请，然其原本忠爱，别无贰心，已为朝廷所矜谅。惟是筹备宪政以来，立法施令，名实既不尽符，而内阁成立以后，行政用人，举措尤多失当。在当事或亦有操纵为国之思，在人民但见有权利不平之迹。志士由此灰心，奸邻从而煽动。于是政治革命之说，一变而为种族革命之狂，而蓄祸乃烈矣。积此恶感，腾为谬说，愚民易惑，和者日多。今若用治标之法，必先用剿，然安徽、广州之事，既再见三见，前赴后起，愍不畏死，即此次武昌之变，督臣瑞澂夙抱公忠，其事前之防范，何尝不密？临时之戒备，何尝不严？而皆变生仓卒，溃若决川，恃将而将有异心，恃兵而兵不用命。即使大兵云集，聚党而歼，而已见之患易除，方来之患仍伏。有形之法可按，无形之法难施。以朝廷而屡用威于人民，则威亵；用威而万有一损，则威尤亵，是剿有时而穷。继剿而抚，惟有宽典好言，宽典则启其玩，好言则近于虚。纵可安反侧于一时，终难导人心于大顺。况自息借商款，昭信股票等事，失信于人民者，已非一端。今欲对积疑怀贰之徒，而矢以皎日丹青之信，则信已亵；不信而有违言，则信尤亵，是抚亦有时而穷。故臣等之愚，必先加意于治本。盖治病必察其脉，导水必溯其源。种族革命之谬说，既由政治革命而变成，必能餍其希望政治之心，乃可泯其歧视种族之见。然苟无实事之施行，仍不足昭涣号之大信。今舆论所集，如亲贵不宜组织内阁，如阁臣应负完全责任，既已万口一声，即此次酿乱之人，亦为天下人民所共指目。拟请宸衷独断，上绍祖宗之成法，旁师列国之良规，先将现任亲贵内阁解职，特简贤能，另行组织，代君上确负良责，庶永保皇族之尊严，不致当政锋之冲突。其酿乱首祸之人，并请明降谕旨，予以处分，以谢天下。然后定期告庙誓民，提前宣布宪法，与天下更始。庶簧鼓如流之说，藉口无资，潢池盗弄之兵，回心而释。用剿易散，用抚易安。否则伏莽消息其机牙，强敌徘徊于堂奥，民气嚣而不能遽靖，人心涣而不能遽收，眉睫之祸，势已燎原，膏肓之疾，医将束手。虽以袁世凯、岑春煊之威望夙著，恐亦穷于措施，微论臣等？臣等亦知急迫之言，非朝廷所乐闻，然区区血忱，实念国业艰难已甚，民情趋向所归，既无名誉可沽，惟有颠隮是惧。是以甘冒斧钺，不遑顾忌，如尚不蒙圣明垂察，则负戾滋重，惟有恳恩立予罢斥，敬避贤路，免误国家，臣等不胜激切屏营待罪之至。

此稿藏杨君廷栋所。杨君倩吴湖帆君绘图装卷，张一鹏君为之题曰“秋夜草疏图”。杨君既广征参与辛亥独立之役诸人题咏，而自为跋以记其事如下：

辛亥八月十九日，武昌举义，汉口、汉阳同时归附。云阳程公德全方抚苏，睹时局至此，思为清廷尽最后之忠告，嘱廷栋偕华亭雷君奋邀通州张公謇莅苏熟议。张公适乘沪宁车由宁赴沪，乃与雷君迎至锡站，谒张公于车中，具白所以，即同往苏抚署聚谈。晚，复同寓苏站西偏数十步之惟盈旅馆。馆去市远，人静无哗。乃篝灯属电奏稿。初，张公自起草，继，张公口授，而雷君与廷栋更番笔述之。稿成，已三鼓。翌晨，清稿送署，张公即去沪。程公得稿，先通电各省将军督抚征求同意，联衔入告。廷栋复私电金君还转请赵公尔巽领衔，时八月二十二日也。越两日，热河都统溥颋、山东巡抚孙宝琦覆电赞成列名；铁路大臣端方、两广总督张鸣岐覆电云：时机尚未至；四川总督岑春煊表示赞成之意，而不允列名；其余皆置不答。时赣已宣告独立，皖又岌岌不保，程公以事益迫，再缓，即入告无益，因于二十五日，以溥公为领衔，并孙公三人，具名电京，而溥公又来电云，赵公方总督东三省也。张公鸣岐又来电云：此奏不可不发，愿附名。其实电已前发，取消、赞成均无及矣。嗣后局势日变，微特此稿云云，不足以入耳，即资政院议决之告庙誓民各信条，亦不足以遏国民渴望共和之心，时势为之，强逆无功。今者，国基大定，在上者制礼作乐，有想望盛平之象，在下者酣歌恒舞，有吸饮雨露之思，前尘影事，弥复去怀。夏日曝书，忽得当日原稿，睪然远念，情胡能已？用装一卷，略志缘起。自首行至第十行之“所”字止，为张公自书。自第十行至四十一行之“本”字止，为雷君所书。其下为廷栋所书。其旁涂改有为张公自书者，有为雷君与廷栋所书者。民国四年八月十九日吴县杨廷栋识。

张謇题诗并序

杨生以辛亥八月为云阳中丞拟疏稿草装卷见示，惝怳怆恻，不翅隔世矣。赋诗四章题其后，归之以告后之论世者。

绝弦不能调，死灰不能爇。聋虫不能聪，狂夫不能智。昔在光宣间，政堕乖所寄。天大军国事，飘瓦供儿戏。酸声仰天叫，天也奈何醉。临危瞑眩药，狼藉与覆地。烬烛累千言，滴滴铜人泪。

绝天天绝之，生民不随尽。黄农信久没，万一得望尹。风烟起江汉，反掌出怒吻。群儿蹙踏间，纲维落齑粉。桀跖亦可哀，飘风过朝菌。但得假须臾，民屯不遽殒。虽无箕山逃，尚从汉阴隐。

蜣螂转丸嬉，飞蛾附火热。后人留后哀，相视一途辙。螯蜞与蝤蛑，等蟹体略别。酒欤不解酒，楔也乃出楔。阳春忽云逝，风雨黯鹈鴂。兰杜寂不芳，众草生亦歇。可怜望帝魂，犹洒枝头血。

平子郁四愁，所思遥且艰。伯鸾五噫毕，拂衣东出关。逢人不一语，老子非痴顽。希夷卅年梦，变灭穷千端。循理测消息，更迭若抚环。巢许不知足，犹厌风瓢欢。吾生将安归，昔呓真腐菅。

乙卯十二月三十日啬庵老人

德全自跋

辛亥八月后，吾苦苦劝谏，奚止此一疏？乃反覆敷陈，卒不见听。国体改革以还，日相寻于哄争猜忌之域。吾时于两方谆切劝解，亦均不见听。岂天之不悔祸？抑吾之诚不足以感人也。驯至今日，纲纪凌夷，道德灭绝，人民困于水深火热，几不可一朝居。呜呼！既无以对故君，复无以对国人，罪深业重，夫复何言？丙辰三月杨君以此卷见示，勉书数语以归之。素园居士。

应德闳题诗并序

辛亥八月，云阳疏陈大计，先后凡四上，前两疏为武进沈友卿、长沙罗倌子属稿，最后乃拙拟，都不知散佚何许，并疏词大意亦不省记。昨检故箧，此疏译电副稿尚存，当时政局已有急转直下之势，冀先得一诏言以安天下，中间增入先颁明诏数字，又与诸疆吏连署删去概予罢斥一节，今更持归翼之，用缀卷尾，以见文字有神，朽不朽之间，俱非偶然。并媵六绝于后：

觉较歌词莫与听，犹余尺疏泣蒲青。伤心怀抱杨夫子，一卷藏山野史亭。

泰皇万世嬴秦始，天下为家至此终。曾是昭华传琦玉，又闻尊号建章宫。

君国初心涕满缨，千秋功罪更谁衡。即今劝进书盈束，珍重山阳旧姓名。

飞薄蓬心靡所之，风尘澒洞梦成丝。十年湖海两知己，佛乘农言并我师。

天涯驰宇寄孤鹏，草草风云幕府山。往日河西几从事，伶俜蒲絮一齐删。

世界但依文字立，五千年事史家言。金椎玉镜兴亡迹，一例销归鲫墨痕。

翼之装此卷索题，偶忆清史馆某君议以云阳入《叛臣传》，南中某大府亦谓辛亥之役，云阳臣节有亏，乙卯政变，两人皆与劝进。今展此卷，怆然欲绝，不禁涉笔及之。法尘未滲，嗔相忽萌。云阳见此，必当呵斥，翼之为我忏悔否？纪元五年五月五日永康应德闳识。

作者题一律

时危不觉陈言激，事过翻教感涕新。前席有灵终造汉，后哀无尽暇谈秦。谁知素幅双缄泪，早种黄台再度因？滟滪滩头新白骨，老怀何以慰酸辛？民国五年五月

德全既四上疏，不见纳，各地人心激奋，知大变之将至，乃先通电江苏各属，令赶办团防，以固结民气，保卫治安电文如下：

（衔略）自鄂事猝起，各处士绅条陈，均以筹办团防为当务之急，查历届举办冬防，即取守望相助之意。今宜稍事变通，提早筹办，各属团体林立，正可因地制宜。如有工厂地方，则宜工团；有农会地方，则宜农团；有中学同等学堂之处，则宜学团！既振尚武之精神，并弭无穷之隐患。仍由各地方长官为之监督，将筹办章程，随时禀报。如果办理得力，俟事定以后，禀明酌加奖励。此为谋公共治安起见，希即分行各属及各绅耆并各团体知照切实施行。（衔略）

“振尚武之精神，弭无穷之隐患”二语，实包含无限深意。至九月十五日，遂于各省纷传独立声中，宣布江苏独立。

苏州光复记（辛亥九月十六日《时报》）

自武汉起事，清廷方宣布罪己之诏，伪称真立宪，而北军炮击汉口观战居民，东南各省人民益形愤激，苏属士绅已屡次协议，决定宣告独立。正在推举代表谒见抚院。十四夜，有民军五十余人，由沪专车赴苏，先赴枫桥新军标营，宣告一切，共表同情。时至三下钟，新军各兵群向队官请领子弹，当时队官初未之允，嗣见各兵要求不散，遂即一律发给。至天明时，马队、步队、工程、辎重等队，先后进城，类皆袖缀白布。阊门及各处城关，一律派兵驻守。一面巡防营，一面民军，行人往来只准空身出入。民军进城之后，径往抚辕请见，群相推戴，当经程中丞宣

言，当此无可如何之际，此举未始不赞成，务必秋毫无犯，勿扰百姓云云。于是民军将江苏都督印呈进，中丞至此不得已而受之，遂连放九炮。一面旗杆上即将新旗高悬，文曰："中华民国军政府江苏都督府兴汉安民"。至是时，则各门城墙均已高悬白旗。迨十下余钟，如观前街、阊门街以及道前街一带商店，类皆白旗招展，有书"新汉"、"大汉"字样，或书"光复"。至午后，则住户人家，比比皆是。此以见清国人心已去，兵不血刃而自解也。

江苏独立进行记(同月十六、十八日《时报》)

在沪资政院江苏议员雷奋、方还，谘议局苏属议员龚杰、狄葆贤、黄炎培等发起在江苏教育总会开会集议苏松常镇太自保方法。十五日下午四时，到会者共计百余人，推定姚子让君为临时主席。由黄任之君报告，谓今日开会宗旨，本谋自保方法，惟顷闻苏州已经独立，苏抚已允为民军政府江苏都督，则今日只须公举代表赴苏，请苏都督赶即宣布，一面并传檄常镇松太遵饬办理，维持地方秩序。众皆赞成。当推定苏府杨廷栋、沈恩孚，松府黄炎培、雷奋，常府钱以振、徐隽，镇府狄葆贤、仲志英，太属王熙元、许朝贵等十人，即于昨晚六点钟火车赴苏，十六日谒见程都督，述十五日在沪开会之意，众情推戴。程都督接见甚为和蔼，谓现既担此重大责任，处有进无退之势，且与全省士民共负保卫治安之责，誓与江苏共同生死云云。各代笔亦以首先赞成独立之议，使地方人民无丝毫之损失，愿同心一德，共济艰难，并互商保卫乡土之策，乃兴辞而退。

德全既宣布独立，顾有不相谅者，从而散布流言，情势岌岌。德全行所无事，一面去辫发为人民倡，一面收集院司各种印信，销毁于都督府大堂。万人共见，悠悠之口，于以杜绝。

时苏省江南北各县，纷纷响应独立，独南京尚为张勋固守，顽强抵抗，德全乃以十月二日亲赴前敌督师，临行，发表誓师文如下：

盖闻托体国民，以拯救国亡为天职；抗颜人类，以主持人道为良能。本都督始以国民天职而举义旗，继以人类良能而诛残贼，事非得已，心实无他。盖本都督服国民公役有年矣。甫闻政事之日，已丁板荡之年，每鉴列强，略知政要。其日夜所希望，惟求改专制为立宪，使吾中华大国，得一位置于列国之间，万语千言，众闻共见。乃自缩短筹备清单，而好恶之拂民愈甚；组织责任内阁，而亲贵之私利尤多;凡诸立宪之要求,适增专制之罪恶。急而知悔,言岂由衷?观听徒淆,国家何赖?本都督,蜀人也,不敢衔蜀人一隅之愤,而不能不恤全国胥溺之忧。自武汉首倡大义,凡有血气,云合影从。盖无不知欲求政体之廓清,端赖国体之变革。无汉无满,一视同仁。惟国惟民,各求在我。将泯亲疏贵贱为一大平等,即合行省藩属为一大共和。但有切实改革之诚,并无力征经营之意。从国民多数之心理,奠华夏后此之邦基。其所以从武汉之后而黾勉以救国救亡者,如此而已。夫人即昧于大同之公理,拘于草昧之陈言,谓君主为天与之淫威,谓臣民为一姓之奴隶,虽有愧国民之常识,亦何至为人道之深仇?乃近则张勋荼毒于江宁,远则铁忠、冯国璋焚杀于汉口,生命财产,蹂躏天赋之人权;子女玉帛,餍饫凶人之涎吻。此岂目所忍睹,耳所愿闻?无论兄弟急难,父老颠危,凡属含生负气之伦,敢忘匍匐救丧之义?此则为人道所驱,不得已而诉之于武力者也。是用甘舍微躯,亲临前敌。我将士仗义而来,不惜赴汤蹈火;本都督拊膺而叹,何心饱食安居?共和为治理之最高,本无进退待商之余地,性命为有生所同具,止有安危与共之血诚。其可皦然号于有众者,舍死忘生之举,不过为胜残去杀之谋。非仇故君,非敌百姓,枕戈以待,鼓行而前,一举而歼张寇,肃清江南,再战而覆清都,长驱冀北。仗诸君热方,再造河山,是民国义师,咸遵纪律。肤功立奏,今为发轫之初,血气皆亲,是用掬心以示。布告将士,咸使闻知。

此文孟君森手草,为作者所亲见下笔。作者附志。

十二日,民军克复南京,人心大定。

(三)癸丑年以后之程德全

民国二年(1913年)三月二十日,宋教仁被刺于上海。时德全方督江苏,偕民政长应德闳穷鞫之结果,知主谋者大有人在,民党对袁世凯,盖不胜其愤愤,加以五国银行团大借款事,粤督胡汉民、赣督李烈钧、皖督柏文蔚通电攻讦,袁乃先发制人,立免三都督职。七月十二日,李烈钧遂在江西湖口宣布独立,至十五日而南京继之。

述南京独立情形(二年七月十九日《时报》)

独立前之情形　十四号夜,黄克强到宁,在柏烈武宅内召集南京各军官会议,多数赞成宣告独立。有要塞总司令吴绍璘,第一师工程营长程凤章二人坚持反对,散会后,赞同之军官复集议,立派兵队至吴绍璘宅内,一面由电话告知吴云,都督派兵一排来保卫,其时为十五号天将明,吴尚卧,迨五时,兵已到,即在吴之内室，将吴枪毙。同时有兵一排，将工程营长程凤章拿获，当即枪毙。讲武堂副长蒲鉴亦在三牌楼拿获。约六时余，在下关火车站，将讲武堂正长朱先志及前师长陈懋修拿解都督府。约八时，南京各军官齐集都督府陈述一切，程德全闻吴、蒲、程三人枪毙，坚持人道主义，不肯杀戮，故朱先志、陈懋修等均得保全。遂集议独立一切布置。应德闳亦到会筹议。

独立宣布之情形　议至下午三时，决定由程德全主持全局，韩国钧、何承濬二人总参机要。通电各省取同意。以江苏都督名义，出示安民。又以江苏都督名义训令各机关照常办公，不得擅离职守，当即宣布黄克强为江苏讨袁总司令，柏烈武为安徽讨袁总司令。遂传檄第八师分兵一旅及第一师分兵一团，由津浦专车至徐州，会同冷御秋第三师，阻止北兵南下。柏烈武亦赴皖北，以龚振鹏一旅为先锋，以抵敌倪嗣冲。又派八师各队，分布江苏银行、交通银行、财政司兑换处、信成银行、南京造币厂各财政要地守卫。宪兵警察彻夜通班梭巡，以防有盗匪煽惑，故地方甚安靖。南京人民心理鉴于临时政府时南北未统一前之景况，知目前无甚危险。至于举岑春煊为大元帅事，尚未宣布，须俟闽粤赣湘皖各省之议定。

德全遂以十七日离宁赴沪。

程都督莅沪情形(二年七月十八日《时报》)

程雪楼君坚欲离宁赴沪，以各军官要求宣布独立后，支拄二日，精神疲苶，断不能治事，急须调养，黄兴及各军官再三挽留，甚至相率伏地痛哭。程君以此事事前不与见商，视若竖子不足与谋，今为维持地方秩序起见，目前应为之事，已一一为之，何必再留？此身行动自由，乃各人固有之权，苟一息尚存，今日必行。词气决绝异常，众始无言而起。某某两军官则云，吾辈恨不能剖心见示，今日无论如何，必不能表明心迹，惟有将来自杀于都督之前，以赎今日之罪云云。程君遂于昨日夜车成行，章士钊等送至车站而别。

既抵沪，通电如下：

北京国会、政府，各省都督、民政长鉴：德全自光复以来，日以调和南北感情为事，积诚未至，夙疚神明。自北军与赣军启衅，宁垣师旅，亦以中央素有畛域之见，经德全屡次陈说，终不能翳障一空。事势所迫，有触即发。本月十五日，驻宁第八师等各军官要求宣布独立，德全苦支两日，旧病剧发，刻难撑拄，本日来沪调治。默念国家大局，地方人民，对于各方面精神上之苦痛，无可言喻，谨此电达。程德全(篠)。

德全既退隐，闭门诵佛，葺苏州木渎法云寺而居之。旋受戒于常州天宁寺，法名寂照。

程德全《木渎法云寺记》

德全少时讽《白虎通德论》，"死之言澌，精气穷也"。昒昕寤而仰思。知大块载我以形，终将息我以死，大伤人之不可免于死，辄思不鹿鹿死。其后读宋明儒书，尤好高景逸之言，见高子从容死于止水，喟然叹曰：死得其道哉！顾于其说本无生死，则窃窃疑之，曰：此吾儒之言耶！何不类也？光绪庚子之岁，俄人侵黑龙江，黑之吏若民大震，中朝亦大震，俄人将攻省城，黑龙江将军使德全往阻俄师，德全入其垒，坦然据条约，白情势，力阻勿前，初不听，炮且发，德全急以身塞炮孔，意欲死其间，俄师乃止，而城获全。未几，俄廷强德全权将军，德全不可，俄人怒，胁之以兵，时会于江浒，江水莹然碧，顾而思曰：此吾师高子之时也。奋身入，目瞑而顶灭，俄人惊，力拯而出，转加敬礼焉。嗣复挟以走圣彼得堡，雨雪载途，毡车毳幕中，寒威中肌骨如划刃，自分必死，顾仍不死。其后持节屡历朔南，帅封疆，治军旅，遘辛亥、癸丑诸变，时时思得当以死，而卒不得可死之缘。匪死之艰，盖以死而无利于国，无益于民，吾虽贸大名以去，其实固无殊夫鹿鹿以死也。既致苏督，闭户海上，皈命世尊，发梵策而寝馈之，乃知高子之言，实本释氏。蕺山虽为之辞，弗可讳也。于是洞明生死流转之故，吾人精气虽穷，而有不随之而穷者在。深叹前此之忽忽以生，复幸前此之未鹿鹿以死也。家居虽谢人事，终苦与嚣尘邻，且年殊六十，顾景惕然，甚欲于山颠水涯，求阿练若，为入三摩地便，久之，不得。今年仲夏，曾君影毫来告：苏州木渎有法云寺可让于异居士。偕来相度，幽寂适人。谓曾君曰：此吾未生净土前之化城也。以白金一千四百饼得之。略事缮葺，遂足蔽风雨而待尽形寿于是矣。忆庚申岁，德全为楚泉禅师作《募修苏州报国寺启》，曾引彭允初《募修木渎法云寺叙》中语，不期相越六年，斯寺竟归于吾，此中殆有夙缘耶！考寺建于明成化间，清同治罹兵燹，有宗懋禅师者，结茅原址，亦榜曰法云庵。弘德所蓄，神感斯通。忽有人自河道运大木至，登岸问法云寺，委木于师，檀供既备，因建今寺焉。寺云何以法云名，义弗可省。德全闻之，法云地者，以能大法智云，含众德水，蔽如空粗重充满法身故，故名法云。此法云地修受用法乐智、成熟有情智；此法云地断诸法中未得自在，障彼大神通愚，悟入微细秘密愚；此法云地证业自在，所依真如；盖十地菩萨之事也。德全具缚凡夫，乌足语此？虽然，德全既发四弘誓以学佛，固将直趋佛地，则庸唯法云地，即金刚喻定现前，苟未至第二念弃舍四事解脱道起，吾视之犹化城也。自今以往，当被铠精进。其敢忽忽以生，鹿鹿以死哉！得法云寺之三月，云阳程德全记，实丙寅秋七月也。长沙丁传绅书。

右文作后，德全旋于八月十六日受沙弥戒于常州天宁寺之法云坛，十七日进比丘戒，二十日圆菩萨大戒，法名寂照，追维旧事，如梦如幻，今吾非故吾矣。丙寅十二月，寂照识得戒之所，亦曰法云，巧合如是，滋足异矣。补识于此，以重因缘。寂照又记，在室四女世娴书。

民国十九年五月二十九日，德全以病殁于上海，遗命子孙毋得发赴开丧。以六月十六日埋骨于苏州寒山寺旁半园，其所营生圹也。报纸犹有载其轶事者。

程雪楼轶事(十九年五月八日《新闻报》)

程雪楼辞官解组，为沪上寓公者有年矣，日前一病不起，闻者惜之。先生讳德全，逊清时为我苏巡抚，称一时名吏。政余之暇，辟城南数十亩地为植物园，栽木叠阜，疏流列石，藉以与民同乐。又鉴于寒山寺遗迹之日就芜废，乃慨然斥巨赀葺之，故至今寺中尚留有先生手书之碑识，与唐张继一诗，同为来游者之所摩抚也。辛亥武昌起义，先生首先响应，白旗飘展，闾阎不惊，苏人德之。因之童竖歌唱，亦皆争颂其功。犹忆某岁，苏城各校开联合运动会于王废基，先生舆车简从，前来参观，学校团体俱奏乐擎枪相迓，先生舍舆步行而入，举手为礼以答之。躯体侏短，足微跛，不良于行，而神采朗照，望之俨然也。先生为蜀中产，某岁，乡居，忽得匪讯，匪啸聚数十百人，皆挟有枪铳，知可计取而不可以力敌，及莅境，先生出而款接之，设宴于堂，以示诚意。匪等有恃无恐，竟来飨领，架枪于庭，而恣大嚼，数巡，先生故堕杯于地，伏匿两庑间之家丁闻号猝起，而夺其架枪，匪等失械，一一被絷，其警捷有胆魄如此，洵非常人所得而及也。

本文事实及文件，悉根据人文社所藏史料。作者附志。

(录自《人文》1931年第2卷第1期)

先董楼君恂如传

⊙楼舜儒像

君姓楼氏，名舜儒，恂如其字也，世籍浙之鄞。曾祖忠铠，国学生。祖拱辰，增贡生。父绍棻，国学生。绍棻生三子，次即君。年十一而父殁，贫甚，弟耿如甫胜衣，母卢茹苦抚育之。君幼聪，兄罕如课之读，所以诱导之甚至，君益自奋。稍长，留心计学，于贵贱积著之理，深有所领会。时从兄心如方领袖上海钱业，见君而才之，挟以去，入滋源钱肆，甫十三龄耳。厥后诸钱肆若元益、若泰崇、若余大，皆尝以君掌枢要，最后乃营敦余。初甚隘，今巍然与诸大肆抗颜行矣。上海绾中外交通，百业鳞萃，而钱业为之魁。互市以还，析为南北两市场。洎入民国，乃混一之。顾其为业也，尊信义，重惯习，其所构成，类多不成文法。其放贷也，以信诺，初不斤斤于形式，盖犹见中华民俗淳厚之遗。晚近政窳法弛，人欲放恣，君深忧之。岁辛酉，偕穆君湘玥等依公司律创中华劝工银行，一切绳以规矩，君被选总理，而其命名尤具深意，盖诚有见于对外贸易之所由制胜与夫人群福利之本原。农矿而外，莫大乎工，欲有以扶翊之、鼓舞之，顾有志焉而未逮也。君既以精勤稳练，蜚声金融业。一时若上海女子银行、中国垦业银行、统原银行公团，若上海总商会、钱业公会、四明公所、宁波旅沪同乡会，莫不膺众选为董事、为委员，而财政当局且礼延为咨议。

君则以服役之暇，致力教育慈善与凡公益事，若水灾、若兵灾，斥金至以万计。宁波青年会孤儿院、普仁医院游民教养所，凡有集资，一以君为之倡，乃至治道路、修桥梁，无役不与。往岁且以独力浚公井于故里，耗数千金无吝色。楼茂记者，鄞百余年来著名之卖酱家也，其分肆遍于邻邑，实君高曾之所遗。子姓既繁，其产权有辗转落他姓者，君憬然惧祖业之分崩，乃偕从父德生斥巨金尽收之，一依公司律为之理董而公告族人，凡依法当承继者，得不限年月赎还其所有。君治事之精与宅心之正，大举视此。

君以幼年丧父，甫壮，母又见背，未获一日养，独念罕如兄而兼师，深德之，乃就邑东乡购地十余亩，树桑种蔬，筑精舍其中，榜曰"愚圃"以居兄，卜宅上海则挈耿如同居焉，其友爱如此！平居无他好，独豪于饮，暇则丝竹自遣。民国纪元二十一年八月十一日，以疾殁于上海，年四十有七。配同邑杨，生子二：朝堂，服务浙江兴业银行；朝台，肄业圣约翰大学。女三：荇芳，殇；莳芳，适慈谿费；菀芳。妾黄，生子一：朝埜。女一：芬芳。

论曰：沪市商业泰半属甬粤两籍而甬籍尤盛，稽其所以致此，由于甬人之特性适于经商者半，由于甬先辈之尽力提携后起亦半焉。楼君生平行事有未为人称道者一端：盖青年学成就业，依通例须有荐有保。荐介学行而已，保则其人掌财货，苟有耗，必责偿焉，以是，求保之难甚于求荐。甬先辈朱君葆三尝创为联保法，凡被朱君保而得事者，财货有耗，由他被保者平均分偿。楼君不然，有耗，一一自偿之。既殁，核计被荐二百余人，被保亦二百余人。余尝三游甬，甬船之执事与其工役盛称楼先生，今乃知其良有由也，而君因是年且耗财无算，至于殁无余资。噫，可风已！

黄炎培谨撰。

（录自《钱业月报》1933 年第 13 卷第 3 号）

项松茂先生传

⊙项松茂像

先生姓项，名世澄，松茂其字，别号渭川，浙之鄞人也。其先自湖州徙永嘉，转定海，清康熙初内迁鄞之东乡打网岙。七传至锦三，隐居不仕，以孝友闻于乡，尝倾己财，清昆季积逋；配吴氏，登耄寿，政府赠“慈孝扬庥”额；有丈夫子三，先生其长也。以光绪六年生，岐嶷异常儿，稍长，善属文，顾以贫去习贾，入上海中英药房司会计；旋之汉口创中英分店，著信誉，业日以隆。上海夏粹芳重先生德与才，礼聘经理五洲药房，顾方不振，自得先生主持，期年而兴，不十年而分店遍各地。尝亲走日本，考查药商业，遣有志青年赴欧美考查制药，归而设厂自制，兼制皂——固本商标压倒东西舶来货。五洲裒然，为上海同业冠，先生之力也。

民国二十年九月，日本猝占辽吉，举国愤贼至极度，相戒尽斥日货，练义勇军谋自卫卫国，先生与倡焉。翌岁一月二十八夕，敌犯沪北，军民合力死抗。时五洲支店在靶子路，当敌营，难既作，店员十一人被掳。先生驰救不得，归语他员：“吾誓往脱十一人于厄！”或沮之，慨然曰：“居高位者，致人于危而自图安，吾耻之！吾长五洲，吾不往救，谁往者？”蹶然行，遂不复返。数日后有目击者，述先生既抵店，立被掳。问为谁？夷然以名对，缚而送之蓬路敌俱乐部。诘旦，送江湾敌营，敌盛怒问：“若店曷为藏服械，若敢抗耶？抗，无赦！”先生植立，愤然答：“死则死耳！中国人爱中国，分也，且谁激之？”斥敌货者：“尔我同种，不谋所以共存，乃以兵占有我土地，屠杀我民众。噫！此亦岂尔福！”敌方一人闻而大动容，为缓颊，至于长跽。卒被害，时三十一晨也，年五十有二。同被害十一人：蒋邦毓，虞耕丰，童永才，戚德江，丁兆年，徐知杰，陈汉坤，吴宸良，陶赋，李生才，周瑞龙。

先生天性至纯厚，既迎养母至沪，定省罔间，虽深夜，归必趋寝所问寒暖，述新闻琐事为笑乐。既寝，必就榻抚衾裯，覆护之，加以按摩，俟入寐乃退，十年如一日。待二姊一弟咸有恩，旁暨族戚，岁时周恤。母殁，茹素志哀，终其身。订族谱，复先人祠墓，有墓在定海，迷失所，依母忆述，百计旁求，终得之大洋岙。其待友也，尚道义，重然诺，缓急叩门不为辞解；一言一行之善，一技之长，揄扬如不及。厂店员工数百，训之有方，督之有程，工余有会以相娱乐。过相规，难相恤，相视如家人子弟，而信赏必罚，以公以明，不能欺，不敢欺，亦不忍欺。故虽劳资之争洋溢国内外，而先生所主工商业不及焉。有旁记先生行事者，谓其与厂中工人、家中仆人，谈话态度一如其与政府要人、社会闻人，则其风概可知已！尤能严别公私界限，虽以便治事故，移居厂屋而必纳赁金如额。生平于地方教育、慈善、自治，凡诸公益捐金，积计达二十万圆以上。民国七年，欧战犹烈，创议作欧战纪念绘画，售得如干万圆，以振国外因兵祸失所者，后虽以故改依侨沪西人建欧战纪念塔，并移捐红十字会，而先生初意实主救灾恤邻，著于中外报纸焉。政府嘉其义授三等嘉禾章，聘授农商部咨议，先后任上海市商会议董、上海租界纳税华人会理事、红十字会特别会员、工商部国货展览会委员、中华国货维持会执行委员、机制国货工厂联合会常务委员、中国工商管理协会专门委员、华商皂业公会主席委员、浦东电汽公司董事、大丰工业原料公司董事、明锠机器厂董事长，不具述。

先生生无他好，惟好金石书画，尝发愿蒐罗先德墨林轩故物，就幼所受读崇洁堂庋藏，以时展览而未逮也。娶于乐，生男隆勳；续娶于李，生隆沐、隆周、隆汉、隆虞，女培珍；孙秉熙，秉淳；孙女秉炆，秉炜。既遇害，隆勳检遗物于故纸堆，得先生手书联语，读者肃然。文曰：“平居宜寡欲养身，临大节则达生委命。治家须量入为出，徇大义当芥视千金。”

论曰：人固有一死，先生之死可谓大矣！国变猝发，全国愤兴，顾滔滔中，肯舍己利以利国者几人，至于舍生更无论已！先生耻夫居高位者致人于危而自图安。嗟乎，百年来自湘乡曾氏后，久不复闻此语，不图出诸工商者流。当其蹶然遂行，但知有责当尽，有义当赴，更安有一身利害生死观。及其被缚，侃侃而道，词严义正，天下人共闻之，先生其不朽哉！及考内行，览遗墨，更知其素养深矣。

民国二十三年三月，黄炎培谨撰。

（录自《同行月刊》1934 年第 2 卷第 5 期）

史量才先生之生平

⊙史量才像

史量才先生名家修，中年后以字行，祖籍江宁。父春帆，遭洪杨之乱，经商上海西泗泾镇，遂家焉。先生幼颖悟，师事耆儒戴葵人，读书过目不忘。泗泾属松江府娄县，清光绪二十五年春考入娄县学为附生。时当戊戌政变后，先生慨满清政治腐败，弃举子业，与松城雷继兴、龚镜清辈研求日本文及理化等应用科学。

光绪二十七年秋，考入杭州蚕学馆。年假归，倡议兴学，促地方父老筹经费，而泗泾米业养正小学以成，至今称盛。先生既毕蚕学馆业，应上海王氏育才学堂聘，为理化学教员。旋膺兵工学堂、务本女学、南洋中学各校教席，时科举犹未废也。先生故善词令，尝就养正小学演讲，开发民智，听者坌涌，咸佩先觉。光绪三十年，创女子蚕业学堂于上海高昌庙桂墅里，实为吾国女子蚕业教育之嚆矢。三十年来，环太湖诸郡蚕桑业之兴，先生与有力焉。此校旋迁苏州浒墅关，即今之江苏省立蚕桑学校也。

光绪三十一年，偕诸同志发起江苏学务总会，未几而苏浙借英款筑路之议起，以汤蛰仙、张季直、王丹揆诸老辈之提倡，群主集资自筑，先生盖为奔走最力之一人。公司成立，被选为董事。时先生兼任《时报》主笔，已于新闻业深感兴趣矣。复以暇发起全国农务联合会于南京，被推总干事。时南京开南洋劝业会，先生则集农学家参与审查研究。无何，武汉革命军起，各省响应，主江苏者实为程雪楼、张季直、应季中诸公，先生盖无事不参与商洽也。惟时人才云集，而思虑之锐敏，治理之精覈，独推先生。以故江海关款产棼如乱丝，设沪关清理处，而以先生主之。松江盐政需整理，设松盐局，而以先生长之。

先生独着眼社会事业，以为一国之兴，文化实其基础，而促进文化，以新闻为前锋；遂以民国二年接办《申报》，经营惨淡，二十余年，未尝少懈，实为一生心血之所凝结。当袁氏盗国，以重金令无反帝制，先生直却之。嗣是军阀当国者十年，贞介以自洁，婉约以自全，盖煞费苦心焉。而先生尤以企业造产为富国福民之本，民国十年，偕南洋侨商黄奕住创办中南银行，同年发起民生纱厂，又尝协助项松茂扩大五洲药房营业，协助陆费伯鸿复兴中华书局。凡所擘画，莫不云蒸霞蔚，人以是多先生之才略与魄力，而先生一志持稳，更扩大新闻事业。公余之暇，出入道释两家，参览典藏，习静坐，积十余年之精修，颇得静定工夫。习拳术技击，身手矫捷，几为青年所不及。

“九一八”东北变作，先生大感愤，日夕集同志谋所以协助政府挽救国难。一二八沪战既开，乃有上海市民地方维持会之组织，被推会长。协定成立，改为上海市地方协会，仍被推会长。而政府尤器重先生，农村复兴委员会聘为委员，招商局改国营，聘为理事，实业部规设温溪造纸厂，聘为筹备副主任，上海市政府设临时市参议会聘为参议员，被推为议长。先生深感朝野之交相推重，则益激励奋发，凡经济文化慈善各公团职务，苟被推选，绝不言辞。如新中国建设协会被推理事，中山文化教育馆被推常务理事。而其惓惓之怀，尤一日不能忘东北，则偕同志创设东北难民救济协会，冀稍拯流离之惨。其他公益事业之参加，匪可殚述。

先生既早岁研习理化，苟于科学有所发明，虽重金扶助，匪恤；而于独力经营之《申报》，自举行六十周年纪念后，锐意扩张附属事业，如补习学校、流通图书馆、年鉴、月刊，并延聘专家精制全国地图，皆于启迪人文大有贡献。昕夕不遑，心力交瘁，时发胃疾，乃抽暇赴杭州西湖暂息养疴。不意自杭返沪，车经海宁附近翁家埠大闸口地方，遇匪徒多人狙击殒命，时为民国二十三年十一月十三日下午三时，年仅五十有六。先生子咏赓之同学友邓祖询、司机黄锦才殉焉。咏赓肄业之江大学，同车归，且奔且拒，卒免于难。

先生被难后十日，其友黄炎培就平时见闻加以诹访而为之记。

（录自《人文》1934 年第 5 卷第 10 期）

百不先生传

⊙王晓籁像

百不先生，生于剡溪九曲之间，长而游于海上，休休焉，恤恤焉，乐乎天而悯乎人也，忘其身以忧家国也，则自署“百不”，其友相与然疑焉。甲曰：数始一终十，自乘焉以成百，终之极也。“不”于词性属消，“百不”云者，岂消焉以底斯极邪？然则虽有耳而百不闻也，虽有目而百不见也，虽有触而百不知也，虽有知而百不行也，先生何自苦乃尔！乙曰：诬先生哉！宁不知先生多福，有丈夫子一十有八，女子子一十有二。“百不”云者，其谓百斯男而不已也，此盖先生之善自颂也。由自丙丁絮絮作偶语，丙曰：生年不满百，常怀千秋忧，先生其善怀哉！丁曰：渊渊乎先生之思也，仁者见仁，智者见智，百姓用而不知也。友戊作而言曰：诸子之言，其蔽也虚，夫岂有当一于先生之意？吾请实之。

先生盖不忮不求者也(一)(二)，其处世不卑亦不亢者也(三)(四)。磨而不磷，涅而不淄者也(五)(六)。柔不茹也(七)，刚不吐也(八)，不怨天而不尤人也(九)

(十)。有所不足,不敢不勉者也(十一)(十二)(十三)。人不知而不愠者也(十四)(十五)。知之为知之,不知为不知者也(十六)(十七)。上交不谄,下交不渎者也(十八)(十九)。仁者不忧,知者不惑,勇者不惧者也(二十)(廿一)(廿二)。其仁也,与其杀不辜,宁失不经者也(廿三)(廿四)。其知也,不羞污君,不卑小官者也(廿五)(廿六)。谓狷者有所不为,而不屑不洁,非所然也(廿七)(廿八)(廿九)。其勇者,不肤挠,不目逃,不受于褐宽博,亦不受于万乘之君者也(三十)(卅一)(卅二)(卅三)。富贵不能淫,贫贱不能移,威武不能屈者也(卅四)(卅五)(卅六)。大行不加,穷居不损者也(卅七)(卅八)。仰不愧于天,俯不怍于人者也(卅九)(四十)。先生有庐在嵇山镜水间,春秋胜日,不衫不履(四一)(四二),不夷不惠(四三)(四四),履川泽山林,不逢不若(四五)(四六)。盖其有得于佛,大悟不生(四七)不灭(四八)、不垢(四九)不净(五十)、不增(五一)不减(五二)之理。有得于孔,无可无不可(五三)。有得于老,利而不害(五四),为而不争(五五)。有得于庄,然于然,不然于不然(五六)(五七)。其居海上也,中立而不倚(五八),矜而不争,群而不党(五九)(六十)。人曰:吾闻君子不党,君子亦党乎(六一)?先生曰:夫不以规矩,不能成方圆(六二)(六三)。不以六律,不能成五音(六四)(六五)。不以仁政,不能平治天下(六六)(六七)。玉不琢,不成器(六八)(六九)。心诚求之,虽不中,不远矣(七十)(七一)!夫危邦不入,乱邦不居(七二)(七三)。不在其位,不谋其政(七四)(七五),非吾所知也。夫士不可以不弘毅(七六)(七七)。处非常之变,临不测之危,不震不动,不戁不悚(七八)(七九)(八十)(八一)(八二),先生有焉。人或深慨夫今之世,父不父,子不子(八三)(八四),先利后义,不夺不餍(八五)(八六),而未知七年之病,三年之艾,苟为不畜,终身不得(八七)(八八)。是惟有赖乎为之不厌,诲人不倦已耳(八九)(九十)!先生多子女,虽不痴不聋,不作阿家翁乎(九一)(九二)(九三)!要其施教也,不愤不启,不悱不发,举一隅,不以三隅反,则不复也(九四)(九五)(九六)(九七)(九八)(九九)。先生之为人,如是如是,诸子奈何百思而不得其解乎(百)!

于是先生辗然而笑,曰:然哉,然哉!顾语其友黄炎培:“子盍为我传!”则应曰:“诺!”虽然,戊之言亦太繁矣。吾观先生持身立志百折不回者也,今岁先生非五十乎!先生之寿,将百年而不止,其名虽百世而不朽。吾传先生,吾其以是寿先生!

先生为谁？王其姓，晓籁其名。

（录自《长途》1936 年第 1 卷第 1 期，该文后有编辑按语云：王晓籁先生现任上海市参议会议长等职，并任锡沪长途汽车公司总经理。今岁一月十七日为先生五十弧庆并旅沪卅年纪念，亲友咸为晋觞，黄任之先生并为文传之。此传文笔奇恣生动，爰录登本刊。）

沈信卿先生传

⊙沈恩孚像

先生姓沈，名恩孚，信卿其字，亦署心磬，初号荃梧，又号渐盦，晚号若婴，籍江苏吴县而居嘉定。幼颖异，博览群书，至暮年，手未尝释卷也。年十五，入县学为诸生。面白皙如冠玉，体甚短，而学行冠其曹。远近争延为私塾师，尝为《地球韵言》以启童蒙。苏松太三属有书院在上海曰龙门，历任山长皆一时名宿。先生就院肄业，为山长兴化刘融斋熙载所器重，与同院生华亭沈约斋祥龙、宝山袁竹一康、上海李平书钟珏、姚子让文枬辈齐名，卓然负时望。岁甲午，举于乡。先生既淹贯经史，尤精于文字学，亦尝治西北地理，刊行《渐学庐丛著》。顾中年以后，从不以示人。为诗文，清腴而峻拔，波澜壮阔，而一中于规矩。工书法，善作擘窠字，奄有闳肆与精严之胜。宝山县学堂成，先生往执教，及门多成材者。张君劢嘉森、公权嘉璈兄弟，金侯成其堡皆出其门下。甲辰，先生偕平书及宝山袁观澜希涛辈，创议改龙门书院为师范学堂，当道韪之。是年秋，先生与观澜、上海叶醴雯景澐及嘉定夏琅云曰璈东渡日本考察教育。既归，先生受任为龙门师范学堂监督。是为先生委身教育，殚心竭力时期。四十年来，江苏新教育为各省先，蕃衍孳生，影响及于全省每一村落，饮水探源，龙门其最高峰，而先生则卓立峰巅，疾挥而高唱者也。维时江苏兴学之风大振，各地学校如云蔚起，而潜在之旧势力，时时与之抵牾，省吏往往挟旧者以自重而抑新进。清末江苏省置总督、巡抚各一，总督治江宁，巡抚治苏州，各于其下设提学使，宁苏两提学使权责上时时相对抗。当科举未罢，苏皖两省士子同受试宁闱，名曰江南乡试。制既革，而两省学产纠纷起。坐此种种，苏人士就上海创江苏学务总会，网罗全省新人物，而南通张季直謇、吴县王胜之同愈、太仓唐蔚芝文治诸老辈，迭被选为会长。对全省新教育，保障其生存，平亭其纠结，同时利用上海地绾中外海陆交通，恣吸世界新思潮，以为全国介绍：如为推行普及教育而提倡小学单级教授法，设所传习；为建立民宪基础而集会研究地方自治，改组上海总工程局，为市议会权舆，而先生被选为议长；为反对铁路借款而倡立江苏铁路公司，今沪杭甬江苏段，出苏人自建，而先生被选为董事。类此者殆不胜举。凡所以革新文化，伸张民权，无不以江苏学务总会为中心。时当清季，国政日窳，人心日激，咸认惟兴学、惟地方自治可以基本救国，有毁家立学而拒绝清廷奖叙者。以地方政权掩护绅权，以绅权孕育民权，以迄于武汉革命起义，江苏独立之前夕，凡此先生实为出全力终始之者之一人。

江苏既独立，巡抚程德全被拥戴为江苏都督，组织都督府，先生与永康应季中德闳、吴县杨翼之廷栋、松江雷继兴奋辈，入参戎幕。张仲仁一麐长民政司，先生副之，仲仁实未尝就职也，先生时得大展素抱，一新地方制度，为各省先声。知各县事者，什九代以夙负物望而具干才之本县或邻县人。测绘土地，浚修水利，整顿警察，大革新地方政务，江苏六十一县，由后思前，邈若黄农矣。江苏省公署成立，应德闳为省长，先生为秘书长。此实先生在政治上鞠躬戮力时期。试记一事以概其余，江苏鼎革之初，凡服官者待遇至薄，都督月俸不过五十圆，某长某长三十圆乃至二十圆耳，一切酬应禁绝。上下惟一其心志为新邦效力，人民争相濯磨以迎新治。癸丑难作，政局突变，先生立谢却政治生活，退而复理江苏教育。更广吸欧美思潮，为全国倡。在斯时政府未遑加意之际，倡体育，倡童子军，倡新教育一切理法。全国省教育会联合会岁一举行，先生代表江苏出席，未或缺也。先生乃复以严气正性，与恶势力搏。袁世凯欲称帝，风各省劝进。某省教育会既屈于势，电邀江苏列名，江苏覆电拒绝而公布之，实为全国抗袁第一声。上海警察厅长徐国樑，倚世凯横行，煊赫不可向迩。先生面呵责之，人莫不称快，顾为先生危。未几而世凯死，国樑亦为人狙击死。民国六年，先生被简为湖南教育厅厅长，湘人士争电欢迎，先生洒然谢。其谢政府，谓政府患求官之人多，社会患服务之人少。愿以在野之身，尽匹夫之责。盖先生不复从政之志决矣。由是发起中华职业教育社，筹创南京河海工程专门学校，负责董理同济大学、南京高等师范学校、东南大学，创办鸿英图书馆，其间被选为上海市议会议长者，殆逾十年，而先生精力亦稍稍衰矣。“八一三”战事起，先生以病留沪，仍不绝于吟咏，而气弥壮，志弥坚，所寄望于后之人无穷。民国三十三年四月四日以疾殁于上海鸿英图书馆馆长任，年八十有一。

先生生日，为其母夫人忌日，故虽高龄，从不容人向之称寿。配杨夫人，清才淑德，俾先生绝内顾。尝集同志，倡家庭日新会，以渐移风气，先先生十四年殁。子有乾、有鼎，皆清华学校毕业，留学美国，为名学者。女有瑶，婿王选青；有珪，婿胡厥文，以机械工业专家名于时；有琪、有琳，各专所学，为社会服务。先生于学于教于政见之著述者甚多，顾未尝集以行世。早岁《渐学庐丛著》，既不可复见，晚年尝耗长时期心力，为春秋左传今地理之研究，既脱稿，亦未印行。虽然先生之所以信且传，有余于文字者。

余传先生生平既竟，泫然自叹！余之获纳交于先生，四十年于兹矣。或出或处，殆无不与先生偕，其间共晨夕者逾二十年。余所窥见先生，论事精核，治事严正，明条理，从无敢干以私，凡先生所为，人人共见之而共受之矣。要尚不及先生之所不为，其示范于人人更大。

中华民国纪元三十三年五月一日，黄炎培渝都

（录自《国讯》1944 年第 369 期）

国殇张在森君传记

⊙张在森像

君姓张，名在森，江苏川沙县人。父志鹤，诸生，民纪初年，入江苏省府，先后佐教育民政，以清正廉介著，川沙新事业之创始，大半出其手。母氏唐，以民纪十二年生君于川沙之北乡。既毕小学业，入上海私立正始中学。抗日战作，淞沪苦战三月，卒不守。青年殉国者，前仆后起。君大愤，时肄业高级中学二年，尽弃其学，背所亲，飘然走内地，考入成都中央陆军军官学校炮兵科毕业。三十一年五月，以陆军第一零五师第三一四团第二营领迫击炮排，参加金衢会战。初受挫，退。既而反攻，收江山，下衢州、龙游，与敌相持于金华城郊，九月二十五日，中秋月夜，转战至金华城西三十里白龙桥，天濒晓，为绝对优势之敌军包围，不屈，自杀。年二十一。

君幼沉默，好读书。尝与余同车行，手未尝释卷也。廿七年五月二十日，突视余于武汉。时京沪浙赣先后陷，敌势张甚。叩君来意，答："我同学纷纷战死，我为国为我友，义当从军杀贼复仇。愿先入军校。”时君年甫十七。既入学，余每至成都，必见。盛称军校整洁严肃，其制度、其规条，言之至详且熟。校有试，必前列。时物价趋贵，君体渐以羸，余与余妻忧之，每见，必供肉食。三十年一月，君毕中央军官学校第十六期炮兵科业，被派赴赣之上饶，将编入战伍。濒就道，视余于重庆。时车少，觅坐至艰，余为谋种种方便。廿九日晨，君乃偕其同学李顺全、曾祥珩、周铭生、朱乐山，慷慨遂行，不意其永诀也。君之殉国，因顺全讯知之。金华白龙桥之战，我尚死一副营长，士兵伤亡不及百，而敌死少佐大队长一、上尉一、中尉一、士兵三百以上。君之死，以不肯被俘受辱，苦战至最后一分钟，引枪自杀于秋宵皓月之下，哀哉，壮已！

抗日之战，举国攘臂愿与暴敌偕亡。余流转西南诸省，虽边鄙，慷慨请缨者相望。即论吾乡川沙，民纪廿六年，淞沪苦战，大府迭征志愿兵，应者踵相接。八月二十七日，县长宴请缨诸少年于县大礼堂。翌日行，得二十二人，无一畏缩者。夹道送行，虽父母兄姊，无泣者。既入伍，转战至南京。十二月八日，守中华门，四日而城陷。夜半，被迫出挹江门，大江前横，路绝，弹雨下，群跳入江，江面如瓜田，累累者皆人头也。此川沙二十二少年，殉身大群中，仅一人抱木流一昼夜，遇救，得不死。其人为谁，曰陆大生，余无生还者。川沙在全国中一县耳，此在川沙诸役中一役耳。吾传张在森，吾念举国百千万无名英雄，虽秃吾笔、涸吾血泪，其何能已！

民纪三十五年抗日战胜之后一年五月五日，黄炎培

（录自《苏讯》1946 年第 69 期）

张仲仁先生传

⊙张一麐像

先生名一麐，仲仁其字，为文尝自署民佣，又尝自号大圜居士，江苏吴县人。父是彝，清光绪庚辰进士，官直隶正定县知县。母吴氏，以清同治六年公元一八六七年生先生。兄弟三人，兄一夔，字寅皋，先生其次也。幼颖异，被誉为圣童。年十二入县学为诸生。光绪壬午，年十六，中江南乡试副贡。乙酉，年十九，中顺天乡试举人，文名溢吴下，尝自课弟云搏一鹏读。岁癸巳，一鹏亦中式江南乡试。戊戌政变，兄弟相偕就苏城创苏学会，倡新教育以应之。辛丑壬寅间，先生受四川学政吴蔚若郁生聘，入蜀襄试，癸卯，年三十七，陕西学政沈淇泉卫以先生名与汤蛰先寿潜、张菊生元济、梁燕孙士诒辈保荐应试经济特科。试卷为张之洞激赏，置第一。揭弥封，则赫然先生名也。主者以大魁宜出翰林院，乃拔袁嘉穀为首，而次先生焉。甲午以后，先生三度计偕北上，俱以所亲被命襄事试闱，至则格于例回避，嗒然返。至是分省直隶，授天津河防同知。

袁世凯方为北洋大臣兼直隶总督，震先生名，欲罗致之。始先生分省湖北，世凯与之洞争之力，乃改今省，入幕办文案，为文工且敏，他人数百言不能尽，以数十言了之。昏夜，世凯索幕客不得，独先生危坐，属草十余稿，立就，自是参机密，得署同知。同知兼理轻微民刑事，一日，拘小窃至，称苦饥寒耳，先生恻然，给银数圆，令小负贩自活。数日，又拘至，问何不改行，称所赐仅小负贩一次，资尽矣，先生谓可原也，薄责之，给银如前数。不数日，又至，则伏地不语，先生命送之狱，忽哭呼母。复讯，则云："小人死不足惜，母年过七十，一日不归，母一日饿，奈何！"事闻于后堂吴太夫人，呼先生进，倍予银两而仍释之，其人卒改行。

丁未，世凯被朝命入参宪政，先生偕赴京，军机批拟，益倚重先生，一时筹办自治，设各省谘议局，凡有关宪政诏谕章制文电，咸出先生手笔。戊申己酉间，世凯被挤，还洹上，先生亦移家南下，就苏城筹建图书馆、筑公园。友好之在浙者，迎先生游西湖，遂入浙抚增韫幕。辛亥春，返苏养疴，十月而武昌起义，清廷起世凯为湖广总督，统兵驻京津，星夜电先生往。时各省纷纷响应民军，人心极度激奋，而民军力弱实甚。南通张季直謇、武进赵竹君凤昌辈忧之，长日集上海赵惜阴堂密商，以为惟清廷逊位，则国难可以立免。惟世凯能说清廷，顾谁说世凯者，舍先生将奚属。函电往返，终使世凯意向民军，清后下诏逊位，数千年帝制，一日而民国，此旋乾转坤大业，以唾手致之：在南謇、凤昌辈，在北日聒于世凯前以底于成，则惟先生一人。

江苏独立，先生应苏督程雪楼德全约，一度归任民政司长，惟世凯终不能释先生，不久复北，受任总统府秘书兼政事堂机要局长。无何，世凯欲称帝，左右承旨劝进，先生入谏，反复陈利害。政事堂会议筹备大典，先生起立直斥之，才发言，武人某举枪怒目先生，国务卿徐世昌遽起，牵先生衣，曰："仲仁，随我来！"先生色然出，立辞机要局长。夜，有人投弹先生私邸，死马一，人咸为先生危。蔡锷之易姓名出亡也，濒行，贻先生盆桂二。盆者，朋也，桂者，归也，隐风以朋友偕归之意，而先生夷然。

先生之辞机要局长也，世凯仍授教育总长职以羁縻之，时为四年十月，在任重视社会教育，捐廉俸特创注音字母传习所，不久，引去。云南护国军起，各省先后揭帜独立。世凯惧，急自废帝制，既而病死，先生益无意仕进。迨冯国彰以副总统代理大总统职，先生尝一度被任为总统府秘书长，然非先生意也。维时南北两国会两政府对峙，国事益俶扰，先生则唱统一、唱和平，继且唱民治，谓非统一不足以建国，非和平无以安民生，然非民治又无以立其本也。八年二月，上海开南北和平会议，先生被推和平期成会副会长，遂至上海，愤于和平中辍，统一莫望，乃为文以评其友徐佛苏《西南自治与和平》一书，其文略曰：代表撤回，和平中梗，吾辈向者无穷之希望已付东流。计自上年两方代表开议以后，所可称为让步者，不过主战之段合肥，变为局部议和之冯河间而止。然不生不灭、不战不和之局，虽有善者，无以解决。甲仆则乙兴，丙唯则丁否，以外力之搒逼，与夫国力之困穷，其能长此终古耶？日复一日，元气凋丧，火尽油干，非与国同休不止。又曰：自汉以来，或数年，或数十年，或二三百年，有不革命者乎，此其故安在哉？又曰：帝制萌芽，在民国四年之初，各省将军纷纷添募军队。一日，余谓朱君启钤、周君自齐曰：藩镇之势已成，此后中央命令，恐不能行于地方。两君然之，而无如何。果也，项城没而督军团兴。南京会议、徐州会议、天津会议，风起云涌，不可爬梳。昔也川滇之役，今也奉直之争，苦我人民，危及邦国。又曰：共和原理，必由民治，真自治，便是国民有自觉之智识、自动之能力。言自治之极点，必标其名为民治。夫武力不能统一，由当事者不知民治之义，遂无自觉之心，至于今，则向所恃为雷霆万钧之武力，无不力尽精疲，途穷日暮，宜若可以幡然变计，咸与维新，而双方皆以习与性成，莫肯推诚相见。又曰：顾亭林谓用天下之私，以成一人之公而天下治。若夫今日自治之说，则用人民之私，以成天下之公。然非有权力牺牲小我以全大我，其道末由。文末曰：仆性疏狂，不乐羁絷，人事牵率，每难自由。清光绪癸卯以后，在北洋幕府者七八年，藉读未见之书，略明当世之故。辛亥变革，偃处里中，以地方秩序之不可坐观，府主情谊之不能过却，参与文牍，无役不从，蒿目时艰，弥增隐痛，叹吾谋之不用，遂浩然而思归。项城既殂，亟思退隐，乃尘心未净，祠禄虚餐，国危而无以扶持，民困而末由拯救。自上年十月十日以后，闭门思过，久已与政治绝缘，今因徐君之文而又哓哓不已，甚至指斥元老，批评伟人，且对于最亲善之强邻，直言开罪，是亦不可以已乎。顾尝思之，人之所以异于禽兽者，惟人偶之仁与互助之义耳。世有保我民国，善我亚洲，以扑灭全世界之东方导火线者乎，虽磔余其无悔！文长万余言，穷一日之力以成而不加点，时为民国八年九月，所谓上年十月十日，则新国会举徐世昌为大总统，国璋、祺瑞同时下野之日也。先生用心，盖灼然可见已。

大局日恶化，然先生和平统一之信念不改。会湘军入鄂，十年八月，两湖巡阅使吴佩孚兵下岳州，先生夙见重于佩孚，乃复奔走游说。九月，以蒋方震、张绍曾辈合力，由绍曾发起庐山国是会议，电征各省意见，期实现和平与统一。先生率先电应，佩孚等以与先生有成约，电表同意，终以若干方面各持异议而无形消灭。

自是先生杜门不复谈国政，然遇地方重要事故，仍挺身代表人民，与权阀奋斗。例如齐卢之战，江浙民众衔之次骨，而无能为。先生集两省人士，奔走京杭间，垂涕阻双方出兵。尝说卢永祥，不见听，至于下跪。及齐爕元败，则又奔走双方，为之画界驻兵，俾相安焉。奉军南下，江苏地方受蹂躏之苦。先生函电申诉无效，则犯颜面折，以至声色俱厉。维时苏人士如上海沈恩孚、无锡钱基厚、武进钱以振、镇江冷遹、宿迁黄以霖辈，皆有志扶持乡邦正气，领袖为谁，则先生是也。如是者盖不一其时、不一其事，以迄于抗日战起。

先生以积劳故，精力渐耗，小溲见血。医言病在肾，须长期休养，乡居仍与其友李印泉根源、弟一鹏为地方谋公益，百废咸举，弗一日自逸。苏城之西，有地曰善人桥，土沃而民风滋厚，先生就其地兴教育，改良农事，为一般乡村示范。自先生居乡，乡人若藐诸孤之得母，地方官吏若立之监，咸自濯磨以竞于善，先生则恂恂焉、休休焉若不及也。东吴大学以法律博士学位赠先生，彰荣誉焉。上海“一二八”民众抗日，先生偕苏人士抚伤兵、救难民，至”八一三”之战，而规模更大，先后设医院二十四，救伤兵至五六万，收容难民且十余万。为诗文，大呼杀敌救国。更倡议组老子军，以作民气。迨大场撤兵，苏城陷，盛传先生被迫投井殉，海内外震悼，而不知先生以民众之拥护，早易僧服，隐于穹窿寺，不降志，不辱身，以自脱于难。

民国初年，苏人士尝谋拥先生长省议会，以与人竞，先生弗以为意也。至是敌焰益炽，政府设国民参政会以一国人心力，先生自二十七年第一届当选为参政员，以迄于三十二年第三届。先生在参政会中，齿最长，非病不缺席，每次代表全会致词，一本至诚，发为直言，切中时弊，不随不激，闻者动容而勿以为忤。三十年十一月第二届第二次大会，张表方澜偕先生等提出“实现民主以加强抗战力量、树立建国基础”案，列办法十条：请禁以国库支给党费，禁歧视无党或异党，禁任何党派在学校推行党务，禁一切非法特殊处置，壹皆人人所欲言而不肯且不敢言者。案虽为主席团留中，然如召开国民大会、制定宪法、保障人民身体言论自由诸条，获通过于全会，深入人心，著为国论。先生之忠诚伉直、不畏强御，大率类此。

先生自清季即以汉字难识，主改革。在教育总长任，推行注音字母不遗余力。二十八年秋，居香港，立新文字学会，与许地山赞堃等倡新文字，将使大众易读易写，著文数十万言，以为“今人好言全民政治、抗战盛倡总动员。试问国民百分之七十八十不能读书读报，全民政治之‘全’字，总动员之‘总’字，从何说起?”其持论精切透彻类是。太平洋战起，先生方以参政会毕，将由渝飞沪。濒行，突以事牵中止，而不知港战已作，设成行者，且为敌俘。先生体素强，习健身术，宿疾良已，步履轻捷。渝居久，不习于气候，渐尫弱，食量亦减，卧床不能起。医谓“肺全部发炎，延及腹膜结核，衰年施治颇棘手”，移居扬子江南岸清水溪疗养院。三十二年，公元一九四三年十月二十四日长逝，年七十有七。元配顾，早世。继配陈，治家整饬而和洽，先生不事生产而无内顾忧，陈夫人之力也。生子四：为宣，幼殇。为资，美纽约大学法学博士，服官外交部。为鼎，东吴大学文科毕业，任职中央信托局。为璧，自幼养于友赵椿年家。女二：为珂，美密歇根大学毕业，婿程宗阳，天府煤矿矿长。为璇，持志大学毕业，服务中国农民银行。诸孙幼。先生之丧，萧然几无以为殓，诸友好助其家属厝遗体于重庆汪山放牛坪，将扶归公葬于苏之虎丘焉。先生有日记藏于家，诗文稿多不存，顾廷龙、徐子为辑其存者为《心太平室集》十卷。自先生之殁二年，而日本败降。又二年，乃始获最先生生平以为之传。

炎培当辛亥参与惜阴堂集议，读先生与南中诸老往来手札，是为获识先生之始。嗣是先生一度长江苏民政，其后归事乡邦建设，奔走地方军阀间，弭战谋和。既而对日抗战，服役后方，最后国民参政会上下论议，炎培盖无役不与先生共朝夕。综先生一生行事，舍为民为国无他念。其因南北分裂而唱统一，因军人好战而唱和平而归本于民治，此距今二十三年间事。惟时国体早定，而国人于政治民主，犹有识之未真、求之弗切者，而先生倡之。经历日寇十年侵略，国命不绝如线，先生以为非实现民主无以结集鼓舞全国人心力，无以抗战，无以建国，而大声疾呼以吁求之。其严气正性，发于一诚，人惮之重之而不为忤。达而在朝，退而里居，其有所言、有所行，则为民为国而已矣。其设所传习字母注音，其立会倡新文字，谋所以福大群，盖比物此志也。读先生诗文，盖确信日本之必覆败。先生所未及计者，其惟日本败降以后，我中华统一、和平民主之迄今犹未一一获实现也乎!

（录自《人文》1947 年复刊第 1 卷第 3 期）

沈心工先生传

沈叔逵先生，大概四十以上人士都唱过他的歌，四十以上校友都听过他的歌。他是老教育家，他是老校友。最近母校先后请到管夫人和周小燕小姐独唱，轰动一时，而民歌尤被欢迎。中国的乐歌自沈先生之《男儿第一志气高》，而黎锦晖之《毛毛雨》，而聂耳之《义勇军进行曲》，而管夫人近来所常唱之《沙里红巴》，无不有其时代性。但无疑的，开山之功允推先生，流风遗韵，未尝衰歇。去秋先生归道山，本刊久想为文纪念，今读三十七年七月十二日《大公报》黄任之先生此作，已充分传出先生之学问及品格，故亟为转载。任之先生亦是老校友，在二十年前，他与邵力子、章伯初、沈叔逵诸先生都是当时南洋同学会的主干——编者

⊙沈心工像

十九世纪的末年，中国初推行新教育，那时候，学校除传统的书本教育以外，初有体操，但还没有音乐，第一个把乐歌教学生的，是沈心工先生。

先生名庆鸿，号叔逵，心工是他作歌时的笔名。父诵清，母姓刘，公元一八七〇年清同治九年生先生于上海。

上海当西洋人没有来经商开租界时，早因地理关系，为在内地与沿海间帆船输出入土货的良好港口，商业相当繁荣，沈氏因此起家，上海沿黄浦有生义码头，“生义”就是沈氏商号名。至先生时，帆船运输业早消灭了，先生自幼随他的母亲住青浦，后因父亲在湖南做官，八岁时随母到湖南，住长沙辰州等地，在家塾受长兄庆长的教，二十一岁考入上海县学，二十三岁就婚于辰州莫氏，夫人名雪梅。

先生二十五岁执教上海约翰书院，同时自习英文、算学。二十七岁光绪二十二年，上海南洋公学开办，先生考入师范班；同时创设一附属小学，受任为教师。三十三岁东游日本，在日本留学期间，自己忽然感觉对音乐唱歌特别有兴趣，后来普遍流传中国儿童嘴里的《男儿第一志气高》歌，就是先生当时留学的试作。既而回国，仍就母校南洋公学附属小学为教师，自制歌曲，教学生。上海各校纷纷聘先生兼教乐歌，一时很多中小学教师受教于先生，转教他的学生。上海南市设有沪学会，聘先生教音乐，李叔同即后来成音乐美学大家、最后出家为僧的弘一大师，他的初期音乐，实从先生受来的。

世界是在演进的。中国辛亥一幕，是从种族解放演成政体的革新。五四运动一幕，是因外交问题促成了文化上的革新。国民军北伐，是结束了从袁世凯叛变所造成的军阀政治而开始了政党政治。在这翻云覆雨式的急激的演变中间，不知多多少少人的岗位，自动的被动的给狂潮推倒，独先生兀然不动。受任了小学主任，他的本位不动；兼任了大学训育主任，他的本位仍不动，可是到民国十六年终于辞职退休了。先生待学生和自家子弟一样，在职一天，没有一天离开过学生群。计算先生在一个教育机关里，前后服务了三十年，而绝大部分日力和精力，都尽瘁在以乐歌为中心的教育上，从没有移动一步，而他的思想是前进的，很早即主张电影教育。

先生退休以后，朋友们强迫他当南汇县县长。做官非先生所长，也非先生所志，不久就辞了职。辞职为什么？就为了清官做不通，非分的钱当然不受，赔钱又赔不起。在任一百二十五天，已赔了先生的清贫所无法担负的数量，但南汇县老百姓至今还在想念他。

三十年老教师，当然桃李遍天下了。先生飘然一身，漫游大河南北及青岛、庐山诸名胜，泝长江而上入夔门、访巴蜀，所至门弟子欢然迎迓，相处如家人父子，极师生的乐事。正在计划南游，而先生忽患心脏动脉硬化，时时发喘，经年略愈，而七七抗日难作。淞沪沦陷八年中间，闭门过忧愤的生活，精神日渐衰老，至三十四年春，卧床不能起，其后加患摄护腺肿涨，公元一九四七年中华民国三十六年九月五日殁，年七十有八。子葆琦学商，葆昌学工，葆中学农。女葆安。

先生初期所授乐歌，编有《学校唱歌集》，后来经先生亲手修正，编定为《心工唱歌集》，共存歌八十二首，没有一首不包含著丰富的教育意味。先生所深深致意的，是爱国，是自主自立，是惜时爱物，哀劳工，哀劳农，尤重体育和童子军。全部歌词的精神，是美的，天真的，生动的，奋发的，沉着的。他的中心思想，是博爱，是自由，是平等。先生三十年中教学生，尽量发挥他们的思想和才能，而引导到一条理想的光明大道上。

我和先生是南洋公学初期的同学，中间几次同事于上海教育界，吾家子弟不少受先生教，且受得很深。我的亡侄自(黄自)习音乐，以作曲著名，亦曾受到先生很深的教育影响，自信我应是认识先生较多较真切者之一人。

先生向主张信仰自由，晚年，受了基督教洗礼。殁前遗嘱，废除一切世俗的仪仗，遗体付火葬，骨灰投入大海。

先生的精神是不死的。先生是一个纯正的教育家，是一个完人。

(录自《交大友声》1948 年第 2 卷第 5 期，文前按语为原刊编者所加)

我儿竞武的一生

⊙黄竞武像

我前妻王夫人生五男四女，竞武是第二个，前清光绪廿九年六月十日生在川沙，那时候，我在川沙办小学，浦东各地进步青年设演说会，纷纷邀去演说，在此同时，章炳麟、邹容因倡言革命，下了上海租界的监狱，清廷大搜革命党人，有人控告我在南汇县演说，骂清帝后，被捕下南汇县监狱。两江总督，江苏巡抚，同时电令将我就地正法，而我在电令到县以前一小时，被救出去日本，这是那年六月廿七日的事，竞武生还不到二十天，料不到我活了七十二年，到今天我的头还在颈上，而竞武已被惨杀了。

竞武小学毕业后，和长儿方刚、侄儿自，先后考入清华学校中等科，四年进高等科，又四年毕业去美留学，竞武最后在哈佛大学读经济，中间曾在福特汽车厂实习，学成了回国，三人结果怎样呢？黄自是有名的作曲家，当音乐教授十二年，民国二十七年五月病死。方刚当哲学教授十六年，民三十三年一月，对日抗战物质生活穷艰苦时期，在四川乐山武汉大学贫病死，只留下几箱稿本，而竞武今又惨死。当时一个个送他们出国，迎他们回国，景物都在眼前，对他们抱着多少期望，到今天，我还在世，他们一个个都完了。

竞武在盐务机关服务，前后有十四年。当时美国专家葛利佛被聘来中国，改正全国盐务会计。葛是竞武的老师，竞武跟了他老师考察全国盐务，襄助改正全国全部会计，历时约二年。后来曾经在扬州，在蚌埠。对日抗战时，在沅陵负责地方盐务。在蚌埠因不肯与商人合作舞弊，被控停职二年，实际上却没有停职，转入中央银行当稽核专员也已经有九年，中间曾留在滇越交界地畹町办案约一年。

竞武好打抱不平，有一天，上海租界一个黄包车夫，给法国巡捕揿在地上痛打，说他是违章。竞武斥责巡捕，说："就算他违章，也不应该痛打。"巡捕大怒，拉竞武入捕房，市民旁观者，蜂涌趋救，一女子挺身而出作证，竞武才得释出。

民廿八年秋在重庆公共汽车中，特务拒绝购票，毒殴售票员，市警干涉，双方大格斗，开枪示威。竞武急挺身排解，将事实当众报告，特务气敛了，一场风波才平下来。

中国民主同盟成立，竞武加入为盟员，曾任总部组织委员会委员及国外联系委员会委员。

抗战结束后，竞武入民主建国会，上海政象恶化以后，被推为临时干事，主持组织。那时候，被捕被杀的，一天多一天，上海已不能留。我离沪时，竞武告我："中央银行令行员签名愿去粤与否，去者有重赏，愿辞职者，亦有优厚的给与，父亲，我都不这样想。"

我在平得电竞武被捕了，隔多天得电竞武遗体捡得了。事后才知竞武是五月十二日在上海中央银行办公室失踪的。后来有人证明竞武系于十七夜被杀，到六月二日家属和他的朋友才从车站路旁泥土里一大堆尸体中间认获他的遗体。

竞武死了，倘然他预知死后八天，上海六百万市民便得解放，全中国四万万七千万人民将先后都得解放，竞武！你虽死得惨也可以安心的了。

附：题黄竞武烈士像

1903年生于川沙，1949年被蒋介石匪帮惨杀于上海。我们每一回走过北京天安门，望见高高的人民英雄纪念碑，想起千千万万为国家和人民的利益而牺牲生命者，中间有一个是你。

行略

袁观澜先生事略

⊙袁希涛像

先生姓袁氏，名希涛，号观澜，江苏宝山人。父霓孙先生，历官浙江淳安、德清、临安、嘉兴、东阳等县典史，长山草坪等司巡检。历办厘卡、塘工、漕运、盐务、税局等差。所至剔除积弊，勤恤民隐，刻苦廉明。年老告归之日，商民爇香郊送数十里，讴歌弗衰。母秦太夫人，温恭慈俭，以清同治五年九月三日诞生先生于杭州板儿巷旅邸。六岁就傅，颖悟出群，长而劬学，耽史鉴及古伟人传记。年二十一，补县学生，旋肄业上海龙门书院，研习宋儒性理之书，继治汉儒通经致用之学，旁及天文、地理、博物，凡当时号为新学者靡不毕窥而于国故地理尤精。其学虽屡变，一皆措诸修身齐家体国经野之实际，不徒以辞采惊人。年二十三，娶秦夫人，旋奉母太夫人僦居吴淞，继迁沪上，以父年垂老，宦浙不遑宁居。岁时挈季弟儆畲先生赴浙展觐，辄留数月，归则住院读书，兼课弟读。恒挟书恶衣服徒步淞沪间。丁酉，应瑞安黄学使体芳之聘，赴安庆充经古书院襄校，益提倡实学。是年秋闱，中式举人，时年三十有二。

明年戊戌，应江南制造局之聘，为广方言馆教授，益攻究天文地理历代政治，诸生翕然宗之，六年之间，造就甚宏。叠遭戊戌、庚子之变，居常扼腕，以十年教训为己任，盖推究邻邦维新之故实归本于教育，遂于光绪二十九年在宝山创办县学堂、蒙学堂以为兴学倡，又每周赴宝山一日，徒步往来各镇劝学，其教育救国之志自此发轫。

岁甲辰，与龙门同院诸公倡改办师范学校之议，得汤院长寿潜、袁观察树勋之赞助，于是年秋，与沈先生恩孚、叶先生景澐、夏先生曰璈奉派赴日本考察教育。明年，龙门师范学堂成立。嗣是五年之间，先后筹办复旦公学，创办太仓州中学，历任以上各校职员、教员或监督，兼充江苏学务处议绅、上海总工程局议董，而宝山各镇至是已设有小学三十余所，亲至各县视察劝导，凡学务筹画，靡役不与。毛学使庆蕃嘉其劳，以入荐剡，先生固却弗受。是时新学初兴，人心顽固，阻力横生。先生之劝学也，态度诚恳，上下交孚，每变阻力为助力。复以新政倡始，官绅辄咨询于先生而先生亦奔走惟力，为江苏商办铁路事遍游淮海，履勘路线，北行陈白旅京父老。顾先生五年之间，叠遭父母丧，又殇两子。外怵国步之方艰，内伤家庭之多故，益笃念先人济人利物之怀，以和平奋斗为职志云。

先生父母既葬，遂遨游四方，欲以措诸一隅者施于全国，乃应直隶提学使傅先生增湘之召，赴津任学署总务科科长兼图书科科长。当时谈教育者必推江苏，而言江苏教育者必争识先生。河北人士以先生慷爽诚挚，乐与纳交，声闻益广。三年之间，遍历河北各县视察劝学，问民间疾苦，又尝与张先生相文创设地理学会，学乃益进。辛亥八月，革命军起义，各省响应，旋即南归，共黄先生炎培参加江苏省教育设施事宜。先时，俶畬先生已入同盟会，尽力革命工作，先生则孜孜于新邦根本建设，其革命手段虽非一致，未尝不殊途同归也。

民国元年，先生以教育总长蔡先生元培之召赴北京任教育部普通司司长。当国体更始，一切教育制度、法令、课程胥待厘定，先生乃外稽良规，内酌国情，期于折衷至当。复以师资为教育之本，特悉心规画，主张高等师范学校归国立集中办理，部议韪之，于是逐年亲赴各省视察勘定设校地点，解除纠纷，指导筹备，而于北京、南京、武昌三高师尽心尤多，今皆改办大学，欲溯创始之艰难，匪可得而闻矣。迨蔡先生及范先生源廉相继挂冠，先生一度任视学，卒辞去，仍巡视各地教育，从事著述。其后，张先生一麐，范、傅二先生续为总长，皆引先生任次长，前后在部凡七年，代理部务三次，虽身膺要职而淡于政治，历次政变，拒不参加，惟以教育为生命，以游历证所学。尝以考察之暇，遍登五岳，漫游长江大河南北诸胜，至于热河。每登山陟岭，健步不假舆人，负一囊，贮糇粮、铁锥、照相镜、气压表、望远镜等事，采集地质矿物标本，留意民情水利土宜，归则发书参证，时人拟为今之顾亭林。呜呼，壮矣！

初，北京大学风潮时起，校长虚位。先生白于政府，迎蔡先生长校，遂佐蔡先生，提倡文化事业，国内风气为之一变。又草定全国义务教育计画，至今依为根据。六年八月，吾国对德宣战，上海同济学校为法领事封闭，时先生以次长充国际事务委员会委员，竭力维持，派部员沈先生彭年南下，与教育界人士筹商取归自办，迁校于吴淞，其间购地筑舍，惨淡经营，至今同济学校乃得为国内有名大学之一。五四运动事起，蔡、傅二先生卒然相继出都，先生力任艰巨，周旋维护，终以力瘁辞职。

欧战既终，思想激变，先生以吾国教育诸待兴革以应世界潮流，特发起组织欧美教育参视团，出洋考察，先至美国，历览二十余州，彼邦教育家争与相识，复转赴欧洲，凭弔战场，历十余国，阅一载归。先生既倾心义务教育，考览最详。民国十年，归国居北京数月，发箧整理笔记，为书数十万言，其详赡鸿博，虽留学十年，无以加也。惟是时，政治环境益恶，军阀备战益亟，教费侵为军用，学校不能维持，先生痛心蹙额，襆被南归，旋被选江苏省教育会会长，发起组织义务教育期成会，又以东南半壁尚为完善之区，义教不难普及，盖始欲施诸一国者而不可期，则退而期诸一省以树全国之风声，自此，遂努力地方下层事业，然遇教育问题之有关全国及国际者，辄被推主其事，故又逐年分赴广州、云南、北京、济南、太原等处，出席学制会议、教育联合会议，凡学制之改革试验、课程之修订推行以及庚款兴学之争议，致力尤多，皆于中国教育史上不可磨灭者也。

先生既南旋，仍奔走考察指导，祁寒盛暑无间，倡设乡村师范学校，以为推行义教之基础，不幸国难未已，齐卢构战，东南忽遭兵燹，先生痛心切齿，联合地方人士电吁政府籍没齐燮元财产，以抵灾民损失。战甫止，即驰驱灾地，劝募赈恤，人咸颂之。晚近是非纷呶，先生置毁誉于度外，惟以热心教育为天职，徒因环境所迫，欲行之于一省者尚不可期，则退而期诸一乡一邑。宝山昔为先生最初宣劳之地，而今为最后努力之区，自先生倡办清丈于清末，为全国之先声，比来建筑道路，调查户口，改良农事，推广教育，期从此规画进行，成为模范自治之区。力常殚于一隅之所营，志常郁于一国之所苦，为公尽瘁，不自惜其身，此所以不得不病，病而至于不起也，悲夫，悲夫！

先生为人慈俭，耐劳苦，急公义，自奉薄，取诸人尤薄。顾人有求，力所及，无弗给。亲族故旧贫乏者，辄分金与之，青年则助之求学，遇文化教育慈善各团体募金，苟囊未罄，不敢不应也。坐是，境益困，至于暮年，犹篝灯编辑以自给，暇仍博览群书，精研学术，夙兴夜寐，数十年如一日，尤以改进地方事业为己任。每下乡观察学校，步行数十里。近年足疾时发，往来仍坐电车。家人多劝节劳自摄，先生谓：我家差获安，受赐多矣，敢不尽吾身若心以献？又谓全国四万万同胞，受教育者几何，倍我力犹虞不逮耳，其教育救国之志，老而弥笃，自撰一联曰："五岳归来，游大九洲，又返神州赤县；万方多难，赁一席地，也同福地琅嬛。"先生之志趣与人格，于此可见其伟大。

先生体质素强，精神充满，有疾不自措意，竟以民国十九年八月二十九日捐馆沪上，时方主人文社编审史材事。病发之始，犹赴宝山会议，归则草计画，一手执笔，一手以表自验热度，劳瘁以终，语不及私，春秋六十有五。妻秦夫人，子男三：世枌，北洋大学工学士，前任山东峄县中兴煤矿公司工程主任，青岛特别市工务局第一科科长，娶葛敬璇；世柽、世桀早殇。女二：世庄留学美国，惠而士莱大学文学士，现任苏州女子中学、振华女学教员，嫁吴县汪懋祖，留学美国，哥伦比亚大学教育硕士，现任江苏省立苏州中学校长；世芳在室，研究书画。

（录自《中华教育界》1930 年第 18 卷第 8 期，原文署名"汪懋祖、黄炎培、沈恩孚"）

先室王纠思夫人行略

⊙王纠思与黄炎培

夫人姓王，纠思其字。以公历一八八二年清光绪八年生于江苏省南汇县之周浦镇。父裔，号筱云，附贡生。母谢。幼读书家塾，年十八，来归。时余家川沙城，先父母早世，祖母在堂，无兄弟，有妹二，从兄弟多同居。夫人周旋其间，无违忤，顾亦未见重于戚党间也。既余以办学演说，清廷目为鼓吹革命，被逮。濒就刑，获救，得不死，走日本。既而归，执教上海城东女学，夫人亦就学焉。不数年，能事大显，善鉴别品物真赝，虽金宝珠玉能立辨。沪市多虚幻，独夫人购物，不受绐，亦不苛其值，故易成，而乡里有所求，亦争以属夫人。有所亲居乡僻，病几殆，夫人为延沪名医，不屑往，夫人尽出诚恳之态度，婉妙之言语，卒首肯，又辗转雇得一汽艇，载以行。病获救，一乡震惊，而余服夫人之才，实亦始此。

余家故贫，余又主勤事而薄受酬。夫人习师范，育蚕，课隙则自哺儿乳，理家事，盖所入殊无以自赡，徒以夫人劳且俭故，无所乏。当民纪三年，余辞江苏教育司长职，积俸入得六百圆，以畀夫人。其后，大群男女，以养以教，成年者资入国内外大学，余则服役社会，终岁仆仆作牛马走，绝不问家事，而舟车行李有费，遇孤寒学子而周给之也有费，见所欲图书而购取之也有费，一以责之夫人。予取予求，不汝瑕疵也。夫人之经纪家用也，集亲友为钱会，或参亲友所为会，整入而零出，零出而整入。借诸甲，贷诸乙。息率之厚薄，约期之长短，其所致意焉。惟信，故有借于人无所拒；惟诚，故有贷于人，人亦不忍背之，而地价物价货币证券价之上下，国内外金银之换算，皆所精悉，顾绝不欲厚取于人。遇贫者，匪直不取偿，且别佽与焉。性好客，就食于夫人者，终岁无间。每出，必囊钱行，以周途次穷乏。男女童仆，苟非自求退，无被斥者，以故劳工贫困者之恃以举火不绝。四十二年间，出则施惠于人人，入则一家温饱，服食日用所需，累累筐筥篋笥间，无或缺。其殁也，一丝一铢无所逋，所蓄足自了丧葬。虽在抗战中，不以累余。虽余去家，不以累亲友也。

夫人善排解人纷难，尝百计以成人之美，而其人不必相知也。偕友创家庭日新会，每周相聚切磋，以正风习。为公益、为国难募金，自领队，不后人也。亲友病，经指导医药，辄有效。盖医孰良，孰长某科，夫人深加意焉，而病婴之经指导施治获活者尤无算。夫人酷爱犬，尝入沪租界犬牢，出重金赎以归。有虐待犬者，苟为夫人知，必奔往怒责，虐止乃已。数度临危不乱，深夜邻家火，夫人从容整所有，呼诸儿起，携以行，泰然也。登高临深，亦未尝怯也。夫人自始无脂粉习，风度大方，言动于自律中间天真。见客赴会，男女间无所避。余交友多，尝与异性友密谈久，仆阴以告，夫人切责之，谓："汝毋得言。黄先生品是金，汝毋得言。"余夜归迟，夫人必屏息以待，然余之于夫人亦复然。余生好游，中年后，夫人往往与偕。自北平、太原出张家口，走绥远、包头，其东，济南、青岛、大连、旅顺、沈阳，经朝鲜渡海走日本；其西，溯长江上，经南昌，登匡庐，历汉口、重庆而达成都、上峨眉；南则经香港、广东以迄桂林、柳州；西趋贵阳，其间皆有余夫妇足迹焉。苟非与偕者，出必送，归必迎，立于水之湄、道之左右，最前一人，则夫人也。夫人至爱余所作诗文及字，余之获俪于夫人，盖由先外舅睹余所作，谓此儿异日非无望故也。

夫人生子女各六，而殇其三。长男方刚，治哲学，今武汉大学教授。次敬武，治经济学，服务中央银行。三万里，治水利工程，方督涪江工。四大能，治土木工学，助教复旦大学。五必信，肄业中央工业专科学校电机科。长女路，修毕金陵女子大学文科业，婿张心一。次小同，燕京大学肄业，婿王国桢。三学潮，肄业沪江大学。四素回，肄业成都树德中学。孙男：十九、海川、岷江、观鸿。孙女：路舍、且圆。外孙男：张孔来、王实方、王平华。

夫人以民纪二十六年秋患脑溢血，经年略愈，语余："在抗战中，苟非病者，东西南北，恣从君所之耳。"二十九年十二月，在沪病复发，仅三日，家人电告，以十五日下午四时殁，年五十有九。余友王君艮仲自沪来渝，十三日，谒夫人于病榻，坚嘱勿以病告。亲检取豆一器、手帕三寄赠。乌乎，夫人往矣！此物以永相思，吾泪尚胜揾邪！

余略夫人生平既竟，痛念夫人平日恒言："君之生非为国乎，我则为君耳。"今夫人一生所以助我者至矣，而我之所以报国何如者？

民纪二十九年十二月二十二日，夫人既殁之七日，黄炎培衔泪撰并书。

（录自《重修黄氏雪谷公支谱》卷九）

⊙黄炎培全家合影

张仲仁先生事略

公讳一麐，字仲仁，别号民佣，江苏吴县人。父讳是彝，官逊清直隶省知县。生公兄弟三人，长子寅皋，叔子云搏，公行二，生于民国前四十五年，实逊清同治之六年也。幼有圣童之目，年十二，入县学为诸生，十六中江南壬午乡试副贡，十九中顺天乙酉举人，文誉溢吴下，为一时士林领袖。戊戌康梁变政，公在苏与弟一鹏倡办学校，革新文学以应之。辛丑壬寅间，应前四川提学使吴公郁生（蔚若）之招入蜀，襄助考试。癸卯，公年三十七，前陕西提学使沈公淇泉（卫）以公名与汤（寿潜）、张（元济）、梁（士诒）、陶（炯照）等荐保经济特科。既试，公名列第二，分省直隶，旋补天津海防同知，于时始为袁项城所知。袁时为北洋大臣，驻节天津督署，招公入幕办文案，深加倚重。丁未，袁与张之洞同被当时朝命，入参宪政，公即偕赴北京，一时筹办自治，各省设咨议局及宪政有关重要诏谕章制文电俱出公手笔。

戊申己酉间，袁受排挤还里，公亦南下。时在浙友人闻讯竞迎公至西湖，遂入浙抚幕。辛亥春，公自浙返苏养疴，是年十月武昌起义，北廷再起用项城，初以两湖总督名义统兵，仍驻北边，星夜电速公往。时南通张公季直（謇）、上海赵公竹君（凤昌）等忧心国事，日夕密会于赵公家，议办法。预与公约，中经函电往复，终使项城倾向民国，清朝逊位。此段史实，在南□划大都出自张公、赵公，在北与项城直接斡旋、坚持努力以底于成，则惟公一人是赖也。江苏独立，公应江苏都督程公雪楼（德全）之召，一度归任民政司长，惟因项城不能释公，不久应召北上，任总统府机要秘书兼政事堂机要局长，其后项城地位渐固，背弃信誓，有帝制自为之心，左右阿谀之辈日众，公独力持不可，虽迕而不稍徇避。项城畏公直，每与公言或答公□□，亦必深讳面容以表示□能受尽言。至是，出为教育总长，终于辞职避津。六年，河间冯公（国璋）兼代总统，邀公出任总□府秘书长。冯退职，公旋南返，以迄于民国二十五六年之间，盖前后几逾二十年，家门息影，萧散自适焉。然每遇地方重要事变，公必挺身而出，就民众立场与权阀奋斗。例如齐卢之战，江浙两省民众恨之至刺骨而无能为力，公则偕两省士绅，奔走南京杭州间，垂涕力阻双方出兵。尝苦劝卢永祥，不见听时，至于下跪。及齐□军南下，江苏地方备受蹂躏，公又奔走其(间)，既败，则又奔走双方，为之划界。迨奉□间，函电无效，则犯颜面斥，乃至声色俱厉。如是者，盖不一其时、不一其事焉。维时江苏各属人士：上海沈恩孚、黄炎培，无锡钱基厚，常州钱以振，镇江冷遹等，皆有志扶持乡邦正气，领袖为谁，则公是也。时公已年已逾六旬，从公积劳，精力隐耗，小便偶见血块，医谓与腰肾有关，戒长期休养，惟仍与其友李印泉（根源）、弟一鹏主持里中公益，弗稍自暇逸。东吴大学赠公法律荣誉博士，亦即于是时。苏城之西，有乡曰善人桥，土脉肥沃，民风纯厚，公就其地兴教育，改善农事，以为一般乡村示范。民国二十九年“九一八”变作，公往来苏沪间，奔走尤力，抚伤兵，救难民，至“八一三”之变而规模更大，先后设医院至二十四所，救治伤兵至五六万人，收容难民凡十余万人。公且倡议组织老子军，藉以廉顽立懦。迨大场兵撤，苏城沦陷，公易僧服隐穹窿山寺，改号大圜，致友人书有“在山泉清”之语，时论重之。二十七年七月中央设国民参政会，公当选为第一届参政员，二十九年十二月联任为第二届参政员。今年第三届参政员，公仍继续当选。公于参政会同人中为最长，除第二届参政会第一次大会及本届大会均以病未到会外，其余每次大会公无不出席，且迭次代表同人致词，忠诚耿直，爱国之忱，充分表现，听者动容。公于国事政治力主民主团结，扫除文盲，尤为其平素所主张。自前清戊戌时即以汉字太难认识，力倡变革，在教育总长任，推行注音字母不遗余力。二十八年秋抵香港，成立新文字会，与许地山先生等提倡新文字，著文数千万言。有谓必使国内百分之九十以上文盲皆能看书看报，而后全民政治之“全”字、总动员之“总”字，始有着落等语，其持论激昂透澈类是。太平洋战祸起，公时因会赴会在渝，适于是日购飞机票将行，以故未起飞，幸矣！公体素强，习返老还童术，平时行步，举足轻捷。港事发生后，一人居渝，妻□多不在侧，又不习于气候，体以渐弱。今年七月后，食量锐减，体力削弱，卧床不能起。医谓全肺部发炎，延及腹膜结核，脾脏肿大，高度贫血，衰年体弱，施治颇感棘手，因移住南岸清水溪疗养院，十月二十四日八时四十分遂与世长辞，享年七十七岁。夫人陈氏，生子三人：长为资，服官外交部，奉差在美；次为鼎，任职中央信托局；三为璧，幼年即寄养友人赵姓家。女二人：长为珂，适婿程宗阳，天府煤矿矿长；次为璇，未字。孙男万安，尚在襁褓中。

（录自《国讯》1943 年第 352 期，原文署名“沈钧儒、黄炎培”）

邹韬奋先生为何如人

韬奋之死，我既为哀词，表我为公为私莫可名言之创痛，今更愿取其生平行事，为一般友好所未尽道及者略述之。

（一）

民国十年，韬奋初来中华职业教育社，就职编译，兼中华职业学校英文教员，首先表现于群众中者，为责任心之特别浓厚，吾脑海中所留着对于其初期作品之印象，文笔清朗流畅，工作敏捷刻实，而其教英文，自始采用直接教授法，督课极严，诸生皆畏之，而成绩大佳，终皆敬而爱之，此为前后六七年间，受其教者一般之舆论。

⊙邹韬奋像

及其担任《生活周刊》编辑，以其清朗流畅之笔姿，运以纯一不二之精神，使读者兴趣逐渐浓厚，销数逐渐增进。《生活周刊》本以指导人生修养为主要目标，在民国十五六年以后，青年受环境之影响，很自然地热心政治，研究政治，口有谈谈政治，笔有写写政治，而《生活周刊》

遂演变为社会性青年政治读物，读者与编者之兴趣，相伴而增高，其时韬奋之文章及其工作精神，已与读者思潮凝合而为一体，始则青年欢迎之，继而中老年人亦欢迎之，与我年龄相若之朋友，莫不人手《生活》一编。吾尝戏问：君等乃亦中《生活》毒乎？皆答：只觉《生活》痛快，吾所欲说者，都代我说出，只觉非读不可。最高峰达十五万份时之景象如此。

有一事，足以证明《生活》在社会上的势力。民二十一上海“一二八”抗日战起，《生活》偕若干方面，各发起募集慰劳金，《生活》在最短时期，集款最多，其数量已不能记忆，只记得一呼而集数十万，此款都出自三元五元之群众，使一般为之惊讶。

《生活》有此盛况，不惟其文章使然，盖韬奋之工作精神，亦为一般人所不能及。一、《生活》自始至终出版从未脱期。二、全部刊物每一个字无论轻重大小，皆经韬奋阅过。三、韬奋从不肯在《生活》以外，为其他刊物写文章，而其采集材料之勤，亦可举其一二事。有某大官盛传其有贪污行为，韬奋四出调查，查得某项公共建筑，与包工者订约若干万，同时建筑一私宅，穷极富丽，而订约仅若干万，将其数字一一披露。又上海各报，大都有“冠盖往来”一栏，详记某日某要人自京至沪，某日某要人自沪返京，《生活》为之汇制一统计表，则某某要人一月间去上海几次，半年间去上海几次，一览了然。其搜集材料之勤，大率类此，然其所揭发都与民生政纪有关，从不涉个人阴私，以此精神，写此文章，轰轰烈烈中，广大群众之信仰在此，而一般对《生活》之忌与恨，亦即种此。

既而韬奋出国而归国而从事写作如故。

既而韬奋入狱而出狱而从事写作如故。

(二)

淞沪南京既陷，韬奋随国民政府到武汉，被聘为国民参政会参政员，其前后所提案，调整民众团体，改善青年训练，动员全国知识分子，普及民族意识，为一类；具体规定检查书报标准，撤销图书杂志原稿送审办法，改善搜查书报办法，严禁违法拘捕，迅速实行提审法，为又一类。后一类，到今日已成为一般舆论中心，政府亦已在逐步改善，然在当时，不免一鸣惊人，而韬奋在议场，侃侃而谈，很诚恳，很自然，不作他顾，所提案亦获一一通过。至民三十年春而韬奋向参政会辞职，辞职电文如下：

“国民参政会主席团并转全体参政员公鉴：本会上届第一次大会通过公布

之抗战建国纲领，在抗战期间于不违反三民主义最高原则及法令范围内，对于言论出版集会结社自由，当与以合法之充分保障，此种最低限度之民权，必须在实际上得到合法保障，始有推进政治之可言。韬奋参加工作之生活书店，努力抗战建国文化，现在所出杂志八种及书籍千余种，均经政府机关审查通过，毫无违法行为，乃最近又于二月八日起至二十一日止不及半个月，成都、桂林、贵阳、昆明等处分店，均无故被封或勒令停业，十六年之惨淡经营，五十余处分店，至此已全部被毁，虽屡向中央及地方有关之党政各机关请求纠正，毫无结果，夫一部分文化事业被违法摧残之事小，民权毫无保障之事大。国民参政会号称民意机关，决议等于废纸，念及民主政治，前途不胜痛心。韬奋参列议席，无补时艰，深自愧疚，敬请转呈国民政府，辞去国民参政员，嗣后仍当以国民一份子资格，拥护政府，服从领袖抗战到底，所望民权得到实际保障，民意机关始有实效，由此巩固团结，发扬民力，改善政治，争取抗战最后胜利，不胜大愿。邹韬奋有叩。”

此有电是发于卅年二月二十五日，先于二十四日深夜十二时半，韬奋来吾寓所，深谈大哭，云将离此。盖其所手创之生活书店从廿八年三月起，有十六个分支店被封——浙江天目山、陕西西安、陕西南郑、甘肃天水、湖南沅陵、浙江金华、江西吉安、江西赣州、湖北宜昌、浙江丽水、安徽屯溪、广东曲江、福建南平、陕西宜川、湖南衡阳、安徽立煌，至是，在二月半个月间，生活仅存之六个分店，又有四个被封——四川成都、贵州贵阳、广西桂林、云南昆明。其所被封者，书籍皆被没收，人员多被拘捕，韬奋之大哭在此。吾力劝其勿辞勿行，韬奋谓：“吾虽辞虽行，仍当拥护政府，服从领袖抗战到底。”言毕重复大哭，而韬奋终于行矣。至三月九日，吾在参政会大会期间，面陈蒋委员长生活书店被封邹韬奋辞职事，委员长正式顾左右云：“吾未尝发此命令，速将书店启封，电请韬奋回来。”领袖之意深可感也。

（三）

今日者，韬奋盖棺论定矣。沈衡山先生在悲痛的回忆韬奋文中说，您没有参加任何党派。我在追悼会中，亦干脆地为韬奋公表，韬奋至死并没有加入中国共产党。吾且提出反证，如果韬奋加入共产党，何如共产党报纸称韬奋为先生不称同志，共产党林祖涵先生在今日追悼会场，亦称先生不称同志。吾为此语，林先生在座无异言。

党派之有无，与其加入某党不加入某党，本无足深论，而我之必欲为既死之良友辩明者，后人应知韬奋为何如人乎？

韬奋是最崇拜自由者，

韬奋是绝对不愿受任何党派拘束，

韬奋是以最光明纯洁的精神，在整个国家和民族立场上向广大的民众说话，同时亦是为广大的民众说话。

吾中华五十年来，能以文章感动群众、左右群众而一时获得广大群众，尤其是有青年群众之信仰者，一、梁启超，二、鲁迅，第三人其邹韬奋乎？韬奋死矣，胜利在门，强暴入室，而韬奋死矣！

（录自《国讯》1944 年第 378 期）

记

杨斯盛先生言行记

⊙杨斯盛像

乌虖，先生逝矣！世人所震惊而崇拜之者，徒以毁家立学故，而不知生平嘉言善行，多卓卓可传于世。即其立学也，自创议逮成立，其间层累曲折，弥见苦心硕画，其对校诸生挚爱之，虽其子弟不若。盖先生于教育、于凡公益事业，雅具热心宏愿，初非浪掷金钱博隆誉者。炎培朝夕侍先生，乂被命经理先生所手创之浦东中学。虽不文乎，安可无所记述，以示校诸生，且播诸世，俾咸有所风乎！

先生字锦春，斯盛其名，川沙之青墩镇人。早失父母，无力读书，乃业圬。年十三，至上海，浮沉十余年，善为人解纷难，所至魁其群。三十后，稍稍有所蓄。然至殁日，核所有，未逾三十万金耳！岁甲辰，先生营别墅于租界蔓盘路，既成，命炎培及顾君冰畦、张君伯初筹设广明小学。明年六月，先生乃言曰："教育为救时唯一方法，斯言良信。余蓄志毁家十余年，始欲毁诸慈善业，立川沙家祠，将广置田，为赡族计。顾念董理往往无善法，子孙一不贤，祭田墓木，纷纠无已时。今以立学校，方无憾。第余不学，校务一以委君等，经济，余任之耳！”乃决议捐十万金，先于广明小学旁设师范讲习所，后乃办中学及他小学。购地筑舍，数阅月，事粗就绪。一日，先生谓炎培曰：“事大危！内之家人，外之戚友族党，无不訾余为狂为中蛊。苟余志稍不笃，且为所动。君等其好为之，嘻！”明年四月，学使唐公景崇莅校，盛奖先生，谓“热心所未尝见”。无何，有人自京师介某君驰书索先生行历，谓将乞部臣上奏，行且得上赏。先生笑曰：“办学乃以博青紫耶？”命炎培婉辞谢之。不数月，而唐公请奖之奏书腾中外矣。是年冬，师范生毕业，先生赠词，谆谆以计较束修为大戒。谓：“苟教员一计较束修，必大增生徒学费，无力者就学益不易，坐是教育无普及望，于心安乎？”丁未正月，中学开办，先生特悬“勤朴”两字为宗旨，以训诸生。自是始业、休业，凡有会集，必登堂演讲，特注重生计，而归本于爱群爱国，抑不惟以训诸生而已。月必一召集六里桥乡民，与之讲谋生之难、读书之必要。盖先生以艰难劳苦为生涯，又出之以血诚，故一临坛，辄不觉其言之沉痛切挚而动人也。

先生故多病，貌清癯，若不胜衣者。尝谓炎培曰：“余于校务无他憾，但憾未能悉免诸生学费。苟天假余年，以余工业商业上之基本、之名誉，岁入且巨万，誓必悉以付吾校及其余公益。”盖先生比年来，遇公益事益醉心若狂。岁乙巳秋，滨海大风潮，淹杀居民无算。先生倡义募巨金为之赈，且修筑海塘以善其后，持捐册，语其同业曰：“捐金最多者例首列，余愿出三千金，第余必以力迫君等列名余之先。”卒募成二万数千金。土木工业之筹款立公所、兴学校也，某夕，先生大宴同业于沪北酒楼，召炎培往，为之演说，先生从而风劝之。时喘疾大作，先生且喘且语且呕血。同业大感动，集成开办费二万金。江浙路事起，先生开公所遍召同业，敦请名人演说，复力疾亲登台，风以大义，语愤烈，喘益急，立不能支，则坐而言，其忘身殉义类如此！去冬，南码头居民为路政局抽渡捐闹事，集众至数千人，毁捐局及诸董事屋。官督兵至，毁官舆，且与兵抗，势汹湧不可解。时先生养疴六里桥别墅，闻警，飞舆往，登高阜，挥使散。众谓：“苟先生命矣，复何言！”一哄去。翌日，先生开宣讲所，大集乡民，责其无状，晓以利害，众意大解。先生以为抽捐兴路政，大善事，乡愚不知，为可怜耳！是宜先予以利，乃集同业捐万金，筑洋泾、董家渡、六里桥南诸路，惠行人、释众惑焉。今春，先生病发益数且剧，犹语炎培曰：“苟体少强也，当亟了诸事。明春约数同志为日本游，西医谓余病不远游。”且不已。后益剧，自知不起，亟亟理家事，惨然呼炎培近榻，语曰：“余固知吾校基本金六万之未足支也，冀天多假余年，俾力少纾，将有所大拓，今已矣！余死，君复安从募金者？则且勉倍囊数，冀余死后，支此校者之苦少杀耳！第中学诸生，学费当少减。余浦东人也，浦东诸生学费当益减。君乎其偕诸校董勉持此校哉！”遂以四月三十日午前十一时二十分长逝，悲夫悲夫！临殁，犹谓校中黑板宜改良也。悲夫痛哉！

先生不多识字，仅能阅普通笔札，然吐属恂恂儒雅。年三十后，令友人授之读，暇则琅琅背诵，事颇为人所艳道。能操英语，识欧美人颇多，尤与英人阿摩尔思善。先生尝谓：“交阿二十九年，凡余所为，其大者无不咨以行。阿，君子人也。”德人麦顿思者，初与先生共经商，后失业返国。一日，先生忽遇之道，为状良困，立出银五百两佽之，其笃旧如此！又绝爱才，商工界人苟有一艺长，辄投之资，俾有所营以自见；或且贷与之，使为己资本，以共享利。若是者不一见焉。先生与人谈，无疾言遽色，出入进退有定处，衣履整洁，未尝见纤尘，虽病亟不改常度。论事先沉思，思定，直截下断语，无少疑滞。富于记忆力，道数十年前事历历不爽。善综核，於商工业，凡有计画，精确无伦。其治家财也，囊无私蓄，日有所需，必咨守藏者而取之，且一一笔之。与人约，不失时。从善如流，疾恶如仇。独自以失学，故遇士流敬礼倍至，多曲恕。

先生家产三之二既捐入本校，其余若创建南市医院、若改筑严家桥以及浦东西各学校、各会社，多有所资助，有已出资而以他人名名者。川沙之青墩、上海之六里桥，所为公益业、慈善业尤巨。殁前一日，命以横沙田数百亩，捐入浦东题桥市课勤院，以宗祠田租给族子弟学费；嫂二弟一，咸给养老金，遗其子孙者十一耳！惟训后人无男女必入学读书，储巨金以勖之，著遗训以垂之。乌乎，胜传家满籯金矣。

炎培之识先生，以癸卯三月。时方筹创川沙小学，慕先生义声，踵门请，先生慨然立出三百金。是夏有南汇之狱，偕顾君、张君流寓海上，先生阴资之使东游。返，复馆之家。计自纳交先生，六年之间，昕夕讨时事，或上下今古、臧否人物，兴之所至，辄夜分不倦。于校务，凡炎培有所建白，靡不从。以先生之明，而于校用出纳从勿屑屑较，亲逾骨肉而尊为上宾，先后如一日。以炎培不才，犹被信且礼如此，弥觉先生之待人诚且厚，而先生固自负营工商数十年，友辈从无有负余者。

尝窥先生生平，其得力处在“明决”二字。遇是非利害，灼然立辨，无所惑。其眼光之远，其脑力之锐，皆大过人，乃复行之以毅力，不局於方隅，不囿于成迹，平居自语“凡事想到必做到”。殁前一日，犹以此语人。盖观其所建筑，浑朴而坚久，可想见其为人矣。

凡右所记，务详实，无文饰，不敢文，亦不待文也。戊申五月，黄炎培谨记。

（录自《浦东中学校刊》1926 年）

附：杨故校主捐产兴学启

仆家川沙，生而寒微，无一石之储、一瓦之覆，既不获读书，乃学为圬。年十三，来海上，浮沉十有余年，执役良苦，终无以自赡。年近三十，交渐广，遇亦渐亨，经营建筑，岁有赢蓄，及今差堪温饱，盖行年五十有五矣。回念曩昔，实始念不及此，值国步艰危，不可终日，听名人谈论，必以兴教育为救国第一义。私念仆亦国民也，此区区家产，与其传之子孙，使贤者损志、愚者益过，何如移以兴学，完我国民一分子之义务，且使子孙与被泽焉。去秋，蔓盘路别墅落成，试办广明小学校，礼聘名师，朝夕讲授，成效昭著，毁家之志益决。兹于浦东六里桥南购地四十亩，拟建中学校一所，定名浦东中学校，而以小学附属之，于川沙故乡择户口较繁之村镇，分设初等小学校，悉期以后年开办，明年先就广明小学左侧设师范讲习所以培小学教员。计变售薄产除略提养老及子孙衣食费外，仅有银十万两堪充经费，购地去其一，筑舍去其三，存基本银六万两，愿奢力薄，惭悚交并，亦聊尽吾心而已。仆老矣，别无他愿，但择校旁隙地筑室三椽，朝听弦歌，暮观讲艺，优游涵养，以终余年，即埋余骨焉，是则仆之私愿也。区区愚忱，敢以质之大雅君子。

（录自《浦东中学校刊》1926 年，原文署“黄炎培述”）

杨君月如言行记

⊙杨保恒像

余始识君在上海龙门书院。时君以说经应童子试，屡冠其曹，慕而介见，篝灯谈，每夜分不休。既君留学日本归，立二十二铺小学于上海，余亦立小学于川沙。屡集会演说，君与焉。嗣是地方学校教育、社会教育，由乡渐进之县、之省、之全国。苟事属教育者，无役不与君偕。自集会研究之事倡，与君迹益密，往往为同主义之撰述与讲演。君殁前兼旬，余入都，犹靡日不视君于日医院。疾少间，则戏语君，好研心理者，获此实验病者心理之机会，其将有所得也。孰意余卒卒行，不数日而君病革之电至，而君出院易医之电至，而君死耗至。人固有一死，君虽无有所愧怍于其生，死何足以悲君，聊述二十年来所见君行事落落可诏后人者，倘亦后死者责与！

君外和而中介，不随众俯仰，能以正确独到之见解剖断事理，是则是，非则非，无少假，而其词色从容和易，若饮人醇醪，故人乐与之。其居乡有所擘画，不尽与乡先生合。乡先生有主以学款周佽各小学者，君主集款立较完备之学校以为范，其所规度至周且洽，乡先生感而从之。沪市有名各小学，卒赖以成立。其长苏师范校也，地方有阴掣之者，君语余："决不阿以取容，亦不抗以相激，但尽吾力行，力尽乃止。"自师范会议画定学区，即从事联络地方小学，第一步开教科商榷会，第二步利用假期派员赴各县开讲习会，第三步巡行讲习。君办事安定不疑盖类此。民国初元，省教育会受省委托组织教科图书审查会，君被推为审查长，集众谤于一身，无忿懥，无恐惧，一切不顾，聚其侪辈，从容审查，以迄于成。语余云："兹事诚难堪，第既受任，必始终之。"余之司江苏教育，受君谠言最多。每发一问，邮筒数四，往复究辨，真理大明，相说以解，其书犹珍藏于箧衍中。君生平未一御鲜衣，泊然寡好，惟一意教育。常语余："愿屏一切，杜门著教育书以贡诸世。"终以余辈不听其解校长职而止，而孰意其赍以死也。

夫以君之热心教育，若是其专且远，劬劬焉无或息。既死，欲复求服社会一日务而不可得。然则君之死，实君之大警告吾人，谓毋或玩愒以自悔也。吾人其永念之哉！

（录自《教育杂志》1916 年第 8 卷第 3 号《抱一日记》）

陈嘉庚毁家兴学记

⊙陈嘉庚像

民国六年夏，余游新加坡林氏山庄，众中见一人，态严正而静默，主人林君义顺进而为之介曰："此陈君嘉庚也。"相与握手作礼。时诸宾方杂遝为林母寿，未获与谈。既归，陈君因贾君丰臻斥万金助中华职业教育社，由是书简往还，殆无虚月。时陈君已于其故里福建同安县集美乡创建集美学校，有小学、有师范学、有中学，别于新加坡集侨商公建一华侨中学，陈君总其成，而以众意诿余物色校长。八年春，偕校长涂君开舆往，倾谈累日。新加坡已喧传陈君有毁家兴学之举，乃者，陈君复以物色集美校长事诿余，以七月偕陆君规亮赴闽，获亲观其所建之学校，识其生平，并确悉其毁家兴学之实况，则不敢不亟亟焉介绍其人与事于吾全国焉。

集美乡与厦门隔海湾，相去可二十里。厦门为岛，集美恰当大陆尽处，土人实呼尽尾，后乃文之曰集美，一曰浔尾。西临浔江，东瞰金门岛，其南隔海云山万叠，厦门隐约可辨，三面皆水，惟北枕天马山，地故为山水绝胜处。

全乡五百家，皆陈姓，可耕之地不丰，则往海外贸易，留者多业捕蠔。邻有内头村者，全村往南洋，存者仅两户耳。陈君父经商新加坡，晚岁失利，君年既长，尽以先人所遗月入数百元之厦门产业让给异母弟，而自往南洋独立营商，为新加坡种橡之先觉。十余年前，稍稍有获，悉返先人逋负，信用大著。清之末，国政不纲，家被官吏欺，君乃剪发不欲返故里。共和改建，始欣然归谋所以自效。

民国一年，君议于本乡创一集美小学，乡人百计尼之，仅得一低洼地，乃高筑以建校舍。既开办，感小学教师之缺乏，不惟本乡然也，则续办师范及中学。今者黉舍嵯峨，高矗海际，跨石为桥，建塔蓄水，有自设之电灯，照耀通野，寝食庖湢习礼之堂，晴雨练身之场咸备。其制浑坚而闳敞，初不屑屑计经济，耗金二十万圆，视全部计画未及半也。濒海有高冈，郑成功故垒在焉，残垣数丈，累石为门，有井曰国姓井，成功凿以饮军士者。井不深，离海数十武而水味淡，以成功赐国姓，故名。其旁榕荫纷披，君议于其地立校舍移小学焉，村之北议就高阜建舍以移女学。今已立者，师范及中学，有学生二百余，新生百余，小学校学生二百余，女学校学生九十余，蒙养园儿童百。又有夜学校、通俗图书馆，岁费数万金，更以数千金资助同安县属男女小学，陈君则就校设办事处，析为师范部、中学部、小学部、女学部、蒙养园部、通俗教育部、同安女学部、教育补助部，部各聘校长或主任主之。君以今夏归，将长住故乡，尽义务，而以君同母弟敬贤往南洋。兄弟故共产，君居南时，校事则敬贤商承君命为之也。

君之捐充集美基金究有几何，依七月十三日在厦门浮屿集众宣布，分两项如次：

甲、新加坡店屋货栈基地面积二十万方尺，月收租金万圆；又价值同等之地三十万方尺，甫在建筑，按三年完工；尚余百万方尺，价值稍次，俟数年后再作计算。

乙、橡树园七千英亩，至本年春全栽毕，栽最久者八年，余为七年以下及近月着手者，不欲急于取利，拟待足八年方采液。现已采者可五百亩，月收百余担，实利六七千圆。

以上不动产，陈君在南洋时决定捐充集美学校永远基业，其预立遗嘱变更簿记，各手续均料理完毕。遗嘱之要件，为异日托新加坡中华总商会及公立道南学校董事代理收款。盖英政府条例：私人遗产无永远承继权，惟公益善举有之。此皆陈君演词中语也。

就上两项计：甫建筑之屋产，以已建筑者为例；已栽未采液之橡园，以已采者为例。将来全都经营告竣，苟依现时市况，无有增减，岁入在百万圆以上，盖君之不动产尽此矣。

君则以现办师范中学为未足也，更集众宣言筹办厦门大学，附设高等师范学校，其亲笔所撰之通告如下：

"专制之积弊未除，共和之建设未备，国民之教育未遍，地方之实业未兴：此四者，欲望其各臻完善，非有高等教育专门学识，不足以躐等而达。吾闽僻处海隅，地瘠民贫，莘莘学子，难造高深者，良以远方留学则费重维艰，省内兴办而政府难期。长此以往，吾民岂有自由幸福之日耶！且门户洞开，强邻环伺，存亡绝续，迫于眉睫。吾人若复袖手旁观，放弃责任，后患奚堪设想？鄙人久客南洋，志怀祖国，希图报效，已非一日。不揣冒昧，拟倡办大学校，并附设高等师范于厦门。行装甫卸，躬亲遍勘各处地点，以演武场为最适宜。惟该地为政府公产，敬征求众意，具请本省行政长官准给该地为校址，以便实行。谨订七月十三日下午三点钟，假座浮屿陈氏宗祠开特别大会，报告筹办详情……"

其所宣布之大学计画，以厦门演武亭一带，空气新鲜，交通利便，地广数千亩，足备后日扩张。另就相当地点，购民田为实习工厂农场之用。自民国九年起，五年内认捐开办费一百万圆，开校后认捐常年费二十五年，每年一十二万圆：合开办费共四百万圆。惟是高等教育机关，须筹有数十万或百万圆之岁费与千万圆之基金，收容生徒数千名，方达此目的，而个人之力有限，惟望海内外同志共负责任。将来大学生不分省界，高等师范规定闽省若干名、他省若干名。此其大略也。最慷慨激切语，则云："财由我辛苦得来，亦当由我慷慨捐去。公益义务，苟用吾财，令子贤孙，何须凭藉。我汉族优秀性质不让东西洋，故到处营业辄能立志竞争，惟但知竞争财利而不知竞争义务。群德不进，奴隶由人，故国弱而民贫。古语有之：'栋折榱崩，侨将压焉。'未敢视同秦越而不早为之所。"末更有极沉痛语："嗟嗟！我国不竞，强邻生心，而最痛巨创深，莫吾闽若。试观吾闽左臂，二十年前已断送矣。野心家得陇望蜀，俟隙而动。若不早自猛省，后悔何及！诚能抱定宗旨进行，彼野心家能剜吾之肉而不能伤吾之生，能断吾之臂而不能得吾之心。民心未死，国脉尚存，以四万万民族，决无甘居人下之理。今日不达，尚有来日，及身不达，尚有子孙。"壮哉！余语闽商某："诸君聆此言谓何？"答曰："苟不惟陈君是助者，非人也。"

余一至厦，君亟亟导观演武亭地，语余曰："吾之归自南洋，晨七时至，八时即来观。今君晨七时至，亦亟亟以八时导君观。知君必急吾之急，亦乐吾之乐也。"演武亭地背山面海，南太武峰隔海为屏，其东波涛浩淼，一白无际。估舶之南北往来，必取此道。三年而后，过闽海者，遥瞩山坡上下栋宇巍峨，弦歌之声与海潮相答，其南则有非立宾大学，各以共和之新精神，互吸吐其文化、鼓荡其自由，合力以矫变东方一部分惨酷凶暴之空气，其君之微志也欤！

记者曰：曩岁戊申，尝为文以记杨斯盛毁家兴学矣。二君者，家之丰啬不同，其毁于学一也。而陈君年方壮，异时所效且无限。若夫二君之性行，盖有绝相类者：心力强毅而锐敏，不苟言笑，利害烛于几先，计画定于俄顷，临事不惊，功成不居，覈于处物而宽于处人。三五年来所见海内外成功家，大率类是，意者吾华民族之特性在是欤！然化于异族而不自爱其国，狃于私利而专以肥其身，亦间有之。吾游集美乡，观陈君之所居，入门而圭窦其形，循墙而伛偻其容，盖犹是先人之敝庐，未尝加一椽覆一瓦，其不私也如此！新加坡美人欲立大学，谋于君，君慨捐十万金而要以设华文科，凡华人入学者，至少读华文二年。约既定，更为募集数十万。君之散财，非为名高，非为情感，盖卓然有主旨如此。今君方为大学故，嘤鸣以求友声。吾信国人闻君之风者，必且与闽商某君有同感也，故乐为文以介，宁敢拂君志而襮君之行以为名哉！

八年七月三十日，厦门至上海舟次。

（录自《新教育》1919 年第 1 卷第 5 期）

相老人八十年之经过谈

一

我和乐素约，常常去访相老，笔记他的谈话。乐素很高兴，可是总不容易找到相当的机会。有一天，我为别的事，和乐素访相老，两个都并没有预备笔记，不料相老却一发其谈兴。回来想想，很多值得记录的，因此赶紧写出。乐素是正兵，我算是奇兵吧！抱一

我和你们谈谈我小时的所见所闻，在十五六岁的时候，我有一位太老师，是松江人，人品很好的。有一天，他带我到上海租界某洋行内参观，这洋行里边，大都是广东人，我的太老师一到公事房门首，忽然大嚷："反坯，反坯！国家的名器，好这样糟塌的么？他们都是反坯。"我弄得莫名其妙，后来听到"名器"两字，向四围细细一瞧，恍然大悟，原来门上的旋手，是小小而圆圆的水晶做成，很像五品顶戴官儿帽上的顶珠。你看见的顶珠，是那样的？（那不是圆而

⊙马相伯像

长像橄榄的么？我说）不对，不对！是圆而扁，像橘子的。怪不得老先生大大的生气，一时联想到五品官儿的大礼帽上边去，竟认为有意侮辱国家体面了。可是那位老先生往来上海，在那时候还算很开通人物的呀！并且他是信奉天主教的。

老先生嚷他们都是“反坯”，中间还有一种特别原因，那时候，上海正闹刘丽川之乱，乱党头裹红巾为号，所以上海人称他们为“红头”。刘丽川是广东人，上海的蛋[疍]艇出身，“红头”中间广东人不少，老先生因见洋行里都是广东人，就联想到“红头”，不知不觉地冲口而出，给他们两个字的头衔——“反坯”了。

“红头”造反，其时南京先已失守于洪杨，上海的城池，不久便给“红头”占据了。苏松太道蓝道台带兵攻南门，他老人家蓝顶花翎，坐在四人抬的大轿里边，指手画脚，嘴里高声乱喊，不料城里“红头”大队忽地冲出来，四名轿夫为正当防卫他们的性命起见，把道台大人丢在路旁逃了。急得道台没法，从轿子里钻出来舍命飞奔，这些是我亲见的。

“红头”用的大宗兵器，是什么？是长竹梢上插一铁钉，当做矛子，上海人读“矛”如“苗”，叫做“苗子”。刘丽川手下最厉害的头脑，叫“小镜子”，南京封他做“九千岁”。

外国人替中国制造兵器，第一个是清康熙年间的南怀仁，他帮中国造炮，当时吴三桂、耿精忠、尚可喜三王造反，清朝靠什么东西来平定他们呢？就是南怀仁造的炮。

吾所看见第一条轮船，叫做“孔夫子”。那时候商船用帆，是不用说的了，就是兵船，也还是用帆的多，用轮的少。初发明动力机的时候，虽用动力机，外面还是用橹。只见船尾的橹，左一撇右一撇，向左向右，撇个不停，好像在水面上写无数个“人”字啦。后来在转动器上，装置无数把的桨，将机一开，无数把的桨，靠机力在那里拨水。再到后来，用轮了，但还用明轮，船面还装着耸在空中很大而很高的铁架，左右一起一落，一起几丈，一落几丈，帮助它不少的力量。

吾们中国人在没有电灯，也没有煤油灯的时候，家家用植物油，注在灯盏内，用草心燃着，灯架有竹置的，有金属品制的。吾也看见外国人在没有电灯，没有煤油灯，也没有煤气灯的时候，用的灯儿，是一个小小的油壶，壶底有孔，油从孔滴入 U 形的管内，管的别一端，用纱线燃着，用的油，当然是植物性，不用说的了。那时候他们的程度和中国有多大分别呢？论时间到现在也不过几十年，都是我亲眼目睹的。

徐家汇，为的是徐文定公光启坟墓所在。坟上有看坟的，大家常常要到徐阁老坟上去，所以这地慢慢儿热闹起来，成为今天的徐家汇。至于徐阁老的住宅，还在上海城南门外桑园地方（桑园在今陆家浜路北，清心学校附近）。当时称神父为先生，在没有教堂的时候，多半是借用民居的厅堂来讲道，像董家渡朱志尧家也是。在徐文定公墨迹内，亲笔作书寄给他的家人，嘱好好款待先生，这种信还不少（相老随手翻给我们看）。后来信仰的人渐渐地多了，渐渐地信仰得深切了，狠多人家舍住宅做教堂。还有一层，你们知道么？明朝末年，与陈大士齐名的八股好手金正希（声）先生，他原来也是天主教徒。

（那时候徐光启怕是通外国文的，我说。）徐阁老当时并没有通外国文。

（吾们中国从什么时候起招生开班教外国文的呢？我问。）中国招生开班教外国文，是从清康熙年间招天文生开班教拉丁文起的。

还有一桩笑话说给你们听。咸丰二年，江南乡试，首题是“父母之年不可不知也”一章。上海有姜姓考生，就是开“姜衍泽”药材铺的，那年中式了。他的文章末两段，有几句警语，仿佛是说“父母的交游，大都物故。”有人嘲他，说：“不料你的老太太，和你老太爷，一样的广交。”人都称他谑而虐，这也是吾亲见而亲闻的。到如今，这种事，还有什么稀奇而可谑的呢？

相老人写赠记者字一幅：“我前时向对汝说，要于南京或杭州卜居，正欲避去海上薄恶风习，且为子孙长久计，觅一避乱之所，却不意来得如此快。如今要弭乱，在庙堂甚易。徐文定家训。”

（录自《人文》1930 年第 1 卷第 4 期）

二

六月二日，乐素正忙他的事，吾一个人去访相老人，倒又谈了好半天，赶快写出来。十六日，偕乐素拿了这稿去访相老，承他改正几处、补充几处，可感得很。

吾是镇江人，说一桩镇江狠好笑的故事给你听，这不是瞎说，倒是事实。吾生于道光二十年，到二十二年鸦片之战，与英人订约南京，恰是三岁。在镇江北门城墙边，有一家剃头店，那时候的风俗，大家拿了水烟袋吸水烟。有一天，那家的剃发匠，因为没有贵客光临，一个人拿了水烟袋，踱上城墙去狠幽闲地散步，两指的中间，还夹了一个纸吹，忽见城上有炮，装好了药线，并没有兵士看守，那位剃发匠，忽然高起兴来，把手里纸吹，狠随随便便地望药线上燃，说时迟，那时快，震天价的一响，吓得那剃发匠没命的飞跑，不知去向了。吾不是说过那年正是鸦片之战，与英人订约南京吗？英国兵那时何等厉害，打进吴淞口，占了上海，又来打镇江，刚巧那条船停在江心，多少威风，忽然来一个炮弹，向桅竿旁边擦过。船上的军官，大喫一惊，想中国到底不好惹的，了不得，了不得，算罢，开向下游去了，从此交涉也好办得多了。后来清廷追究那一炮究竟是谁放的，到底忘不了那位剃发匠，因为没有他这一炮，英人那肯就范得这样快，就赏他一个都司。那时候吾才三岁，那里能知道呢？是后来吾的朋友杨谷山告诉吾的，他比我大八岁，是亲见的呀！（记者按：道光二十二年五月，英兵陷吴淞，占上海，六月陷镇江，七月与英议和南京。）

当时西洋人到中国来，看见了好顽的小孩子，就半哄半嚇地把他们带去。我四十多岁到美国旧金山，曾见过一个小孩子，是镇江人，他已记不得家乡了，但知道是江苏人。自从被外国人带去，丢在香港，后来流落到旧金山，也没有读过书，无知无识。

（中国人都觉得现时的风俗，没有老辈的厚道，那么外国怎样呢？吾问。）外国也是这样啦。老辈里外国人，看见人家的年龄，有和我的父母差不多大的，叫他“爸爸”、“妈妈”，和我的老爹差不多大的，就把对老爹的称呼对他，尤其是老年的妇女。现在是没有的了。

我们现在看西洋的面包，多么漂亮呀！其实也不过是近几十年才发明的。吾还亲看见他们喫的灰馒头，放在灶肚里烘的。他们烘的方法，简直像我们北方人烘烧饼。那时候他们还不用煤和炭，是用木柴的。

拿坡仑第一，他打仗用的枪，还是用火石的。洪杨时洋人华尔帮助李鸿章打松江，他们洋枪队的枪，也是用火石的，中国人看了，大家称赞他们，多么聪明呀！原来西洋各国，发明枪上用的铜帽，是在中国清朝咸丰年间。

中国人外国人怕死的心理，其实是差不多的。法国是征兵的，兄弟三人征一人。英国是募兵的。当时前膛枪用纸包火药，临放，先用牙咬破火药的包纸，然后将药倾入枪膛内，即取包纸搓成小团塞住枪口，所以咬火药包纸的门牙，是狠重要的呀！欧洲就有一等怕当兵的人，自己先将门牙打落，以避免兵役。（记者按：这竟是和唐时白乐天《新丰折臂翁》诗所说的情形，一模一样了。）

你知道外国人写字用什么笔呢？（不是钢笔么？吾说。）你知道钢笔到中国咸丰末年才有的啦！我还亲见他们把鹅毛管削尖了，把尖头开了缝当笔用。他们道地的用雕毛，取他硬。吾的一位老师，他就是用这种笔，一直用到他死，从没有机会用过钢笔哩！吾在二十多岁时候，还用鹅毛笔写字，吾能帮助人家削鹅毛笔，削得狠好。后来改用钢笔，倒常常把纸戳破。

这几十年来，我所看见各种事物，不知进步到多多少少！中间尤其进步的是医学。百斯笃的发明，直到光绪初年了。空中、水中都是微生虫，他们也知道了。但是中国人几千年前早已知道，可惜没有研究进去。庄子不是说过了吗？“野马也，尘埃也。”“風”字又为什么从“虫”字呢？我还亲见他们西洋人在新医学没有发明时候，许多奇奇怪怪的医病方法：像用蚂蟥贴在皮肤上吸血啦，用烙铁烙去疮毒啦。

吾想中国的文化，狠有许多，早早和西方发生关系的。据开封《一赐乐业教》碑文，他们犹太教，不是周时已入中国么？虽然此点还待考证，但他们七日礼拜，何以《易经》也说七日来复？基督（Christmas）名词，希腊语中间包含“鱼”的意义，所以教徒多佩双鱼做记号，何以中国狠古的作品，也就有双鱼吉祥的图画并文字呢？现在牙牌里的“∴”，叫做“至尊”，是什么呢？他们称圣父（耶和华）、圣子（耶稣）、圣灵（父子共有的灵性）三位一体为至尊无上，“△”是三位一体的符号，“∴”不是“△”的变形么？怪不得称至尊啦！生旦丑末的旦，是什么解？宫、商、角、徵、羽、变宫、变徵七音，就是独、揽、梅、花、扫、腊、雪七音。当五胡乱华的时候，他们称七音做“七旦”，女子音调比较尖小，所以叫做小旦啦！（那么丑是什么意义呢？吾问。）丑就是“醜”字，为他形貌醜陋，写“丑”字取他笔画简便些是了。还有一点，出丧仪仗里的“亞”字牌，是什么意思呢？就是空心的“十”字啦！（记者按：《一赐乐业教》碑文，近人陈垣撰有考证，载入《东方文库》印行。）

耶稣教在各地都有灵迹，大概到一地方传教的初期，是少不了的。（“不错，只看佛教在三国两晋时显多少神通，可知是一样的。”吾说。）可是耶稣教到中国和高丽、日本，从没有奇异的灵迹表现，这怕是社会心理趋向和知识程度的关系。

你知道么？从前教会学校教外国文的方法是狠不行的，又不教科学。二十五年前，我创震旦学院，是最早改良外国语文教授法，也是最早教科学，从此一般教会学校都跟上来，这是吾老实不客气要说的。你们知道震旦学院是怎样发起的呢？就是在光绪二十六、七年的时候，蔡鹤卿、张菊生、汪穰卿，他们都要读拉丁文，每天清早来要我教他们，就为这样，慢慢地发起起来的呀！

（录自《人文》1930年第1卷第5期）

三

七月十日，为别的事，偕江君问渔访相老。酷暑中，老人方整衣端坐作书，隔了纱门一见我们，就搁笔笑招我们入，又大开其话匣了。

（“先生第一次到日本去，是在那一年呢？”我们问。）吾第一次去日本，是在清光绪初年。那时候黎莼斋（庶昌）为出使日本大臣，他和吾弟眉叔（建忠）是至好，眉叔方为朝鲜大院君的变故，偕北洋水师提督丁雨亭（汝昌）赴朝鲜。中日鲜三方面文电络绎，像雪片一般，吾在日本使署，倒是躬逢其盛的。

朝鲜大院君的变故，是在光绪八年。那时候，张振轩（树声）代李文忠做直隶总督，派眉叔偕丁雨亭去相机观变。大院君李昰应，是鲜王的本生父，党于日本，而鲜王的妃闵氏，倾向中国。国内遂分了两派，二人仿佛做两派的党魁。

乱事发于那年六月初九，乱党围日本使馆，打死日侨若干人、伤若干人，日使花房义质逃仁川回国。

到了六月十七、八日间，日本派海兵七百多人、陆兵七百人，由外务卿井上馨带往朝鲜，黎莼斋急电报告中国，张振轩商于总理各国事务衙门，虑日本派兵平乱居功，且干预国政，既急派吾弟和丁雨亭去，相机行事，又以访闻这次乱事，大院君李昰应实为祸首，难保不此时还在暗中主持布置。此人不去，后患无底，必须有相当兵力，始易调停就范，乃调驻扎登州的淮军庆州营统领吴筱轩提督（长庆）就近赶去。

吾弟眉叔和丁雨亭以六月二十七日抵朝鲜，日本兵也到了。驻日使臣、直隶总督、总理衙门电报往来，商量这事根本解决方法。既定议，通知眉叔、雨亭，出其不意，将大院君执送登瀛洲兵船，解来中国，于七月二十日抵天津，从此把乱根拔去了。从乱事初起到完全解决，前后不过四十天，总算一桩狠痛快的事。

吾留朝鲜，也有一年多。朝鲜的政治风俗，照当时所见的情形，这样国家，怎么站得住呢？吾讲给你们听听：

朝鲜人民，分三个阶级：一贵族，二胥吏，三平民。这三个阶级，绝对的不平等。吾且不说贵族，单说胥吏。有一次，吾亲见一书办，从平地走上阶沿，须六七个仆役，前后左右搀扶而上，一举一动，都得有人在旁边服侍。一个书办的身分，尚且这样，他们的贵族自然可想而知了。

至于平民呢，家宅前面不许有阶沿。屋梁须作斜势，不许平正。平民都是白衣，他们穿白衣，不是尚白，乃是贱视白色。平民的白衣，是不许不穿的，所以平民叫做白衣人，白衣人不许应考。还有奴仆穿青衣，妓女穿彩色衣，都有严格的限制，一定的服色。

他们也是席地而坐的。坐的时候，把两脚屈在下面，叫做平坐；把两脚伸而向上微曲，就叫做箕踞，在平常是狠不恭敬的，可是主人身分就是这样。平坐时，把身伸直起来，就是长跪。不比吾们站在地上下跪磕头，都是十二分吃力的。

朝鲜有许多风俗，当时和日本颇相像。吾初到日本的时候，日本人看中国，不晓得怎样尊贵，看中国人的会馆和神圣一般。妇女有生病的，许下心愿，病好以后，献身于中华会馆。吾常见有日本女子到会馆里来，用十二分诚敬的态度，跪在地下，以手加额，就是完成他病里的心愿。

⊙马相伯像

那里知道不到二十年，戳破纸老虎，吾中国倒霉到这般田地。

你们知道中国为什么这样倒霉，他们为什么这般强呢？就是几千年遗传下来的政策，吾们是闭关主义，不但不许外国人进来，而且不许本国人出去。凡出去的，简直不认为本国人。他们呢，不但容许，而且奖励海外殖民。一面是步步退缩，一面是节节进取，两下碰起来，当然吾们抵挡不了哩。

清朝末年，曾文正和李文忠确是两个大人物。曾文正的办事坚实，真令人佩服到十二分，而李文忠眼光之远、胆量之大，虽曾文正也不及他。

（录自《人文》1930 年第 1 卷第 7 期）

雷鸣远

⊙雷鸣远像

为了抗战，人生真意义揭破了许多，做人的标准也提高了许多。

有一天，我在成都，老友黄齐生君奔来城外我所住的茅舍，说：你见过雷鸣远吗？此人不可不一谈。我答：没有见过。他说：那么我们就去，明天他走了。

我先已知道，雷鸣远是比国人而入中国籍的，是天主教教士，在天津办着《益世报》的。若干年前，天津老西开事件，他很替我国出力。民廿二长城之役，他组织游击队，带领了我国民众，袭击日军，时时给人家称道，可是没有知道详细。

当时我偕儿子方刚急急忙忙地随着齐生进城，到着平安桥主教公馆，访雷神甫，正在某处演讲，还没有到，在座林祖涵君亦来访雷神甫的。一会儿，一位短而精悍者走入室来，穿着很长的粗布坎肩，脸瘦而红，两目炯炯有神，齐生即起立介绍，"就是雷先生。"一一换名片讫，雷的名片右上角双行刊着"国民政府军事委员会华北战地督导民众服务团团长"，左下角"天津"二字，要是没有知道他特殊的历史,一望而知为一位道地的中国人。名片反面右上角“耀汉兄弟会真福院院长”,中行“万桑兄弟”四字,那有些特别了。

坐下,从寒暄中知雷先生今年六十二岁,谈到以比国人而入中国籍的理由,他老先生便用十足的精神,滔滔地说了一大篇的话。他说:“有一位朋友问我,你是比国人,为什么入中国籍呢?我说好极,好极!给我一个机会,让我畅快地谈一会儿心。我入中国籍,有三大理由:第一,你们懂得男女恋爱的意义么?所谓一见倾心,完全是发于感觉,并没有用着理智来打算、来考虑的。我走了不少国家,一到中国,只觉得中国人可爱,也说不出什么,就是我很爱中国人,比什么国家还爱,是了。我是没有用理智来打算、来考虑的。就是用理智来考虑一下,也有两种理由可以说说。第二,我是一个天主教教士,负着宣传教旨责任的。中国有那么大的土地,那么多的人民,就是最需要我服务,也就是我最应该服务的地方。要服务须得身入其中,可是单靠语言文字来宣传,还是不行。天主教教旨是爱人、是救人。须得身入其中,亲身来干爱人救人的工作。第三,全世界民众都在那里从和平中求生存,可是谁有资格来提倡来领导和平呢?英法等民治国家,一蹶不振。德意倡法西斯,没有人能制止他们的横行。离开和平世界,一天远似一天了。只有中国那么大的土地,那么多的人民,又是民族的天性爱好和平,如果帮助他们复兴起来,用他们的力量,发挥他们的特性,来提倡领导和平,世界和平才有希望。不料旁边偏有一个野心勃勃的日本,蓄意来侵略,那么大的中国,竟给那么小的日本压在底下,那是我必须尽我力量帮助他们站起来的。所以我入中国籍,并不是入籍就算了。我是真爱中国,我是要救中国,替中国服务,替中国人努力杀敌,帮助他们到国运复兴,来提倡领导全世界和平,这才算完成了我一生的使命。”

伟大,伟大!大家握手到了别走着出门的时候,这样说:

我愿意把这一席谈普遍地转告我同胞,我们千万不可自暴自弃,原来不是中国人,还爱我国家到这般地步,我们中国人该那么样自爱才是呢?他们还愿意帮助我中国杀敌,帮助我复兴,我们中国人该那么样自助才是呢?

(录自《国讯》1939 年第 194 期)

和平老人邵从恩病渐愈了

⊙邵从恩像

五月廿四日，邵从恩老参政员见蒋主席，鼓着一片热诚，正拟陈说民间苦战实况，才说出“和平”两字，忽然身体斜倚，口眼异状，送中央医院诊治，乃是脑充血病，迄今已将两月。各方皆关念此和平老人生命，最近七月十二日，我入院省视，则已较前大好，能言语，有时神思甚清，有时稍模糊，身体已渐能转动，上下肢运动自如，惟不让他起立。老人自撰一联：“曾经死去过来，一切皆如梦如幻，如泡如影；此后脱然无累，不问他是色非色，是空非空。”我不敢与谈时事，说假话，则我不道德，若说真话，恐伤其心。老人嘱慈云女公子、一同公子取出所撰联及枕边一本养生书给我看，我乃写一字条赠老人：“养心如水祭莲花，浑涵自在，可以却病，可以延年。”最近得女公子来信，病更好转了。屏除一切思虑，专心修养，将此字条，悬之座右云云。

（录自《国讯》1947 年第 423 期）

谥议

隗先生谥辞

民纪卅一年七月二十六日夜，中华职业教育社云南办事处大门电线堕，火延烧将及屋，众惶急，职业补习学校教导主任隗明琛先生□大不忍，遽□手撤之，猝然□笑死。从此多□出入□，□致命者，皆君以一□□□□人之故。死，人所不必免，杀身成仁为最尚。以一死救人□仁，死一人，□多人，称“大仁”。合援古人死后易名之例，□谥先生□隗大仁先生。

黄炎培　中华职业教育社□都

民纪三十一年九月

（录自《国讯》1942 年第 314 期）

碑

江苏川沙县知事兼领军务司军法科职务执行检察事清乡长吴县方公德政碑

有清道光十二年，知川沙厅事者山阴何公士祁捐建观澜书院，人文蔚起，民到于今称之。越八十年，天祚民国，改厅为县。首知县事者，吴县方公鸿铠，吾民欣欣然，以何公复生，相告慰焉。犹忆纪元前一年九月间，公初下车，就观澜旧址建设之两等小学改为高等小学。积基金，扩校舍，资助肄业师范、农业、水产诸生，倡立城东小学，推广五乡各小学，慨捐俸给，三年如一日。其他固海防、兴水利、清赋税、肃警纪、修农政、恤狱囚、蠲徭役、治津梁、奖渔业、劝掩埋、组织商团、赞助慈善业。以军法治盗魁而不为猛，以私财赒孤贫而不伤惠。去岁，淞沪戒严，军队取道白龙港登岸，谣言四起，民咸骇走，公冒暑往，拊循调护，众大安。公在任三年，不携眷属，不御肩舆，不蓄僮仆，遇父老询疾苦，与胥史均劳逸，无弊不革，有利必兴，盖兴学爱民与何公同，而其勤政殆有过之。吾民方望公久于其位，而省令遽调取送部，试验以去。虽能如何公，再任未可知，而今固已舍吾民去，吾民其能忘乎！敢献舆人之诵曰：

我有田畴，公整辟之。我有子弟，公教掖之。强者抑之，弱者植之。寒者衣之，饥者食之。经之营之，谁其赓之。生之成之，何日忘之。此时王乔，凫舄送之。异时郭伋，竹马迎之。

中华民国三年三月，川沙县士民黄炎培、张志鹤、丁祖意、顾家曾、吴大本、陆家骥、艾曾恪、王文澄、蔡宗嵚、艾文煜、黄嘉茀、黄洪培、倪晓廉、胡慎璇、倪思学、陆炳麟、黄琮、华月桂、庄以湓、陈惟善、周祖文、顾燕镐、丁逢源、陆清泽、蔡汝川、张复菴、龚焕、陈有恒、孙鸥、吴宝义、曹国俊、徐昭莹、沈曾谟、何式穀、袁允昌、徐成章、王铎、潘绳武、沈锜、顾乃璜、陆培亮、徐宗美、包志澄、蔡宗汉、周祖武、张炳瀛、祝思濬、凤怡庭、包乙青、张嘉藩、杨承震、黄桢栋、宋鸿业、刘振声、张文明、尤桂芬、宋家树、顾良、朱荣增、张守礼、李文海、蔡景芳、潘宗海、施惠、徐文俊、张嘉誉、张思义、李长安、蔡友于、孙文彬、连锦堂、艾容庄、陶士杰、陈维屏、孙其恢、陆培祉、顾元襄、汪圣修、曹儒宽、李鹏飞、王思鸿敬立。

（录自《浦东碑刻资料选辑》，据浦东新区档案馆藏民国间刘鸿写本，写本题名为“川沙县知事方公德政碑”，民国《川沙县志》卷十五“艺文金石类”著录为“县知事方公鸿铠德政碑，黄炎培撰”。）

袁观澜先生纪念碑文

乌虖，吾同学苟念母校者，应永永毋忘民国六年母校生命之绝而复苏，诚全部学校史上不可磨灭之大纪念也！欧洲大战既作，吾校以德人创办关系，日处于风雨飘摇之中。迨校舍为武力封闭，诸同学顿失所归，不得已推代表入都，诉诸教育部。社会同情于吾校者，亦纷纷向政府力陈学校之不可不维持。时政府方困于参战问题之因应，喧豗不可终日，独对吾校遣专使、商方策。洎夫收归自办之议既决，则又任校长、正校名、拨经费，指挥若定，俾弦歌不辍，以迄于今。伊谁之力欤，是不得不感念吾袁观澜先生矣！

先生名希涛，江苏宝山县人，时方以教育次长代理部务，兼战时国际事务委员会委员，乃获以其至诚与伟力，维持吾校于不坠。既解组归，尽瘁地方教育，复以余力董吾校。综先生生平，于教育多所建设，盛德闳业，何可胜数，独以有造于吾校为尤大也！于其既殁，以公意为之文，泐以告来者。先生以民国十九年八月二十九日殁，年六十有五。国立同济大学校友会

（录自《申报》1931 年 5 月 17 日《同济大学纪念碑揭幕礼预志》，前有引语："同济大学校友会于去岁开会议决：为该校医科创办人宝隆博士、前工科教务长培伦子博士及故校董袁观澜先生立碑校中，以志不忘，已数阅月

于兹。闻自议决以来,即由该校毕业及离校同学分别认捐,现在此项纪念碑业已装置工竣,将于该校二十四周纪念日即五月二十日上午九时,在吴淞同济大学同时举行揭幕典礼。《袁观澜先生纪念碑文》闻系出自黄任之先生手笔,探录如下:……”)

戈公振先生纪念碑

廿四、十一、十二

⊙戈公振像

先生戈姓，名绍发，字春霆，公振其号也。父铭烈，母氏龙，以清光绪十六年生先生于江苏之东台县。幼读绝慧，伯祖母翟设弢庵学塾自课之。既毕小学业，随伯父铭猷之江西铜鼓厅同知任，且工且读，学大进。民国纪元之二年，毕业淮南法政学校，受任上海有止书局兼《时报》编辑，洊任总编辑，大为主人狄平子器重。今各报类有图画附刊、各种周刊，实其首创也。先生既矢以新闻为终身业，乃精研新闻学，服《时报》职至十有五年，业余劬学，就读徐家汇图书馆，虽寒暑风雨不辍，于是海内谈新闻学必数先生，政府特聘为国务院咨议。十六年，赴欧、美、日本考察，屡参加国际会议，并以国际联合会之邀，出席是年八月日内瓦国际新闻专家会议。归，任上海南方、国民、大夏、复旦诸大学新闻学讲席，创暑期报学讲习所于杭州，汲汲于培养人才，革新新闻业。《申报》馆特聘主持设计，献议尤多。"一二八"之难，国际联合会推英、法、美、德、意代表调查日本占辽、吉、黑事，先生实偕我代表顾维钧以东，遂之欧洲，为再度之考察。新闻而外，旁及政治状况、社会状况，大注意于最新革政之苏俄，深入民间，窥真相，时时寓书国人，以诸友邦猛进相惕勉，凡三年，而国难益急，惨然思归，有沮之者，慨然谓："国危至此，我亦国人，忍勿归耶！"以二十四年十月十五日抵上海，遂病，疑盲肠炎，就医院剖腹，阅日，遽殁。临殁，嘱以遗体付解剖，供学人研究，则断为腹膜炎，时十月二十二日也，年四十有六。著有《中国报学史》、《新闻学撮要》，其文词散见报纸杂志尤多。《苏俄视察记》、《世界报业考察记》，其未完稿也。

平居沉静寡言语，立身端谨，绝世俗嗜好，而接物温厚和易。凡旅沪乡人之穷失业者，为之介，或资之归，无德色。先生以苦学成专家，心未尝一日忘新闻业革命，而未之逮；漫游列邦，多发人所未发，将悉其所得，贡诸吾国家、吾社会，而竟赍以死。虽然，其学、其行、其志趣、其精神，亦足以垂不朽也已。妻氏翟，婚未久而离。子一，宝树。

既公葬先生遗骨于上海市公墓，乃公嘱炎培略其生平，泐之碑，以示来者。中华民国纪元二十四年十一月，黄炎培撰并书。

（录自《断肠集》）

余日章君纪念碑

⊙余日章像

君姓余氏，名日章。少岁为文，尝自署新中国之国民。父文卿，基督教牧师，端谨纯厚，母氏胡。以公元一八八二年生君于湖北武昌省城。幼随父读书沙市、宜昌诸教堂小学。年十三，入武昌文华中学，每试必第一，课外运动演说辩论皆冠其曹。庚子之变，随父赴上海入圣约翰中学，旋升大学毕业。自其在校，即已为基督教会、为青年会服务，受军事训练，以成绩最优，擢为队长。执教文华中学，以人格修养军事训练为诸生倡，创刊物曰《文华学界》，大受鼓吹革命嫌，几为清吏名捕。以美人吴德施主教之援助，以一九零八年赴美入哈佛大学研究院，主修教育科，受硕士学位，就职北美基督教学生大会副总干事。归，长文华大学附属中学。

当君在襁褓，父母为订婚于刘，壮而才名腾踔，某大家慕而求婚，君以义拒绝，至是，成嘉礼。刘夫人固有贤德，尝肄业武昌圣希理达女学，而能勤苦操家者也。武昌革命军起，君创红十字会，自为总干事，黎副总统深器之，聘为秘书，兼任副总统府外交官职。方萨镇冰之奉袁世凯命以来也，率舰队威胁革命军，令速离武昌，不且炮毁武、汉两镇，则皆震恐无所措。期且迫，君建议黎亲作书，己则奋勇登军舰以递，反复陈大义，萨大感动，两镇以全，革命大业无中折。民国既建，应教育部长蔡元培召赴北京，出席全国教育会议，遂主北京《英文日报》笔政。民国二年，主中华基督教青年会全国协会演讲部，再游美，参加世界学生青年会，归途遍历欧罗巴诸国。四年，参加中华实业团兼秘书，三游美，所至演讲，获诸邦隆誉以归。五年，受任青年会全国协会总干事，善用模型图表演讲普及教育之重要，输入民众国家观念。江苏省教育会设演讲传习所，君为之师。时孙中山先生集同志订《建国大纲》，君与焉。欧战既罢，各国怵于兵事之终凶，美大总统哈定邀英、法、意、日本、比、荷、葡及我，以一九二一年中华民国十年会于华盛顿，讨议裁减军备与太平洋远东诸问题。先是，日本突以兵逐我山东德人，而自占胶州湾及胶济路，更提“二十一条”迫我承诺，全国大哗愤。巴黎和会，我以参战故，要请收回山东一切权利而不得，至是，我政府特命施肇基、顾维钧、王宠惠、伍朝枢为全权代表出席，而尤以美尊舆论，宜有人焉，代表吾全国国民游说彼邦政府与人民间，俾对我获较深切之同情与了解，十月，中华全国教育会联合会、全国商会联合会暨沪九公团，合推君及蒋君梦麟往。既议山东悬案，日本猝然要索五千三百万金马克，俾赎胶济路以难我，君暨蒋君立电沪公团，沪公团立电诺，皆错愕。回国之日，所至民众倾城欢迓，其盛殆未尝有。圣约翰大学以文科博士学位授君焉，君则奔走演讲如故。无何，得心病，遵医嘱辍讲，则时时为文抒所见。五卅难作，君独主以正义维持国际间情感，创太平洋国际学会，自为我代表团领袖，事调洽焉。盖诚鉴夫伺我者之有在，匪可多树敌也，而君病乃与年俱进。“九一八”之变，闻耗大激愤，病不支，则赴斐岛。沪战猝发，一怒而归，誓为国服务。既受沪公团委托，力疾赴美游说。二十二年一月四日，君谒美国务卿史汀生氏，方陈述我上下敌忾状，得电山海关不守，卒然脑溢血，仆，既醒，遂不能语。秋，扶以返。日月淹滞，以二十五年一月二十二日殁于沪，年五十有四。殁前，稍能言，无不以国事为念，信赖诸友好继续努力，信赖上帝锡福。

君善以雄辩阐发真理，尤善感化青年，闳远其襟怀而笃实其践履。服务青年会二十年，认定基督教最高尚旨趣，扩大青年会使命。所提倡如体育、科学、平民教育、拒毒运动、农村改进诸大端，有先他公团创始而不自名者。君盖以基督教徒而能忠勇诚实，发挥爱国爱群之情绪者也。君尝演讲：凡真实之基督教徒，应是最完美之公民、最高尚之爱国者。君尝演讲：吾人须向一国人民明析指示对国家应负之责任，协助发展其国民性，尽辟其天然利源，此不仅为己享用，须使其国家对世界文化有绝大贡献。君尝演讲：吾人须指导并感发各民族，俾咸循正义公道以行，同时鼓励诸强国，俾联合援助较弱小民族，用其全力为困苦无告之国家请命，虽蒙重大牺牲，所弗顾。君尝演讲：吾人应深切地觉悟世界任何民族，凡彼所得较大较多之知识、经验、才干、力量，举不得用以自私，乃至用以欺压较弱小民族，须用以为全人类服务。君尝演讲：吾人为公众利益、为国家幸福，虽丧生命非所宜恤。

君数度拒绝作官，然协助政府解决国际间不少困难。二十年来，我与欧、美立约及其他交涉，无不与君直接间接有关，而君不自名也。君终身清高澹泊，耐大劳苦，见义必为，最爱护同类，尤爱护青年，尝立清寒学生协助金，青年以是获留学国外者无算。方君在美国务卿官舍，猝发病，仆，天寒甚，其友梁士纯闻讯奔视，不及衣外衣，扶君入病车，时君已失语言机能，然犹用手示意，问士纯何勿衣大衣，其亲切待人有如此者。史汀生氏语士纯："我深感余博士诚世界伟大人物之一。"

君有子四：新恩，北平协和医学院毕业；新安，沪江大学毕业；新福、新生就学中。女三：庆绶，中西女塾毕业，留美专修音乐，适黄仁霖；庆云，培成中学毕业，适夏循先；庆民，就学中。

既葬君沪北谈家桥基督教圣公会公墓，其友集商所以永君纪念，公属炎培最君生平，为文泐之碑，以诏示国内外之景仰君者。中华民国二十五年十月，黄炎培撰。

（录自《人文》1936 年第 7 卷第 9 期）

李通敏先生范像

⊙李平书像

先生名钟珏，字平书，上海人，公元一八五三年生，肄业龙门书院，达识勤事。清末历主粤县政，廉干善教。尝主遂溪，练民团、抗法兵入犯，因以褫职，然卒使遂溪、吴川勿为旅顺、大连、威海卫续。归，创上海地方自治，为全国倡，兴利抉弊，规模闳远。辛亥，上海响应革命，以其智且勇，指挥赞助，迅奏厥功，奠定东南大局，保全无数民命与物力。一九二七年殁。公谥“通敏”，范像永念。中华民国纪元三十五年八月。

（录自《高南乡志》第七篇“文化教育”第二节“文物古迹”）

墓铭

杨白民先生墓志铭

君杨姓，白民其字，初名士照，后以字行，先世居娄之枫泾。君父楚材公商于沪，家焉。督君严，顾君英气殊不可遏。年二十，为邑诸生，任约翰书院教务而意未之安也。清光绪二十七年，君慨然悉其月所积薪资以赴日本留学，专攻女子教育。未几，讨俄事起，志士倡革命，君与焉。惟心惓惓然，主教育救国，毅然遂归。得请于父母，就上海南市竹行衖故居创立城东女学，时清光绪三十年也，夫人詹练一脱簪珥以助。一时妇若女闻风奋起，无远近咸集，相尚苦学，荡为校风，而君主校事自兼教务，逮君之殁，二十二年如一日。君之教其女弟子也，重节俭勤苦而归之于为群服务。尝曰：人莫耻于倚人以生。又曰：惟学然后能自立。又曰：为社会役，男女一也。君一一躬自导之，终其身布衣粗食，闻善如不及。人有片长，誉之不去口。无子，有女六，自课之。学成，命之服务。校始设小学、设幼稚园，继设师范专修科，继设国文算术专修科，继又设音乐图画专修科，而图画科尤盛。盖君于绘事有天才，四十年前，江南名画师朱梦庐则其外大父也，君既得所事而笃嗜之。过其居，门庭藩溷皆画稿也，以故从学者咸有所获以去，而君之女雪瑶、雪玖今且以画名于时矣。

君以中华民国十三年九月七日病殁，年五十有一。

临殁，且泣且训其女，属其友维校事焉。葬于上海虹桥万国公墓，其友黄炎培为之志且系以铭曰：

教师满天下，终其身者寡。卓哉君，不夺志。以励人，先自励。君女乎，女弟乎。继其志，述其事。苟能是，君暝矣。

十五年岁丙寅二月，上海杨逸书，常熟萧退庵篆额。

（录自原碑拓片）

宋搢渠墓碑记

君名如圭，号搢渠，江苏川沙人。川沙濒海宜农，以密迩沪市，故多弃农而商。商尚巧，顾自田间来，善以朴诚厌诸贾，因以建名而兴家。

君世于农，父律云始商于津沽。有子三：伯如金，季如璧，君其仲也。年十四，就学中西书院，翌年调广方言馆，五年毕其业。时外交需才亟，同舍生争修法文，君独占英文。既毕业，大府遣往英伦学，濒行矣，母冯老，父先殁，有尼之者，乃止。设塾于沪，夜以英文课诸青年。时沪北有翘然负盛名之缫丝工场曰瑞纶，主人吴氏，耳君之学之朴诚也，礼致之。三年，而吴氏别营海外贸易，即今传瑞记洋行是也。吴既倚君不可一日无，乃以君从，无巨细咸委之。遭时多故，主家易世，而君辅之忠，亘三十年如一日。初瑞记之商于海外也，实主德，欧战作，德受厄甚，乃新其业曰安利，而以君长之。战罢业复，而君辅吴之忠如故。殁前数日，犹力疾趋视所业，可谓有忠也已。

君事母孝，自商于沪，岁时归省，依依不忍去。筑堂以奉晨昏，颜曰“培德”。时则迎母于沪，长日亲色笑为乐。培德堂之成也，奉母命，斥资分余屋，立学校，以商业课后进。养亲暇日，自以一生幼而学、壮而商，经历甘苦，为诸生演讲，肫然无倦容，闻者化之。凡振灾恤贫，作一切公益，咸以母命行。自奉菲绝，每食园蔬二簋，戒家人毋得无故杀生。民国十有一年秋八月病，遂殁，年四十有九。君娶于马，生子二：学礼，学义。女二：韵和，静和，皆适袁。学礼尝从予学，故知君稔。铭曰：

泯泯棼棼，鸮飞刺天，而孝于亲。相攘以为德，背主利得，未井先石，而忠厥职。乌乎，非今之人也欤。海风与号，海日与昭，十里勿樵。曰此宋先生之墓道也，以诒里髦。

黄炎培撰，张一麐书。

（录自民国《川沙县志》卷十二《祠祀志》）

刘仁辅先生墓志

先生刘姓，名锡智，仁辅其字也，先世由闽之粤，清乾隆时，有名超者，随军入蜀，遂家宜宾。再传至德廷，生子五，先生行居三。少任侠好义而善自抑。事后母孝，厚抚兄遗孤，以是见称戚间。光绪时，以助秦晋灾振授同知，掌达字军文案。随军辑治雷马倮族，有功，旋佐长宁县幕。民纪之初，县民多牵率变乱，陷刑辟，先生据情平反，全活无算。既而退隐，丁蜀多故，兵戈抢攘无宁岁，乃徙家宜之南黄泥坡，而先生亦寖以老矣。顾其忧国日益切，以谓拯国难必自厚培人才始，才不择地而生，教者奈何以地限之！引为大憾。二十九年二十九日，无疾卒，年七十有五。遗命节丧葬，以二万圆捐宜宾县立中学作清寒奖学基金，其素志也。

夫人王，生子三：炯，长成都裕通银行；燦，主宜宾县商会席；琨，学于成都，民纪二十一年一月，上海抗日之后，投义勇军以东，旋任北平政训处职。先生时时勉以忠勇卫国。卢沟桥变作，音问遂绝。先生谓能殉国者不愧我儿，惜未识其以何时、何地死耳。孙男五，女十。以是年□月□日葬先生于宜宾赵家乡之斑竹林。燦丐其友国民参政会参政员黄炎培志先生墓而为之铭曰：

出人于死，成才于贫。其德其识，皆大过人。其父趋仁,其子赴义。乌呼吾里,思一二八,潸焉吾涕。斑竹新宫,佳气郁葱。中原既定,其告乃翁。

（录自《抗战以来》）

黄方刚墓志

方刚一生清正，抱道有得，言行一致，诚爱待人，取物不苟，著书讲学，到死方休。虽其年不永，亦可以无愧于人、无愧于天地。

长儿方刚，穷研哲学，历任广西、东北、北京、四川、武汉各国立大学及华西大学教授、东北大学文理学院院长，凡十六年。以清光绪二十七年三月十三日生于江苏之川沙，民国三十三年一月十七日殁于四川乐山武汉大学教席，年四十四。以同年月葬于乐山凌云乡马鞍山东一公里许，其及门李树芳赠地。著有《道德学》、《苏格拉底》，余丛稿未印行。母王纠思，妻微华兰，子十九、海川、岷江。父黄炎培哀记。

（录自《苞桑集》卷三）

顾志廉先生墓碑

吾友顾志廉先生，名涟清，以清光绪二年生于江苏之川沙，世奉天主教。幼而好学，肄业徐汇公学，旋就业米贾，业余自力研究理化，通其理以致于用，手不释卷。夜守仓，篝镫读，无倦容。先后与余共事浦东中学、中华职业学校，以与学校设科有连，从事于珐琅工业，前后逾二十年，业大昌，舶来品绝迹。日寇发难，支拄至艰苦。民国纪元三十四年八月，敌降讯甫至，先生遽于二十四日殁，年七十。

病革时，自憾生平所学未竟，遗嘱以仅有之投入实业公司资金，大部分捐设教育基金，以奖子弟暨戚族乡党子弟之就学。元配沈。继配张，生女佩瑜，适钱宗建。继配杨，生男万时，殇；久声，幼读；女佩瑾，适贾石山。

黄炎培撰并书，民纪三十六年三月。

（录自中国国家图书馆藏原碑拓片）

哀诔

秦见斋师哀词

乌乎吾师，云鹤之姿，金马之才。少承家学，笔走琼瑰。上下史事，论挟风雷。壮登承明，骅骝道开。一麾出守，民歌暮来。威持军节，恩被孤孩。风云前路，郁何壮哉！

匪天降灾，国孱取侮。三晋云山，九边金鼓。臣冤奚恤，虏求敢拒。一曲阳关，家山何所。同穴悲妻，终天痛父。伤哉吾师，泣下行路。

刀环既唱，玉步斯理。邦本初定，里选惟明。天怀纯白，风议纵横。有物不详，袁逆项城。渠歼丑聚，酿为党争。赫赫议堂，苞苴是行。谁扶正气，遽陨长庚。

综师生平，命运多舛。抗字心劳，投荒足茧。滔滔皆是，落落幸免。卅年世事，升沉晦显。尘土功名，沐猴冠冕。如影何凭，如梦何恋。以此语师，师其称善？

嗟余小子，总角相从。书堂待向，东野鸣钟。既别讲帷，更藉邮筒。廉泉分润，陋巷怜穷。何以报师，为群必忠。何以念师，四大悟空。以甲子始，以甲子终。遽然大觉，永被春风。

（录自《黄炎培日记》第2卷1924年5月19日）

大伯母姚太夫人哀词

哀哉，吾大伯母也！回念三十年前，我父母早逝，其时我大伯母偕诸母奉养祖母。炎培兄妹孤苦无所依，则随祖母就食于我大伯母，其时大伯父病且废，伯兄方习业，仲弟幼读，举室铢黍无所入。我大伯母以一女子身，仰事俯畜之不已，畜及炎培兄妹，长日典质簪珥，不足，告急于亲友，不足，乞贷于邻仆，可谓极人生穷乏之怨矣。而对堂上，无失其为养；对膝下，无失其为教。乃复视炎培兄妹如己子女，从无愠色，此岂寻常一饭之恩可拟耶！

哀哉，我大伯母也！未及中年而大伯父遂殁，而伯兄又病，而仲弟又夭，门祚之危不绝如线。独赖我大伯母远识，力排众议，以季妹遣嫁马氏。妹婿翔声，纯谨敦厚，夫若妇孝，养以至于终。而炎培兄妹以学、以婚、以嫁，靦然而为人，曾未一日有以报我大伯母。哀哀哉哉！

今者我大伯母长逝矣，虽未享福，亦既得年七十有七。其殁也，初无所病苦，且眼见诸孙之渐能自立，我大伯母其亦稍稍含笑地下矣。夫独炎培兄妹受恩未报，抱恨于无穷，计惟努力为群，勉求有所树立，以答我大伯母五十年之期望。虽然，亦已仅矣，哀哉！

侄炎培、侄女冰佩、惠兼

（录自《黄炎培日记》第3卷1928年2月16日）

公振先生哀辞

乌乎公振，万里归来，方与君相约纵谈，而君遽逝耶！以君之壮游周察，历年三四，觇国十数，岂惟新闻业为然。凡所烛照，必将尽发人所未发，满望归来，悉其所得，贡献于吾国家、吾社会，而君竟赍志以殁耶？以君学力之精专，才华之秀发，志虑之忠贞，而又本之于纯厚之天资，出之于温良之仪态，使接君者有翕受而无牴牾，有欢洽而无猜忌。重以春秋鼎盛，精力强固，吾人所期望于君者，何有限量？而岂料吾君不见嫉于人，乃见嫉于天，而夺以去耶？

乌乎公振，忆吾与君同事，处同室，食同席，凡君少年艰苦奋斗之历史，与夫十年独处不复求偶之心情，一一为台倾吐。凡君对于新闻学之纂述，改革新闻业之主张，发为文章，一一快吾先睹。自君远游，雁足之书，蝇头之楷，赫然陈吾案头，而孰知此别遂成千古。

乌乎公振，自君之逝，识与不识，同声下泪，而独使吾无限伤心者，则以吾与君同此疾，同此医，同此病情，同此手术，前后相距五十日间，乃吾生而君死！吾以垂老而生，君以盛年而死，悲君死之无因，念吾生之滋愧。乌乎公振，吾为国家哭君，为社会哭君，岂仅以私交雪涕。乌乎公振，苍天何心，人间何世，苟百身其可赎耶，何不以吾身为之始。乌乎公振，是民国纪元二十四年，吾中华一大不幸事！黄炎培扶病挥泪书。

（录自《国讯》1935 年第 111 期）

胡君子靖哀辞

⊙胡元倓像

乌乎子靖，始吾识君，清湘之波，歇浦之云。相尚兴学，弦歌如闻，最后遘君，议堂朝夕。君虽霜颠，倔强犹昔，夫人不言，言必有获。惟吾与君，垂四十年，交情水淡，志节金坚。酸甜苦辣，乃各自全。天乎弗佑，民纪廿九，吾方丧偶，又哭吾友。残敌在门，战士在原，胜败可睹，瘠牛偾豚。克家有儿，传学有人。其瞑尔目，为招尔魂。信卿书来，尔我三省，身非我身，乌乎子靖。

（录自《黄炎培日记》第 7 卷 1941 年 1 月 18 日）

韬奋逝世一周年哀词

呜呼韬奋！人人为他的理想而奋斗，君之性命遂因奋斗而牺牲。不牺牲于沙场之炮火，乃牺牲于流浪的生活与黑浊的气氛。不是东南西北的奔波，君或未至于病，病亦或未至于死，而君竟以是捐生。

呜呼韬奋！君而有知，倘犹忆五年之前之巴州，张家花园之寓楼。一灯如豆，百端悲涕，我欲留君而不得，从此生离死别，一瞑千秋。

呜呼韬奋！只留下一副又香又洁的骸骨，问何年得正首丘？今日者，距君之死，岁星忽焉其一周，君身何往？君魂何归？而我乃飘然为延安之游。犹得见君之名于书店，犹得见君之少子嘉骝。此一年来，提及君名，辄为哽噎。呜呼韬奋！被君称为知己之我，乃仅仅报君以热泪之双流。

呼天不闻，呼君不应，此寂寞之人生，欲解说其何由。虽然，死者已矣，凡我后死，忍忘天职之未酬？今日者，暴敌行将就歼，国事亦将就轨，胜利！胜利！民主！民主！君所大声疾呼者，虽不获及见于生前，终得实现于生后。呜呼韬奋！呜呼韬奋！死而有知，其又何求？

三十四年七月，延安

（录自《国讯》1945年第396期）

任弼时哀词

⊙任弼时像

乌乎，弼时同志！

唯我与君，延安五日谈，天安门一握手，交虽淡，情至厚。

君乎，不死于两番狱卒之毒刑，与革命三十年之战斗，乃死于人民解放军胜利的明年，美帝猖狂、朝边告警的时候。

虽然，君其安息吧！有千百万爱国青年秉君遗教、蹑君之后。

君之志终必完成，君之名永垂不朽！

（录自《黄炎培日记》第11卷1950年10月28日，另见《人民日报》1950年10月31日第2版）

中华职业学校校长贾佛如哀词

学的是教育，办的是教育，生活的全程在教育。一个学校——中华职业学校——主持了二十年，由安定而流亡，由流亡而安定，眼看到前前后后一千几百人学成而去，为新国家服务，眼看到新中国蓬蓬勃勃地成长起来，贾先生其可以安息了。

⊙贾观仁像

一九五一年一月

黄炎培　北京中华职业教育社

（录自《黄炎培日记》第 11 卷 1951 年 1 月 19 日）

卢氏作孚先生哀词

乌乎作孚！
君为一大事而死乎，
君应是为一大事而生！
君以穷书生乎无寸金，
乃大集有钱者之钱，
以创“民生”。
辛辛苦苦了卅年，
长江几千里，
内河几十道，
平时载客载货，
战时运械运兵。
责在人先，
利居人后！
有罪归我！
有功归人。
奇艰大诽集中于君之一身，
君为何来？
为的是国家，
为的是人民。
终得从黑暗中眼见光明，
眼见全大陆的解放，

⊙卢作孚像

眼见大中华的复兴，
　还运最后的奇谋。
七大艨艟，
　完璧归赵，
而不居功，
　而不求名。
乌乎作孚！
　君其安眠吧！
君实为此大事而生。
　作孚！作孚！
我是君卅年之老友。
　我以爱君敬君之故，
曾历访君早年事迹于北碚，
　　于泸州，
　　　于少城。
又曾多次为“民生”乘客，
　实地察君所经营之事物，
　　所识拔所训练之人。
识君之抱负，
惊君之才，
知君之心。
乌乎作孚！
今乃为词以哀君之生平。
君其安眠吧！
　几十百年后，
有欲之君者，
其问诸水滨。

中华人民共和国人民政府成立第三年
一九五二年三月十四日，君既殁三十六日
（录自《卢作孚追思录》）

夏先生敬观哀词

⊙夏敬观像

先生清末服务，官江苏，在和地方前进人士合作之下，对人民有实际贡献。先生的诗、词、画为时人宗仰。先生清、勤、温、粹，给后生以很好的典型。我是他四十多年老友，认为他为人很当得起这四个字，忽闻逝世，禁不住的悲感，但先生已亲见中华人民共和国成立和发展，先生其安眠吧！

一九五三年五月，黄炎培

（录自保利（厦门）国际拍卖有限公司2016年保利厦门大众拍卖（第四期））

张表方先生哀词

⊙张澜像

表老！你真能为了实现自己的理想而顽强奋斗到底。

表老！你一生真对得起国家，对得起人民。

表老！你将永远给人民记着：四川铁路风潮中，你以赤裸裸的肉体，当雪亮的大刀快要砍到你头上时，你为了代表人民反抗媚外的满清政府，抗争到底，终于保全了国家铁路主权，这是一件伟大的历史性事迹。

表老！你将永远给人们记着：当蒋介石反动统治时期，你始终主持正义，经过在成都和重庆多次深谈，你开始领导中国民主同盟，一贯地主张民主和平。一九四六年，你远从重庆电话达南京：民盟决不参加伪国大。恰符多数同志主张，从此民盟确定方针，为民主和平坚决奋斗到底。

表老！你将永远给同志们记着：当民盟在蒋介石反动统治区被迫解散，你依然领导同志们干地下工作，直到解放为止。在这一时期，你在上海过那极度清苦艰险的生活，几非常人所能堪，直到解放为止。

中华人民共和国在中国共产党、毛主席领导下成立起来了，中华人民站立起来了，到今天已达五年有半了，各种建设已经一步步地走上轨道了，你老是一贯地参加工作的。

表老！你安息吧！

一九五五年二月九日，北京

（录自崔宗复编《张澜先生年谱》）

史东山哀词

史东山先生是领导一般青年走上艺术的新路——电影,来满足新时代人们群众文娱要求,同时充分地正确地建立教育工具。先生是把一生精力完全贡献在这上边,我是敬爱先生者之一,对先生的离开大众,为公为私写不尽的哀感!

⊙史东山像

(录自《黄炎培日记》第13卷1955年3月25日)

祭文

朱成章的死

⊙朱成章像

欲雨不雨的天气，空旷的郊野，笼罩着浓愁奇惨的云气，冷而不甚酷烈的北风，飕飕地响，胶州路上停了无数的车辆，抬头一看，“万国殡仪馆”五个大字。入门，跟着连续不断的来客，登堂，中外男女老小在一个堂上挤得满满地，都暗暗饮泣，但不作声。左厢停一口棺，棺盖斜靠在棺侧，六七个青衣的工人很肃静的一字儿垂手站着，停会儿，凄凉的琴声起丁堂的右角，四五个白衣人蜂拥着，从楼梯一步一步的降下，只见被绯红的缎衾严密裹住着一个赫然的死人，这不是别人，就是我二十多年老友朱成章君。

这时候，饮泣的群众，在万分耐不住中间，渐渐儿有声了，但仍没有出大声。死者下棺了，牧师祈祷完了，祈祷中间，仿佛说：“人是没有带一些儿来的，也没有带一些儿去的，但是好人死后终究是安乐的。”

朱君既是我二十多年老友，究竟是他的做人怎样好呢？朱君是约翰大学毕业生，曾赴美留学，先在沪宁铁路服务，后在上海商业银行服务，当副行长多年，创办中国旅行社，最近因友人的敦请，几次辞不掉，才任国货银行经理。他的为人是很进取的，又很审慎的；是很伉直的，又很和平的；是很精细的，又很宽厚的。譬如有人托他做事，如果他接受下来了，无论多么困难，他必千回百折，替你办到，所以同在一团体办事，他所分任的职务绝对靠得住，而且来得道地。又如公众开会发言时，他的言论总是根据事实，很亲切，很婉转，决不唱高调，却富有积极精神。如果把金属物来比，他是纯金，他是一些儿没有搀入杂质的纯金，朱君的为人是这样。

朱君是怎样死的呢？民国十九年十二月二十三日早起，他从家里坐了汽车到他的办公处，路上遇匪，先用手枪把汽车夫打死，把朱君从汽车厢劫出，时朱君身旁坐下一个他的十七岁女儿，凭她一刹那间冲动的天性来拦阻，匪向女开枪，女立受重伤，而朱君被劫去了。至晚间朱君出自匪窟，方知亦受重伤，奄奄一息了。延至二十九日，伤重不支而死。

朱君死了，朱君的孝女尚在医院救治中，朱君的夫人多年卧病不能起坐，从病榻悲号中延其朝不保暮的生命，上有八十高年的老父，在百计觅死中，下有自五六龄至十五六龄一群儿女，在日夕环泣中。

朱君有钱么？没有。朱君是穷书生出身，虽为银行业，绝对不做投机买卖的。近年收入虽较丰，而妻病久，儿女多，家累重，简直比穷书生好得有限。那里有被绑资格？而竟被绑以死。

朱君临死对人说："吾死了，吾许多好朋友一定替我叫冤，但终望对于杀我的绑匪不要报复，他们是误杀我啊！"唉，国家法律是另一问题，我们从朱君临死的这一句话也很可概见他的为人。

（录自《生活》1931年第6卷第4期，署名"观我生"）

呜呼二十年前通俗教育家伍博纯先生

⊙伍博纯像

我于江苏教育界亡友，所念念不忘者三人：曰上海杨月如先生保恒，为人笃实真挚，始留学日本研究教育，归而创小学于上海，为龙门师范学校研究教育的中心人物。民国元年任苏州第一师范校长，造就人才不少。其殁也，遗稿满箧，而莫为之辑。一曰太仓周价蕃先生维城，专研小学教育，其精切非侪辈所及。民国初元，小学教育之最早革新，要推苏州第一师范学校附属小学，而周先生实任主事，开一时风气之先。论小学教育改革史，周先生盖为努力最早之一人。又其一，则阳湖伍博纯先生达是也。

吾之获识伍先生，在清宣统二年，时先生任武、阳两县劝学所总董兼县视学，著有《实行普及教育分期办法》一书，分四期，五章，二十四节，在今日度为人人所能言，然在二十二年前，以一人之力，成此精密周备之计画，能不令人叹服？此书吾今犹珍藏之，谓是可贵之教育史料也。既读其书，乃识其人。其人长身玉立，而英果沈毅之气，溢于眉宇。遇事好沉思，不多发言，而有所主张，坚若铁铸，屹然莫之能摇。既数数往来，乃就上海江苏省教育会高楼，辟一室以居先生。辛亥鼎革，长日奔走，夜分始归，每见窗外灯光，犹荧然四射，知先生方有所精研，攻苦而未息也。

先生既以游日考察学校之余力，兼及社会教育，归而撰《通俗教育设施法》，其精密周备，一如前书，又一度任职南京教育部社会教育司科长，则遂锐然以社会教育自任，组织通俗教育会，今日者，通俗教育，一变而为平民教育，再变而为民众教育，屡变不居，而其名益噪，预算则有专款，执行则有专官，其出也有场，其入也有馆，其广师资也，则有专设之学院，如荼如火，蔚为大观，又孰知二十年前，一角小楼，篝灯草议，四顾无人，孤身奋斗如先生者，卒以是而病，而赍其遗志以终古也。

先生既立通俗教育会，而苦无人焉助之资，乃走北京，冀高屋建瓴，以求各省区之响应，顾响应多而资助者仍少，其劳心焦思，感愤抑郁，一见于与友人诸书。其遗我一书，赫然犹在。其时我服务江苏教育行政，虽五千圆之预算，勉获通过议会，而政局猝变，而先生遽殁，而通俗教育会亦且随先生而与世长辞。

先生通俗教育所揭四主义：一、谋生；二、卫生；三、公众道德；四、国家观念——见先生与我书——此四主义者，迄今日而仍未有间。然则先生者，不惟最初认识通俗教育一名词而已，抑且思虑深远，见解平实，故遗教流传，历二十年而不可磨灭，其力其识，诚有大过人者。

民国二十年七月五日

（录自《民众教育》1931 年第 3 卷第 7 期）

纪念杨敦甫先生

⊙杨敦甫像

余识敦甫先生，殆二十年。先生助陈光甫先生经理上海商业储蓄银行，余偕同志创设中华职业教育社及中华职业学校，赤手经营，缓急之需，时所不免。惟光甫先生与先生始终赞助，俾玉于成。有贷不疑，有求不厌，非仅通假往来，乃至经理校债，代收学费，凡有商请，一一获先生许可，事在十年、十五年以前，教育界与银行界联络，风气初开，首承其惠者吾校，首创其端者实惟先生。乃者以教育界与银行界之双方不幸，当国难严重期间，先生遽归道山，为公为私，岂胜悲悼！

先生为人忠诚质朴，作事脚踏实地，绝对不出锋头。其待人也，真挚恳切，于庄严中见和蔼。其对青年尤极关爱。一生精力，尽瘁于银行，尽瘁于为社会服务，乌乎！可以风已。自“九一八”后，先生忧国心肠，见于颜色，乃殁未匝月，华北变作，九原有知，目焉能瞑？哀哉！

（录自《国讯》1935 年第 99 期）

一隅之见——敬悼段芝泉先生

⊙段祺瑞像

夙以拥护共和政体自任之段芝泉先生，十一月二日，以疾殁于沪寓，各方咸致悼惜。

昔年辛亥革命之际，以及洪宪之役、复辟之役，先生皆尝以其威望与热诚为共和努力，一时中华民国倚先生若长城，隆誉所归，权责加重。于是对冯对黎，或暗或明，因意见之纷歧，演成政治上之争斗，至直皖一战，而威望坠矣。此于先生人格，无丝毫之亏损，然国家元气、人民生命牺牲确亦不少。临时执政之举，在先生一生功业上，适类蛇足耳。

大抵先生为人刚方正直，是其特性。“言必信，行必果”二语，殆为先生一生服膺之所在。因是，其所言、所行向适合于时需、有当于众意也。以其执之至固，而所获之果，其坚确每超越寻常。其或否也，以其一往不返之故，殆不免愈趋而愈远。故人之不满于先生者，辄加以一字曰“愎”。

吾于先生一生，发生两大感慨：其一，凡人地位过于其才能，不惟无益于其事，而且有损于其人。如先生者，苟终其身为军事首领，平时本其至贞之德操、至高之位望，猛虎在山，百兽震慑，一言一动，挽救国家危局而措之于安；一旦对外作战，其功名必不在卫、霍下。不幸而败，亦必能表现凛然大节，上炳日星，下齐河岳，巍巍一代完人，先生实备具此基础者，而惜乎其生在今之中国也。今之中国，苟其人系物望者，非尊之为行政首领不可。左右挽之于前，国人推之于后，而其人殆矣。须知政治之为物，固赖乎其人之德之识之力，而其所以运用，则亦赖有技术存焉。讷尔逊、乃木、霞飞，苟奉之为行政首领，而能在先生之上，吾所不敢必也。中国首领，自袁世凯以来，非尽不才也，非尽无能也，只以地位过于其才能，脰绝而鼎亦覆。今后国人苟有爱于国、有爱于其人者，于此应发生一大大觉悟。

其二，凡事之成败，系于当局本身至多占百分之五十，系于其左右至少亦当占百分之五十。先生为人，不失为刚方正直之一首领，苟其左右得一有才能，堪为刚方正直者用，发挥其所长，而复弥补其所短者，为先生辅，先生政治上所获结果，其成必不止此，其败亦必不至此。天之生才实难，生一先生，而未生一能辅先生者。即有其人，而以先生用人限于其所亲信，非亲勿信、非信勿用，而又以秉性强固、勇于负责之故，凡左右所为，先生必举其所不必负之责、不当负之责而尽负之，以其一身集万矢而不辞，而先生殆矣。此于先生人格，绝无亏损，或反见其崇高，而其予不良影响于民国以来之政治，盖亦不少矣。先生已矣，今后之为政治领袖者，苟有鉴于此，或亦将发生一绝大觉悟焉。

先生以暮年多病之身，避嚣而来上海。当其听纳友人忠告，排除众说，翩然南下，俾于晚节上绝不复有纠纷可议，此点见先生之能受嘉言；而为此言者，不惟有益于先生，抑且有益于国家大局。言者与听者，皆吾所深致其非常佩敬者也。

报端所发表先生“八勿”遗嘱，嘱勿因我见而轻启政争，勿尚空谈而不顾实践，勿兴不急之务而浪用民财，勿信过激之说而自摇邦本，讲外交者勿忘巩固国防，司教育者勿忘保存国粹，治家者勿弃固有之礼教，求学者勿骛时尚之纷华。大都切中时弊，言人所不肯言，实为年来所不经见之正论。惟有一点，吾人深信世界是进化的。吾人思想上、学说上乃至国家政策上，一方固须努力保存固有的精粹，以求适于国情；一方亦须虚心以求新的至善。《大学》“止于至善”当与“苟日新，日日新，又日新”节并读，乃益见孔子立说之精。吾不欲以新学说仰渎七十余高龄如先生者之聪听，惜并此旧籍所得，亦不及与先生相质证，滋可哀也。

廿五年十一月七日

（录自《国讯》1936 年第 146 期）

敬悼黄膺白先生

廿五年老友，一代才人志士黄膺白先生，竟于中华民国廿五年十二月六日上午九时廿五分，以肝癌殁于上海。炎培与先生相识于辛亥革命之初，至先生息影津沽，往还乃密。“九一八”变作，炎培以电邀先生自莫干山返沪数度深谈，卒放弃其山居闭门、专研佛典之生活，约集同志，日夕讨论。两个月间，聚谈至二十次。驻平两年，忧愤郁结，以至于病、至于死，如先生者，以其志趣与才华，一言一动，系国族之安危，每当危疑震撼之交，出其奇谋深算，挽回大局，其事非尽人能知，而其勋略非可堙没。我中华今日恰值转变初期，前途荆棘，将与希望以俱来，正须老成谋国如先生者，相与撑拄艰危，俾无颠越。天乎不弔，溘若朝露，何敢以私交之故，致我悲哀，惟为我国家民族前途痛惜此才人志士耳。先生交游遍海内外，知先生者岂少其人，而以位望日高之故，亦有不能尽知先生行事与其心曲者。愿就我所知，分析先生之生平，无袒无饰，而为之列举焉：

⊙黄郛像

第一，先生盖中国最富于国家民族观念者之一人。青年时投笔学陆军，从事革命，凡所动作，悉发于国家、民族之一念，而善能为人所不为。如民初竞倡裁兵，先生首先裁撤其手自练成之二十三师，绝不顾惜。试问民国以来，如先生者能有几人！其后思想益纯熟，积丰富之经验，发为老练之主张。自“九一八”事变起，炎培几无日不与先生往来，积数十回谈话，深知爱国之情绪，先生所同，而谋国之方略，却往往有独到处。即在病中犹无日不以国事为念，侍病者相与慎谈时事，惟遇可喜消息，则微使闻之，冀其稍获安心也。先生自始病，即立志勿延日本医生、勿服日本药品。某日，友人述日本报载有药能治癌病，先生勿为所动，侍病者亦不敢以进。即此一端，可以窥见先生之用心之深且苦。外间有因先生见重于日人，疑为亲日，甚矣其不知先生也。

第二，先生盖有过人之志而兼有过人之才者。辛亥革命，上海成立沪军都督府，其后南京成立临时政府，先生皆为主持谋略者之一人，顾此为早年事。民十三，国民军古北口回师一役，震动全国人心，扭转北方大局。谁欤主谋者？先生初未尝为言，就余所知，其中重要者一人，盖先生也。民十七，革命军北伐，先生实长外交，而济南惨案作，其间艰难支拄，他日必有记其详者，而北方统一之局，却未因此而梗阻。民廿二长城之役，寇入堂奥，平津告急，先生受命于危疑之际，人所不敢为、不肯为、不能为者而先生为之，其情势略如郭令公之见重于回纥而事实不同，而先生单骑直前之勇概则同。凡此存亡绝续间之大任，岂寻常人所能担荷者？

第三，先生未尝以专家自名，而最重视专门学者，尤重视有为、有志之青年。新中国建设学会为先生偕各界有志所共同手创，而先生致力独多。其用意在绝不争取政权，而仅就千端万绪之建设事业，用冷静之头脑，研究切实有效之方案，作实际之贡献，为中华民国确立复兴基础，同时予一般专门学者以集合研讨之机会，俾发表其专长，备当局之采取，而于励志力学之青年，爱护提携，不遗余力。先生尝讲学北平，于北方学者识拔尤多。我尝数度过访先生，满客座皆青年也。盖先生学于日本，游于欧美，博观世界大势，深知国族之强弱兴衰基于科学而系于青年。《欧战之教训与中国之将来》以及《战后之世界》两书，殆不失为代表先生思想的著作。

第四，先生志行高亢，有古人难进易退之风，而又思虑深长，少欢慰而多忧惕。炎培获交于先生久，每见其行文，一字未安，虽十易不厌。其处事，一端未惬，虽百思不辞。方先生受济南案之激刺，民十八、十九、二十年间，山居闭户，绝不复问世事。数度严冬，高卧山巅风雪，从未下山一步，其立志坚决可见。“九一八”事变，初下山，炎培极意怂恿，虚心承教，先生开口便喟然谓：“吾之所处，非逃禅，即自杀耳。”方知北平就职，先生实感于当局热诚之恳劝，与内发的爱国心之驱使。迨支持两年，因深刻之见解，发见前途无尽之艰阻，因高亢之志行，激之使不可复耐，而又因热烈之情绪，紥之使不能直截放下：以是种种，构成不可名言之忧郁与愤激，而先生一病不复能起矣！病中，有人告绥远收复百灵庙事，先生已病亟不甚能言，犹勉发一语：“勿因小胜而满足。”即此可见先生用心确有较人深远处。

先生逝矣，苟中华国族一日未复兴，吾知先生之灵一日未获慰也。

廿五年十二月七日，先生逝世之明日草。

（录自《国讯》1936 年第 149 期）

悼徐新六先生

⊙徐新六像

中华民国二十七年八月，时抗战已入第二年，余从重庆经贵阳、柳州而来香港。途次，得报，中美合组之中国航空公司桂林号客机，十四日香港飞重庆，被敌机狙击降落，乘客徐新六先生等生死未明。余闻而大震。翌日，得报，先生死矣。

先生浙之杭县人，号振飞，新六其名，乐人之以其名名也。父珂，邃于文字，冲澹不仕。先生以一八九〇年生，一九〇七年毕业于上海南洋大学。游英，入伯明罕大学，研科学，得学士位。入维多利亚、孟却斯忒二大学，研商学，得商学士位。复赴法国，入巴黎爱克尔大学研究政治经济。以民国三年（一九一四年）归国，任北京大学教授、北京中国银行副经理。在巴黎和会赔款会议中，为中国专门代表。九年（一九二〇年），任上海浙江兴业银行总经理、英文大陆报馆董事、中国建设银公司董事。十七年（一九二八年），被选为上海公共租界工部局董事兼卫生及警备防务两委员会委员。“一二八”沪战时，为上海市民地方维持会会员，被选为理事，其后为上海市地方协会会员，被选为理事。

先生殆现代化的东方君子人也。先生少承庭训，于国学雅具根柢。既受海内外新教育，经济学固所专长，而于政治及社会一切问题，皆具明通之见地。余沪居久，自“一二八”战役，沪重要事故商讨执行，无不与先生共。一问题之来，先生必精析条理，平心以应，绝不使客气，亦不规近利。凡所主张，无不切中事窍，而其廓焉大公，恰当于人人心之所欲。以故人乐与先生交，有事亦乐以咨先生。其接物也，无上下、无亲疏贵贱，古人所谓“一团和气”足以当之，而未足以尽之也。有所不可，绝不苟同，然必反复开譬，一以婉且诚出之。此其处常也，独其处变，则虽威武有所不屈。先生既以品以才以学见重于中外，其为上海公共租界工部局董事也，凡有利于国于市民，无不言；言而不直，无不依理依法与争。抗战既作，我与局时有所折冲，一倚先生。最近局议，凡对军队有直接犯罪行为，即引渡该军队办理。先生色然争，谓中华是整个国家，中华只有一政府，中华只有一部法律，干法者只有付中华法院依法处理，引渡军队何所据？不胜愤且辩。以拳抵几，铿然有声，中外皆咋舌，卒改引渡为逐出界外，此董事会盖欧美人、日本人与我合组者也。无何，爱国志士江秋案作，先生既赴港矣，犹龂龂焉电局与争。不数日，以先生殉国闻矣。时我政府迁重庆，方有所咨询于先生，召使飞以往，遂及于难。年四十有九。

东方有所谓君子儒者，其性外柔而内刚，其行外圆而有方，调和于两极之间，备焉而各尽其致。盖其所以自立，卓然具有匹夫不可夺志之尊严，而又鉴于人品之杂糅，人情之幻变，与夫时势之推迁演化，非因人因地因事因时以制其宜，不足以尽其用。三千年前，有所谓“九德”，见于《虞书》，皆两性之调和作用。秉此遗教，无形中制定一种行为标准，所谓“温而厉”、“智圆而行方”、“内文明而外柔顺”，皆此旨也，先生既以此厚植其根基矣。试取《儒行》一篇，所谓“上交不谄，下交不渎”，所谓“忠信以为甲胄，礼义以为干橹”，所谓“见其利不忘其义，申其志不更其节”，以绳先生，无一不欣合无间，而以饱承新教育故，有国家观念、民族意识确定其趋向，有科学方法发挥其效力，有敏妙之语言文字技能为达意输情之媒介，而先生翘然独出冠群矣！新焉者佩其才兼其学，旧焉者重其才兼重其品，友邦诸同学同官时彦，获先生一言一行以为重，尤以重先生故，因而重我中华，则先生之所以贡献于我国家民族，不其伟欤！

先生诚现代化的东方君子人也。以绝无兵备之民用交通工具，以绝无政治意义的私人行动，尽牺牲于凶暴敌人有计划的残杀之下。被害者全部无辜之男女，中有孕妇、有手创金融机关之银行前辈、有临难不苟免之副机师，而先生躬与其间，识与不识，同声震悼。或问此役受损谁最大，其中国乎！余曰：唯唯否否！因先生之死，而使全国人益亢增其对日敌忾之情绪，使各友邦益激进其对我之热情，以至于无上，同时激进其对日心理上之憎恶与厌弃，亦至于无上。一多助，一寡助，以促成战争上最后胜败之决定，然则此弥天惨祸，受损最大者非我，而为自杀之敌也。

虽然，先生死矣！死者，先生之躯体，化于无何有之乡，还归于大地；不死者，先生之精神，直接寄托于后先生而死者，间接附丽于后先生而生者，俾各获得人生修养与对国对群、处常处变一切行为之准则，从而发扬光大，以与天地为无穷！

二十七、九、九，香港追悼会中

（录自《国讯》1938 年第 184 期）

悼朱惺公先生和王礼锡先生

上海《大美晚报》副刊主编朱惺公先生以持论严正，斥骂奸贼不遗余力，八月三十日被刺殒命。有名作家王礼锡先生旅欧多年，在国际间卓著声誉，抗战既起，于国民外交努力尤多，今春归国，时时为论文激励抗战，最近领导作家访问团赴前敌慰问，以八月廿六日病殁洛阳。

⊙朱惺公像

两先生都是文艺作家，一死非命，一死于病，死法虽不同，都是为了国事而死，我不暇以私交哭两先生，只为是两先生以文艺作家主场，把一死来唤起国民新精神，就这一点，说几句话：我国自来，“文人”这块招牌，已弄得不甚香脆。从一千九百年前，扬子云附了王莽叛逆，直到当今汪精卫，坍尽文人的台。古人曾经这样说：“你一称为文人，便不足观了。”是什么道理呢？因为看人家老是说好话，教人家做好人做好事，而自己每每除外，使人家看了他的行为以后，再读他的文章，只有臭味熏天。越是行为做得□，越是文章说得好。我手头尚存有汪精卫慷慨热烈什么人比他不上的演说记录哩！朱惺公先生在《大美晚报》夜光上的笔调，朋友早知其不能免祸，劝他暂且避开过了锋头再来，先生不肯，至于送命，先生真是“求仁得仁”。

王礼锡先生身体本不很好。从欧洲回国，就为是热心参加抗战，此次作者访问团推他当团长，他慷慨担任。朋友中有人虑他身体当不了，他是由西安经洛阳，向中条山脉进行，闻已到达中条山了，怎么折回洛阳一天便死？想来定是得了病才回洛阳，内地旅行，大暑天，战场上，那里有好的医生、药品，病只有靠命罢了。先生如贪安乐、怕危险，尽可坐在后方明窗净几底下，舞着笔杆儿，呐喊着叫人家去奋斗、去牺牲是了。横竖炮弹片打不到你墨匣子里，还有谁来责备你先生不要前方去，去便送命。“我去了，去加一滴赤血（先生归国时诗句）。”先生这一滴血，是永远光荣着在天壤间，谁都擦不掉的。

⊙王礼锡像

我们最容易犯的毛病，就是危险的事叫人家去做，安乐的事我来。国是要的，只是仗别人去救。敌人是痛恨的，只是仗别人去打。这就是亡国亡理，不根绝了他，抗战建国都没有希望。两先生才是说得出做得到，才够得上领导青年杀敌，才替文人吐气，替民族争光。

我盼想到一号巴黎哈华斯电：法教育部长函内阁总理自请辞职，加入行伍，与全国青年共同杀敌。读者诸君，无论中外，新世界，大时代，做人标准是这样的。

（录自《国讯》1939 年第 212 期）

我所见一百一龄马相伯先生之生平

我和马相伯先生为忘年交者，几四十年。今先生以高龄考终，在义不能不把先生生平行事，写一篇文字，贡献于一般欲识先生者，可是不是我不能写，实在不够写。因为我现虽超过六十岁的人，然获交先生，已在先生六十岁以后。先生少年壮年期间，所有事迹无从详悉。十年以前，同在上海，曾定期携纸笔谒先生，为有统系的谈话，付之纪录，发表于民十八年《人文月刊》者若干篇。过去，我亦颇着意于文献材料的收集，稍稍有所获得，其中关于先生者亦不少。惜在抗战期间，一切都不在手头，只得写吾记忆所及，且待他日抗战工作完成以后，补充终篇。

我第一次见先生，忆在清光绪二十七八年，读书上海南洋公学时。先生方居徐家汇土山湾教授拉丁文，当时同去见先生者，似是同学邵仲辉先生，今号力子。先生滔滔汩汩，和我们大谈拉丁文，我是初学英文，对拉丁文一些儿不懂。时向先生受学者有两位前辈，就是张菊生先生元济和我师蔡孑民先生元培。后来先生盛称两先生好学，清早奔往受业，从不缺课。是时同学中亦有前往受教者。

那时候，我已知道先生是丹阳人，但是后来江苏发起学务总会，先生被选为评议员者多年，评议员是分县的，先生代表的是丹徒，还记得清清楚楚的。同时知道先生有家在上海西乡泗泾，泗泾后来属松江县。先生在松江县境，有相当多量的田产，完全捐给震旦学院。

震旦学院，就在那时期经先生手创的。为了某项问题，不久别创复旦学院，先生为校长。先生是笃信天主教的，先生的门人告我，先生加入的是耶稣会，会律特别地严，不许私有财产，不许在教旨以外发表思想。先生尽捐所有财产，就是为此，而教廷因尊重先生之学识，特准自由发表，故惟先生得刊行其著作，在教会中为异数。

先生极端信仰科学，其科学造诣之精深，当然非一般人所洞晓，而其演说却能激起大众同情，虽妇孺亦能欣赏。我第一次听先生演说，大约在清光绪三十年左右。其时上海南市沪学会敦请先生演说，听者人山人海，我以青年杂在人群中。先生解释"差以毫厘，谬以千里"的真理，他把两手相并，两食指分向左右，举起成三角形，以示大众。他说："你们看我两指，从这里分开两个方向，一直分出去，直到天边，再不能接近拢来了。实则他的出发，就只这一点。诸位要明白呀！'近在眼前，远在天边。'就是这个道理。"台下大鼓掌。先生讲科学，深入显出，大都是这样的。

清末，各省设咨议局，先生和我都当选咨议局议员，从此朝夕一处了。先生在咨议局，发言不是顶多，而所发表的主张，极易得大众同情。因为除了主张的内容以外，先生语言、声音、态度，在任何一点上，都受人欢迎的。当辛亥革命之际，南京未成立政府时，先生似曾一度长民政，其详我不复能记忆了。旋即入北京，任北京大学校长，当过参政院参政。那时候，先生印行一本著作，主张度量衡采法国制。大意以法制长度的单位，为地球子午周围千万分之一，其所根据最合科学原理。当时我读了这本书，对于他的主张，深深地感为正确。今吾国采用万国权度通制，即是接受此项主张。

先生对袁曹当国，极不谓然。其所主张，既非利所能动，亦非势所能屈。居京师既倦，翩然南归，仍在上海徐家汇土山湾，年已过八十了。我乃复得时时访问先生，亲受教益。我语先生："你老人家一肚子哲学科学，能传授的怕不多。至于百年来，亲身经历的史实，先生如肯口授，我愿任纪录之役。"民十七、十八两年，我偕一位深思好学的青年陈乐素，按照商定的期限，前去请教。先生最熟悉而乐道的，为朝鲜掌故。大院君呀，闵妃呀，东学党呀，源源本本，谈得有声有色。先生说："你们不要过誉西方文明，要知一切都是近百年来事。我年轻时到外国去，亲见他们还没有好好医药。生了病，用蚂蝗斜贴在太阳穴里，说百病就会消灭的。还没有笔，用鹅毛管当钢笔用，我就是用鹅毛管写过字的。什么钢笔呀、铅笔呀、自来水笔呀，都是‘后起之秀’哩。”先生于谈话中常常提及“老三”，这就是他的令弟，著《马氏文通》的马建忠，号眉叔。又爱述童年故事，先生系生于清道光十九年，即林则徐在广东焚鸦片之年，于英法联军鸦片之役，最为熟悉。南京订约，英原拟提出种种要求，就是英兵船驶往南京，过镇江时，我发一炮中其桅，英知我未可侮，故帖然就范。而此一炮究系谁发，经多方调查，才知发自镇江城墙。发炮者谁，乃系一理发师，用手中纸吹燃药引，全以游戏出之。此一炮既立大功，乃赠此理发师以都司职，而此人以儿戏发炮，惧肇祸得罪，早逃掉了。先生所讲史事，庄谐杂出，大率类此。详见《人文月刊》先生谈话笔记。

先生居沪之日，“九一八”事变猝发，告我须赶快结合同志救国。虽以八九十高龄，而犹时时为短篇文字发表于报纸，大声疾呼，唤起民众，唤起青年。青年奔走先生之门，亦因此日多一日。先生主张之前进，往往突过青年。试检上海各报所发表谈话，或亲笔写所作文字，影印报端，苟有人汇集成编，遍读一下，先生的思想与其态度，了然可见。

先生生日，我所知为阴历四月八日。既年过九十，沪同人乃为千龄宴，年年移樽先生居所。先生犹起立致词，谆谆以爱国救国、挽救国难责望后辈。餐毕，摄影，同人题诗介寿，率以为常。忆民二十三年，先生手制《满江红》词一阕致意，我当时献诗以湛甘泉九十游南京为喻，不意成为诗谶。到九十七岁时，果游南京，而我献诗中有两句“一岁愿投诗一首，不才准备百篇新。”不意去年先生百岁，我献一首诗，竟成最后的祝寿诗。

当先生九十六岁时我进见，先生方握管为文，语我：“此为《四圣传记》译稿，再半年可译完，从此我无遗憾了。”先生还说：“我译这本书，绝对不苟且。一个名词，须择中国古书原有此名而含义适合者，故下笔非常迟缓，大有严幼陵‘一名之立，旬月踟蹰’之态。”即赴南京，又问，则已脱稿了，但尚拟作一篇序文。隔数月，又往，则出序文稿见示。时先生方带眼镜看书，说：“我老了，要带眼镜了。”我答：“先生，你忘年纪了，您今年九十九岁了。”其时我年六十，为先生所知，手书寿字一幅，上款称“学长兄”，这怎样当得起呢？唯有珍藏起来，他年送到博物馆里去，但恐后人疑我比先生年龄还长哩！

民国六年，中华职业教育社始创。从此年起，凡有会集，先生几没有一次不到。有一年大会，先生出席演说，同时演说者尚有甘肃牛厚泽先生，时人戏呼此会为“牛马大会”。有一年，上海举行不吸纸烟运动，中华职业学校敦请先生演说，极寻常的题目和演词，一出先生之口，人人爱听，一时听客溢座。职教社环龙路社所落成，先生手题“比乐堂”三大字以赠，取义于本社信条“使无业者有业，有业者乐业”，迄今犹在笼纱珍护中。

先生起居有定时、有定位。晚年居徐家汇，卧处隔室设一座小礼拜堂，卧榻左右皆可上下。黎明即起，榻后小门一启，便可扶下登堂行礼，寒暑从不间断。饮食有定质、有定量。日食鸡蛋六枚，鸡汤一杯，面包四小块，从不增减。先生子妇马任我夫人为我言如此。先生女适宝山徐球，号子球，留法，学音乐，亦是我旧交，惜早世。外孙二：罗马、京华。先生孙女玉章，适谢文辉。

先生既赴桂林，我犹谒见三次。去年我携十四龄幼子谒见，先生指此儿问我：“这是你的弟弟么？”我答：“否，是我顶小的儿子。”临别，又呼此儿为我的弟弟。我懂了，在先生眼中看来，六十余岁之我，和这十余岁小儿，有什么分别？每见一次，必详问作战状况，于是大谈日本必败。末一次进见，我戏问：“先生还忆我们当咨议局议员吗？”答：“怎么会不记得呢？议长张季直(謇)，这个状元总算肚子里通通的。”任我夫人接问：“爸爸，状元还有不通的吗？”答：“你还不知，如果通的，还肯到满清去考状元么？就只张季直，虽是状元，还算是通的，他还爱国家，还赞助革命。”是为民二十七年十月二十一日，是为我末次见先生，先生恰一百岁。临别，先生赠我手杖一枝，说：“我现在不要用了，赠给你吧。”迄今思之，这中间包含什么意义呢？我只有惭愧，我只有惨哀，我只有奋勉。

我生平有两大幸事：其一，我曾获于纽约西橘村谒见电学大家爱迭孙先生。既共餐，又共摄影，导我入其化学试验室，谓：“我在世间，绝无他望。只望我死时，能将此室以去。”又其一，则以我后生不学，而获交于先生，承先生对我这样的厚爱，这样的厚望。

二十八年十一月二十五日重庆追悼会之前一日稿

(录自《国讯》1939 年第 220 期)

如何纪念孙中山先生

我们天天对着中山先生遗像，致我们内心发出的敬礼，每周一次乃至几次朗读或默读中山先生遗嘱，我们敬先生之为人，诵先生之遗教，难道就是这样算了吗？我们必须进一步把先生一生很光明，伟大的遗行，身体着，力行着，才是。

⊙孙中山像

先生遗行，载在全书内，已经非常详细了，我是很早加入革命同盟的，在民国十年左右，还得常常奉教于先生，参加学说和政策的讨论，摘取很重要的几点，供大家步趋先生，景行先生时的参考。

第一，先生眼光特别远大，不受环境拘束的，三民主义——民族、民权、民生主义，与其说是根据于本国国家和民族生存的要求，不如说是从全世界大潮流推荡的趋向中，看出吾们今后处境必至的情势，因而认定我国家民族前途必须采取的方针，才提出这三民主义来的。要使中山先生没有这样远大的眼光，那会有这样深切的坚决的认识和主张呢？我们今后对于国是，诚然已经获得了指针，但是如何实施？如何推进？至少也须根据全国的眼光来决定。要使大家只想到个人的利害，只想到一家一族的利害，只想到一个地方，一个集团的利害，不从整个的国家民族着想，这个三民主义定然无法实现。因为所谓民族、民权、民生，皆是以中华全民为范围，而决不是局部的观察所能了解，偏狭的胸襟所能接受的。如何扩大吾们的眼光，来廓清我们今后内有的精神上的障碍，和行动上的纠纷，此点值得注意。

第二，先生是大公无私的。先生常常喜讲《礼记・礼运》篇"大同"节，喜写"天下为公"四大字，吾们试想"使人不独亲其亲，不独子其子"是怎么讲呢？就是说，人各有父母，不独孝敬自己的父母，还要孝敬人家的父母。人各有子女，不独爱护自己的子女，还要爱护人家的子女。吾们再想"货恶其弃于地也，不必藏诸已；力恶其不出于身也，不必为己。"是怎么讲呢？就是说，不种田，不开矿，使得农产在地面上，矿产在地底下，没有能兴发出来，是很可惜的。可是种了田，不一定为自己吃，开了矿，不一定为自己用。所有农产矿产，不必据为自己所有。人们受了大众供养而生活，有一分气力，都得贡献出来，却不该为了自己才用力。试问这种精神，是何等精神呢，还有比这种更光明更伟大的么？中华二千五百年前至圣孔子能见到这里，创造出来，中山先生能秉受下来，能发挥出来，先生一生从来不事生产，他的上海住宅，还是一班海外侨友所集资赠与的，此外当然更一无所有。把这种精神来建立中华民国，而民国官吏中间，还不免有人贪污，民众中间，还不免有人自私自利，说得远些怎么对得起我中华先哲？说得近些，天天供着中山先生遗像，读他的遗教，良心上会不会惭愧？真尊敬中山先生的，是不是该把这种精神接受下来呢？

第三，先生是不断进修的。先生远大的眼光，以及建国大纲、建国方略种种精密周详的条理，固然是根据他的天赋与世界周游所得，也是他平时读书极度勤奋所致。当先生在上海始草《孙文学说》时，数度造谒或被邀到先生的寓庐，但见四壁尽是图书，案头一册一册有秩序的摊列着。粗略地看来，好像是位学者、是位教师、是位著作家，在那里精研博考似的。他的左右，倒说先生是终年这样，他是终身这样的。人们无论怎样聪明，怎样博洽，若果停止了进修，智识就有告穷的一天。世界天天在进化，学说天天在翻新，如果停止了进修，很容易在短时内成为落伍者。越是服务，越要读书。越是担负着责任，越要增进些智识。书不是书呆子占有物，呆子并没有能读书，真读书者决不成呆子。如说我学识够了，可以不读书了，请看中山先生。如说，我事情忙不过，没有时间读书，请看中山先生。信仰中山先生，须读书。宣传中山先生遗教，须提倡读书。还须准备了书，给人们读，尤其是给青年读。

以上三点，当然不能概括中山先生的德业，但就这三点，如果自己承认我是中山先生的信徒，那么请一点一点反省一下。

二十九年三月十二日中山先生逝世纪念日，泸州

（录自《国讯》1940 年第 230 期）

奉悼我师蔡孑民先生

⊙蔡元培夫妇合影

最初启示爱国者吾师，其后提挈革命者吾师。惟师则讲学独倡美感，谓不执现象世界，才能接实体世界，了悟人生。但其愤对暴日猖狂，必争独立，百战宁辞。在国步艰难时，痛失老成，还我中原，祭告无忘他日。

有所不为，吾师之律己。无所不容，吾师之教人。欲人知求真一本自由，溯自长绍兴中学，以至长北京大学，弗渝初旨。晚而主持科学研究，广纳众流，一贯斯道。从德量浑涵中，确标趋向，嗟余小子，心传窃奉终身。

二十九年三月

（录自《东方杂志》1940年第37卷第8号）

吾师蔡孑民先生哀悼辞

⊙蔡元培像

呜呼，吾师逝矣。吾生硕果仅存之吾师，海内一致山斗宗仰之吾师，从此吾与海内学人俱不复能亲教诲矣。

当民国纪元前十二年，我甫从旧式教育界襆被出走，投上海南洋公学考取特班生肄业。开学之日，礼场诸师长中，有衣冠朴雅，仪容整肃而又和蔼可亲者一人，同学走相告，此为总教习，则吾师是也。

师之教吾辈，日常课程为半日读书、半日习英文及算学，间以体操。其读书也，吾师手写修学门类及每一门类应读之书与其读书先后次序。其门类就此时所忆及，为政治、法律、外交、财政、教育、经济、哲学、科学（此类分析特细）、文学、论理、伦理等等。每生自认一门或二门，乃依书目次序向学校图书馆借书，或自购阅读。每日令写札记呈缴，手自批改。隔一二日发下，批语则书于本节之眉。佳者则于本节左下角加一圈，尤佳者双圈。每月命题作文一篇，亦手自批改。每夜招二三生入师朝夕起居之室谈话，或发问，或令自述读书心得，或对时事感想。全班四十二人，计每生隔十来日得聆训话一次。入室则图书满架，吾师长日伏案于其间，无疾言、无愠色、无倦容，皆大悦服。

吾辈之悦服吾师，尤在正课以外，令吾辈依志愿习日本文，吾师自教之。师之言曰："今后学人须具有世界知识，世界日在进化，事物日在发明，学说日新月异。读欧文书价贵，非一般人之力所克胜；日本翻译西书至富，而书价贱，能读日文书则无异于能遍读世界新书。至日语，将来如赴日留学，就习未晚。"令吾辈随习随试译。师又言："今后学人，领导社会，开发群众，须长于言语。"因设小组会习为演说辩论，而师自导之，并示以日文演说学数种令参阅。又以方言非一般人通晓，令习国语。犹忆第一次辩论题为"世界进化，道德随而增进乎抑否乎？"某次课题"试列举春秋战国时爱国事实而加以评论"，自余不复能忆矣。

斯时吾师之教人，其主旨何在乎？盖在启发青年求知欲，使广其吸收，由小己观念进之于国家，而拓之为世界。又以邦本在民，而民犹蒙昧，使青年善自培其开发群众之才，一人自觉，而觉及人人。其所诏示，千言万法，一归之爱国，不惟课文训语有然；观出校后，手创学社曰"爱国学社"，女学曰"爱国女学"：吾师之深心，如山泉有源，随地涌现矣。

全校千百学子所栖息之如云学舍中，辟一隅地，师生于于焉、喁喁焉，若群雏之围绕于其母，共晨夕、共食宿，不二年而轩然大波起。中学某生侮其师，校当局下令斥逐，诸生以被逐者非侮师者，请收成命，则令并逐请者，全级为请，斥全级，全校为请，斥全校。吾师既力争于当局不得，则率退学诸生立学社，事暴于全国，而我相亲相爱之学团随之而星散矣。

是时，小子禀承师旨，就故里立小学。未朞年，以演说谤清廷下狱，既而亡命走日本。稍久，返上海，为学校教师自活，而吾师方图以文字发群聋。东北边警作，吾师创期刊。日俄事警闻，试令写社说，是为我投文新闻界之始。师又创《选报》，取各报菁华，萃为一编，半月辑一卷，语我："此良佳，力省而效宏。"是时居至近，往来至密。民国成立前七年乙巳秋，吾师忽召至其寓庐，郑重而言曰："我国前途至危，君知之矣（师手书见称必以君以兄）。诸强邻虎视于外，清廷鱼烂于内，欲救亡，舍革命无他道。君谓然乎？"则敬答曰："然。"曰："欲革命，须有组织。否则，力不集，事不成。今有会焉，君亦愿加盟乎？"则敬答曰："苟师有命，何敢不从。"期以某日深夜宣誓，出誓文，中有句："建立民国，平均地权，驱除鞑虏，光复中华。”吾师既指“平均地权”句说明其理由，小子率在吾师之前，宣誓加盟焉。其地上海市西昌寿里六十二号，则吾师之寓庐也。

至是，趋吾师之门日益密。一日语我：“救中国，必以学，世界学术，德最尊。吾将求学于德，而先赴青岛习德文言。吾所任同盟会干事，君其代我可乎？”则敬诺。立出秘密文书名单多种，有素未知名者，有熟友而向未知其为同会者，盖其慎也，而吾师则翩然长往矣。临行，嘱关于会务，时时与吾师之弟国亲先生洽。

民国既建，中央政府创立于南京。吾师归，就第一任教育总长职，电招往助。时江苏都督府成立于苏州，吾任教育行政，私意民国教育基础在地方，其职责之重不下于中央，既受任，不宜遽辞。第师命不可违，则赴京面陈此意，荐袁先生希涛以代，而留部数日，为草拟若干种民国临时教育制度而归。吾师之长教部也，重订民国教育宗旨，发表对于教育感想文，略谓：人惟不执着现象世界，才能接触实体世界，从正确之世界观中，获得正确之人生观。未几，又发表以美术代宗教文，主张以美感教育完成道德。盖吾师返自欧洲，方治哲学有得，于人类社会有所认识，以为相争相杀之风尚，多起于现象之执着，惟宗教能使人超脱现象世界，惟美育能代宗教而兴，盖其导人超脱想象之力一也。吾师之名论甫倡而世界大战作，今战祸重开而吾师逝矣。

吾师之长北京大学也，合新旧思潮而兼容之，绝不禁百家腾跃。时吾方倡职业教育于南方，其始颇不为人谅，惟吾师能知我，既共列名发起，复时时为之张目。数度当众演述中华职业教育社创始之艰苦，当时论尤庞杂时，矢石雨集，吾师乃身为之蔽，任评议会主席且十年，有会集必至。我又尝集同志创鸿英图书馆，专搜集史籍与史材，盛获吾师嘉许而乐为之董理焉。近岁病甚，谢一切职，独于兹二事弗辞，以迄于长逝。呜呼！吾将如何加勉以报吾师耶！吾师尝评骘及门诸子，谓小子有学，一从实际获得，吾又将如何加勉以实吾师言邪！

吾师生平风度休休焉，其言悬悬款款焉，独于其所不好者，绝不假词色。其行至方，语至耿直，从不阿合于人。胡先生元倓尝以八字状吾师曰：“有所不为，无所不容。”盖有所不为者，吾师之律己也。无所不容者，吾师之教人也。有所不为，其正也。无所不容，其大也。

吾师无所不容，而独于暴敌之侵略，主抗战至坚决，见于其所为《满江红》词。愿以一言慰吾师地下，苟及吾师门者，当无不以至诚接受吾师遗教，如小子者，曾何敢以吾师之厚我而私哭吾师，只有本吾师言教与身教，自儆惕、自奋励以终吾生、完吾天职，以答吾师之德。

（录自《国讯》1940年第231期）

我和许地山先生仅有的一席话

我是许地山先生生平最晚的一个朋友。

民国三十五年五月五日，我访先生于香港大学中文学院，当然，彼此“神交”多年了。况有吾友吴涵真先生的导引，“一见如旧”是不用说的。

⊙许地山像

坐下来，四壁厢都是图书，忽然闪进吾眼帘里，一本张菊生先生七十龄纪念征文集，中间我有一种小小的作品——《二十五史篇目表》，在一个月以前，重庆复旦大学教授李晋芳先生为教课应用，向我索取，长程的流亡生活行李中那会有这种文件？这时候，我立即将情告诉先生，先生说：“容易，我替你抄一分是了。”

于是首问先生近来有什么作品？答：吾近来研究扶箕，有本稿子，已付商务印书馆印刷，不久可以出版。请你指教！吾说：我对扶箕，颇有实际经验，并且略有些认识，立即把件故事讲给先生听：

在十八九年以前，吾家住上海，有六龄女儿——小素死了。我夫妇悲伤之下，上海商科大学毕业生藏一箕，说很灵验，且随地可扶。有人带到吾家来试扶一下，安慰安慰我的夫人。那天晚上十一点钟时候，便开始扶箕了。在场黄伯樵、王志莘、秦翰才、杨味余和我，轮流来扶，招小素来，箕书："素，素，……"问你几岁？箕书："6，6……"玩了一个黄昏，大家觉得有些奇怪。

第二夜问时局，箕忽风一般的快动。问来者谁？箕书"黄兴"。接下一首五言古诗很长，中间几句，约略记得"袁段曹张刘，个个不到头。建设新中国，自有新人物。"

记得很清楚的，写这一段时，扶者之一人是伯樵，我也曾几次动过手。初上手，箕决不动。须握住了箕，停半点乃至一点钟，觉得有些疲倦了。箕忽自动，打无数圆圈，那时候，好像另一扶者在用力，而另一扶者好像我在用力，其时，到箕大动时，绝对不让任何一人用力。"

到第三夜，我乃提出一个难题，我的父亲前三十年我才十七岁时过去的。在场除我和我的夫人外没有知道他的名字的。试请我父亲临坛，扶者好像是翰才、味余或是志莘，当然都不会知道我父亲名字的了。到箕大动时，问来者名字，箕书"燡"（先写"澤"，"澤"……后乃写"燡"）"林"，经我证明不误后，全场大大称奇，以后问答，却无甚意义。

后此，和我的夫人商决，吾家不再扶箕了。就怕以后一般家人麻醉起来，妨害正常工作，或竟惹出无意义的是非来，从此，吾家再没有扶过一回。

可是我却得到一种认识，大抵在场的只须有一人或数人把他的或他们的精神集中起来，定会传递到扶者的脑海里，发生相当的反应。可惜我还没换一方式试验，譬如叩吾父亲的名字，我和我的夫人先走开了，看能不能写出，论理怕是不会写的。

我把这一段故事叙述给先生听——先生说：

是的。我写那本书正式说明这些道理。他楞了一楞，说：可惜此时还来不及出版。接下去，他便像流水一般的说了一段话，就是后来先生所著扶箕迷信的研究，中间扼要的话，我现在抄录在下边：

"动是心灵能力活动的现象。心灵能力可使人类的感觉五官与运用筋肉所不能感到与不能做到底感得到、做得到。""心灵能力可以分为灵感与灵动两个现象，灵感是心理的，灵动是物理的。"（以上原书九一页）

"扶箕是观念力与灵感活动底现象，有感当然有应，感应底表现就是箕示。

这观念力与灵感，多半是从在坛场参与扶箕请仙底人发出底。一二人扶着箕，十几二十人底观念力或思想力集中在扶箕者的身上，使他们不自觉地在沙盘上写字。说起来，所写出底离不开在场诸人底观念意志与知识程度。如扶箕者必得会写字，不会写，也得曾见过人写，才成。否则虽受灵感也写不来。作画也是如此，没有绘画经验或未见过他人绘画底，也绝不会作画，这是画坛比书坛少底原因。这现象，凡扶过箕的明白人都感觉到。”（原书九二页）

“灵感的理论，是说意识激起观念时，吾人的脑细胞随起物质的崩坏，因而起以太波作用而传播于周围。这时底以太波可以离语言文字动作等，直接透入他人底头盖骨，将发动者观念传达到他的脑中枢神经里。这灵感是不须等待神经末梢底传达底感觉。所以发动者底知识高，感受者也随着高。反之，也随着低下。”（九三页）

以上都是先生书中的话，我还想补充几句：

所谓在坛场参与者的观念力，多半是从下意识，或者可以说就是从八识中间的第七、第八识发出来的，所以本人并不会感觉到。

那天，两人畅谈，一看时计，已快到中午一点钟了，立即辞出，吾闻先生读书或谈话到高兴时候，往往连喫饭都会忘掉的。

隔几天，先生来答访，不遇，留下《二十五史篇目表》钞本。

又隔几天，我回重庆去了。

不到三个月，从报端惊悉先生长逝。

我主张凡人所有知识和经验，须尽量留给后人，才得平安地离开世界，否则带了一肚子东西走了，简直比江湖医生只肯把秘方传给他的女儿，更要不得。先生的死，据说前一小时还在和小孩子顽哩！自己和别人都那里能料到一会儿会死，先生一肚子学问带到地下去，是多么可惜！就是这一些算是他最后的贡献。

我敬先生，我悼先生，深幸我和先生间还保留这一席话，深惜我和先生间仅仅保留这一席话。

（录自《抗战以来》，又见《国讯》1942 年第 297 期）

呜呼农盦先生

当我十三四岁，乡居业八股，得一文，题曰《始我于人也》，清空一气，深慕作者之为人。或曰："此上海姚先生文枬所作。"顾我未之识也。

稍长，来上海，省锡三先叔祖晋及馨谷先叔肇兰父子于龙门书院，以院外生应月试，则见有衣冠领导诸生，面皙如玉者，曰"此沈先生恩孚也。"一人貌古朴，神气恬静而镇定，曰"此即姚先生也。"顾未获一承教。

岁癸卯，余因南汇党狱亡命，诸父老公牍省大吏，为余剖雪。牍首秦炳如太夫子荣光，次即先生，时虽数度相见，而未深交也。

自乙巳、丙午后，参与地方学务，始数数与先生接。宣统元年己酉，先生与余同被选为江苏谘议局议员，既复同被选为常驻议员；由是寓同庐，议同席，朝夕同进退，同议论今古，暇日同游山水。余既非先生不亲，而先生亦几非余不乐焉。

先生善饮，余亦当饮不让。饮既酣，先生弥寡言，弥善笑，斯为吾两人忘年最乐之时。余与先生皆非善骑者，然白门、吴下，不少两人马迹焉。当其并辔郊游，一鞭残照，先生据鞍危坐，一种端肃稳重气象，迄今犹深印余脑海中。

先生议席殊少发言，然于民生国计之大，时复蹶然起与众争，绝不少假借。设审查会，学务往往属余，财政必属先生。迨审查预算，则余两人从未避免。犹忆初度交议预算，行政官不善编制，紊乱至极度，先生挈余穷数日夜之力，始整理就序，为后来历届预算范式焉。

赋税为先生专长之一，建议最多。其文原原本本，叙事必详，析理必精。一望而知为先生手笔。大抵关于财政问题，全会同人莫不咨先生以行。故虽不多发言，而贡献之大，过于议坛健将。

辛亥革命发难，先生立去发辫，成七律四首示余，似曾钞副，惜已佚去。

洎入民国，先生当选为众议院议员。一日，归自北京，余方偕同志倡设中华职业教育社，先生大赞许，举囊中余资悉捐入社。

癸丑之秋，先生过黑水洋，成古风一首。先生故深研天文，且于此诗见先生遇事主孟晋，胸次光明而阔大。

癸丑秋黑水洋舟次作

俯眠惟见海，仰眠惟见天。天何有？有一日。海何有？有一船。船向南行，方针折旋。日向西行，轨道周旋。周规折钜纯自然，天无纤翳海无边，清共一碧相新鲜。我愿世事积极进行皆如日与船，我愿人心光明坦荡皆如海与天。

一日，与先生同车返上海，于先生行箧中见《郑板桥五种》，题墨燦然，余爱之甚，请留为纪念。先生立以见赐，题墨如下：

乙卯人日，购此册于江宁状元境。翌日，携以渡江，登浦口大安酒楼，且饮且读。忽举目见壁间所挂联语，皆嵌“大安”二字，语多陋劣，因口占曰：“大江前横，一衣带斗。安石不出，如苍生何？”索笔欲书诸其壁，适生客至，不欲骇俗，故记于此。笔小墨少，本不堪题壁也。农奮

农奮，先生别号，此书迄今犹在余珍藏中，时则民国四年也。

五年，袁世凯称帝，诸同志日夕密议所以反抗之者，顾无兵，乃议就有兵者游说。时副总统冯国璋方拥重兵督江苏，举足为天下轻重。众推余往见，但须得一老成者偕，合坐有难色，先生慨然偕行。既见，具陈所以，冯动容谢曰：“二先生言，余敬识之，顾非心之谓，乃力之谓，二先生言，余敬识之矣。”

先生一生正直强毅，不为利回，不为威惕，非可更仆数，而莫著于民国十二年国会拒贿南还一事，惜余未能详述也。今者私谥先生“恭靖”，非不当，只觉先生美德，有余于此二字者。

民国十五年，先生年七十矣。余取《洪范》“正直康彊”四字，写以为寿。先生

悬之斋壁，虽迁居不辍。意者先生许为知言乎？先生积寿仪千金，捐入中华职业学校，设免费学额。莘莘学子，铭先生嘉惠，以迄于今。

比岁，先生病废，事过全忘。顾风采如故，谈笑如故。殁前兼旬，余往视，时方迁入文孙兆里所营新居。先生犹语余：此间有余屋，盍来同居？赁金虽不能免，然可减。杂以谐谈，相与一笑。乌知此会遂成永诀耶？

先生既殁，哀感之余，惘惘如有所失。思为联语以括先生一生与吾两人交谊，联成如下，然未尽百一也：

名场表恬淡，遇事独勇往无前。试翻申浦文明，自书院而学堂，下及慈善河渠诸役，规设新猷，咸推祭酒。至舆评崇拜，尤重在入都议政，却贿还乡，此举最关风气，卓越时流。一老作长城，书称正直康彊，堪为公寿。

尘海契忘年，相见必庄谐杂出。苦忆丁桥省会，实先生与小子，旁惟剑华瑾怀几辈，钩稽预算，每尽深更。即病榻淹留，犹语以分屋同居，减租优待，数言遂隔人天，永悬纪念。万方尚多难，哀动亲疏遐迩，忍哭其私。

民国二十三年三月十七日，追悼会前一夕

（录自《人文》1934 年第 5 卷第 3 期，原注：剑华，金君咏榴字。瑾怀，于君定一字。）

穆藕初先生之为人答客问

承问穆藕初先生生平行事，我与藕初先生从二十岁左右订交，迄今四十余年，先生或出或处，一切事功我无一不参与，今未暇详叙，仅就先生为人特异者若干点略述如下：

先生一生事业，盖无一不恃自身力量苦干猛进而成。早年学习商业，若非立志上进，入夜馆苦读英文，终其身不过一商人而已。其后考入海关，同时入沪南体育会，习体操，为队长。海关关员终身职，若无远志，则终其身为关员，未尝不可循序上进，但先生志趣高远，因投身社会，声誉卓著之故，被聘为最著名师范学校之学监，又被聘为惟一民营铁路(即后来沪杭路)公司铁路警务长，而先生犹以为未足，承其夫人卖却首饰，赠充学费，遂赴美留学。时先生年事已长，在留美学界，被称为三老中之一老，终以苦学获得学位以归。归未久而欧战了，中国幼稚期之纺织工业，接受至急迫之时代要求，而大动企业家之兴趣，先生即由农而□入纺织，出其苦心毅力，研究机械图样，研究工场管理，而亲身执役，为同时侪辈所望风莫及，其时先与乃兄恕再先生合创德大纺织厂，继乃受若干企业家之□约，陆续创建，最后乃手创规模更大之豫丰纱厂于郑州。其时先生乃如苏季子之身佩六国相印，卓然为纺织工业专家，而先生进取之心未已，复手创上海纱布交易所、中华劝工银行，同时仍经营棉种试验场，其物由棉而纱而布，其事由农而工而商而金融，其地由海疆而中州，行将进规西北，苟无战事之梗阻，与年寿为之制限，直不知其事业之所□止。至先生之服官从政，实非其志趣所在，此则非□先生较深者不能知也。抗战既作，先生自上海冒绝大艰险以来后方，与余获与朝夕相处，对战后复兴纺织工业，抱有完密而伟大之计划，专待战事结束，立即发动。至现时服务□农产促进会与农本局，诚亦□于赤心为□效忠抗战之热忱，然先生以专家专业之立场，为效忠建国计，自□他日贡献，尚须有大于此者，而不意一病不起。读"出师未捷身先死，长使英雄泪满襟"之句，先生其有遗恨矣。先生猛进之精神随处表现，其修学美国意利诺大学也，于实习农事特勤，喂□豆，钉马蹄，无不身亲其役。余以一九一五年游意利诺，先生离校既二年矣，同学犹盛道先生以老学生而学勤乃若此。中年忽爱好昆曲，师事昆曲名家，收藏□□多种，朝夕习奏，既卓然成家，乃以起衰救□自任，捐资立社传习，至今昆曲界犹多先生门弟子。先生且袍笏登场，播为一时佳话矣。公余亦尝蓄金鱼，则搜集关于金鱼书籍，穷其种类，究其蓄养之方，游其庭园，鱼缸以百数，莫不叹观止。最近数年，乃学为诗，遍读名家诗集，模拟推敲，遇友好之能诗者，虚心求益，以其流亡入蜀，与少陵、放翁身世相类，乃仿为两家诗，先近体，后古风，进步之猛可惊也。余曾戏语先生，君之多能，由于君之多欲，而其有触必入，有入必深，苟非限于天年，其所穷治，殆无不可以名家者。当先生事业最发皇，经济最宽裕时，对社会事业，未尝滥施资助，而独被发见为意义远大，虽未□效绩，或并未为时人见重，先生辄奋全力为之倡，如是者不可以数计。我国尝两度公推国民代表赴欧美，其一华盛顿会议，又其一则为庚子赔款退还运动，而皆有所成就以归。此类事先生每乐助其成，虽斥巨资，非所惜□。好扶助青年修学成材，受惠者更仆难数，又尝斥巨资选送北京大学高材生出国留学，今学成以归，负重望于朝野者若干人。先生从未暴其事于人前，而人亦不尽知水源之所自，真所谓公子有德于人，愿公子忘之矣。余交先生深且久，承问，聊举一二以告，实未足当其美行之什一也，追悼会之日，成诗一首，录如下：

琐尾相携忍息肩，一生一死两苍颠。
将身自致青云远，有德能忘浊世贤。
合坐笙歌常醉客，万家衣被不知年。
巴窗凄雨弥留夕，捷报遥闻尚莞然。

（录自《国讯》1943 年第 349 期）

追忆穆藕初先生

我与藕初先生从二十岁左右订交，迄今四十余年，先生或出或处一切事功，我几无一不参与，今未暇详叙，仅就先生为人特异者若干点略述如下：先生一生事业，盖无不恃自身力量苦干猛进而成。壮年学习商业，若非立志上进，入夜馆苦读英文，终其身不过一商人而已。其后考入海关，

⊙穆藕初像

同时入沪南体育会，习体操，为队长。海关关员终身职，若无远志，则终其身为关员，未尝不可循序上进。但先生志趣高远，因投身社会，声誉卓著之故，被聘为最著名师范学校之学监，又被聘为惟一民营铁路(即后来京沪沪杭路)公司铁路警务长。而先生犹以为未足，承其夫人卖却首饰，赠充学费，遂赴美留学。时先生年事已长，在留美学界，被称为三老中之一老，终以苦学获得学位以归，然并未专习纺织也。归未久而欧战了，中国幼稚期之棉纺织工业，接受急迫之时代要求而大动企业家之兴趣，先生则遂由农而转入纺织。出其苦心毅力，研究机械图样，研究工场管理，而亲身执役，为同时侪辈所望尘莫及。其时先生与乃兄恕再先生合创德大纺织厂，继乃受若干企业

家之聘约，陆续创建，最后乃手创规模更大之豫丰纺织厂于郑州。其时先生乃如苏季子之身佩六国相印，卓然为纺织工业专家。而先生进取之心未已，复手创上海纱布交易所、中华劝工银行，同时仍经营棉种试验场。其物由棉而纱而布，其事由农而工而商而金融，其地由海疆而中州，行将进规西北。苟无战事为之梗阻与年寿为之制限，直不知其事业之所底止。至先生之服官从政，实非其志趣所在，此则非识先生较深者不能知也。抗战既作，先生自上海冒绝大艰险以来后方，与余朝夕相处，对战后复兴纺织工业，抱有完密而伟大之计划，专待战事结束，立即发动。至现时服务于农产促进委员会与农本局，诚亦发于赤心为国、效忠抗战之热忱；然先生认为以其专家专业之立场，为效忠建国计，他日贡献，尚须有大于此者，而不意一病不起，读“出师未捷身先死，长使英雄泪满襟”之句，先生其有遗憾矣。先生一度督修吴淞口抵松江间海塘工程，恃其致力之勤，工坚而费转省。其猛进之精神，随处表现。其修学美国意利诺大学也，于实习农事特勤：喂刍豆，钉马蹄，无不身亲其役。余一九一五年游意利诺，先生离校既二年矣，同学犹盛道先生以老学生而习勤乃若此。中年忽爱好昆曲，师事昆曲名家，收藏曲谱多种，朝夕习奏，既卓然成家，乃以起衰救敝自任，捐资立社传习，至今昆曲界犹多先生门弟子。先生且袍笏登场，播为一时佳话矣。公余，亦尝蓄金鱼，则搜集关于金鱼书籍，穷其种类，究其蓄养之方，游其庭园，鱼缆以百数，莫不叹观止。最近数年，乃学为诗。遍读名家诗集，模拟推敲。遇友好之能诗者，虚心求益。以其流亡入蜀，与少陵、放翁身世相类，乃仿为两近家诗，先近体，后古风，进步之猛可惊也。余尝戏语先生：“君之多能，由于君之多欲。”而其有触必入，有入必深，苟非限于天年，其所穷治，殆无一不可以名家者。当先生事业最发皇、经济最宽裕时，对社会事业未尝滥施资助，而独被发见为意义远大，虽未著效绩，或并未为时人见重，先生辄奋全力为之倡，如是者不可以数计。我国尝两度公推国民代表赴欧美：其一华盛顿会议，又其一则为庚子赔款退还运动，而皆有所成就以归。此类事先生每乐助其成，斥巨资非所惜也。又尝斥巨资选送北京大学高材生出国留学，今学成以归，负重望于朝野者若干人。先生从不暴其事于人前，而人亦不尽知水源之所自，真所谓“公子有德于人，愿公子忘之矣。”余交先生深且久，聊举一二，未足当其美行之什一也。追悼会之日，成诗一首，录如下：

琐尾相携忍息肩，一生一死两苍颠。
将身自致青云远，有德能忘浊世贤。

合坐笙歌常醉客，万家衣被不知年。
巴窗凄雨弥留际，捷报遥闻尚莞然。

（录自《农业推广通讯》1943 年第 5 卷第 11 期）

美弗兰克林罗斯福总统悼词

⊙罗斯福像

公乎！

天似为扶植民主、拥护自由、保卫正义而生公，被选总统，再任、三任、四任，以迄于空前的世界大战之濒于结束。

此空前的世界大战、不是公，谁能创造打破大历史纪录的军火租借法案，藉以强大统一同盟国家作战阵线？不是公，谁能认识一般人不尽能认识的苏联国家，而开诚合作？不是公，从《大西洋宪章》到克里米亚会议宣言，谁能领导发挥伟大精神，奠下世界和平础石，虽弱小国家绝不予以歧视？今者，法西斯力量还未全部摧毁，世界和平组织还未完成，而公长往矣。

如何澈底消灭暴力？如何确实建立合理的和平机构？不惑于小的、私的、一时的利害，而务求世界不致有更惨酷的战祸发生？此不是今当局诸公，乃至吾人每一个后死者共同负荷的职责，而是谁的职责？

卅四、四、廿五

（录自《国讯》1945 年第 390 期）

哭两位青年导师

⊙刘湛恩像

我社战后复员，算一切渐有头绪了。我在这里，常常想念着两位对青年贡献很多，但今后无法再见面了。

一位是刘湛恩博士，他对职业指导有特殊的研究和兴趣，很早帮助本社成立了这部份的工作，使得本社对青年朋友展开了最实际而广遍的贡献，他后来担任沪江大学校长，还是分余力来帮助本社继续努力。料不到日寇陷上海以后，他老是在上海国际间做有力的宣传，终于廿七年四月七日给敌人暗杀丧命。

⊙黄齐生像

一位是黄齐生先生，在徐公桥，在沪郊区，先后主持农教，培养出不少好青年。大概先生所到地方，不但是直接听讲的学生，连乡村老少男女，没有不受到他教育的影响。他的知识特别丰富，思想特别深刻，从他满腔的热情发出来的议论，真是“气盛宣言”，使听者自然而然地感动。他的耐劳耐苦倔强高亢的精神和他言论配合起来，简直使人不能不五体投地。不料今年四月八日乘机从重庆飞延安，中途失事，人机俱毁。

两先生，战前贡献已不少了，战后复兴中国，所仰仗两先生的，更何等重要。两先生的死，岂但是我社的损失，无论对先生识与不识，凡是青年，同声一哭。

民纪三十五年八月

（录自《社讯》1946 年第 31 期）

新闻界之释迦牟尼
——俞颂华先生

⊙俞颂华像

突然闻本刊——《国讯》主编人之一俞颂华先生在苏州逝世，一时间惊愕、悲痛，不可名言。

先生为我二十年老友，十五年前，共事于申报馆，其后先生去香港、去南洋办报，通讯未尝有间。对日抗战初，则先生寓重庆南温泉，我去郊外写文，先生则以卧室让我。既而先生去衡阳，民卅年后来渝。先生体素弱，至是尫瘦益甚，同寓张家花园职教社屋，先生居比乐堂东偏，吾居菁园二楼，衡宇相望。先生伛偻，手大杖，每闻“得得”声，则先生至矣。战事有变化，国际有消息，必约谈，冷御秋、杨卫玉、孙起孟、沈肃文，皆张园寓公。危垭斜坡土屋中，抵掌天下事，极友生之乐，而一发之于《国讯》。战后东归，天各一方矣，然通讯而外，隔数月犹一相见，见必纵谈时事，先生故多病，初不意倏然长逝如此其速也。

先生以新闻事业为惟一终身职志，熟于国际掌故，富于爱国心与正义感，评论时政得失，一本其严气正性，不少假借，而出以至诚，故当局不以为忤。亦犹先生之对后进，苟审其行为过当，面斥之，不少假借，而出以至诚，人无不感服之也。

“人生为一大事而来”，既认定某大事，便须忠于其事，专于其事，将一生精力日力尽献于其事。先生者，其新闻界之释迦牟尼乎。

先生于国事、于世界事，向主乐观，以为事态的演变，绕了若干大圈，结果总是前进，只是牺牲太大为可悲耳。先生时时鼓励吾人以大公至正的立场，代表人民，参与政治。抗战中期以后，凡我所有行动，经过友人之督导者为多，先生盖督导我者之一也。清晨或深夜，“得得”声忽来室外，则先生至矣，谓某事君应如何处理，某问题君应如何主张，其意极坚决，谓不如此，绝对不行，然吾人前后意见从未乖忤，则真极友生之乐矣。先生自己则绝对不愿参与政治，愿以大公至正的立场，代表人民，评论政治，惟愿评论政治，故不参与政治。

先生往矣，先生真新闻界之释迦牟尼也。

（录自《国讯》1947 年第 436 期）

穆藕初追悼会祭文

维中华民国三十有六年，对日抗战胜利之第三年七月六日，同人乃始斟酒献花，致祭于穆君藕初之灵曰：

自古皆有死。死，人之所不能逃。维君学为国用，义薄云高，有功在民，有策在朝，宁待盖棺而定论，夫亦足以自豪！翳君之先，崛兴海壖，门闾之大，有兄实贤。惟君以兰玉之姿，乃不阶乎尺土，敝屣科名，绝足庠序，能自得师，曾不辞其功苦。郁郁风云，归商细君，既撒环以相助，遂新大陆之问津。不鸣则已，一鸣惊人。美利坚之北疆，意里诺之大庠，有为神农之言者，朝夕苦学以为常。或剪影以远寄，盖身袯襫而稻粱。当君之未出国也，亦既登龙门而友莘莘，道沪杭而剪荆榛，怵世象之日新，笑余子之纷纷。欧战忽起，海舶不至。邻之薄，我之利，何以暖体曰衣，何以成衣曰棉？本君家之世业，更三载之精研，以培以植，以纺以织，谁著鞭先，君其有焉。其归国也，上自金张之亲、桑孔之臣，下逮陶朱、白圭、猗顿之伦，凡欲富国、欲润其身，莫不长跽请教于君之门。君乃出图经，集材佐，司纺者奔而右，司织者奔而左。精若纤维，繁若财货，指挥咸定，名声益播。人人奉为大师，家家延之上座，集六国印于一身，虽苏季子不是过。颂言满堂，黄金满筐，而君萧然，不以自享，恣出其财，以成人才。念幼年之未尝入学，乃学舍之宏开，念国外求学之有得，乃助人出国以成材。几辈通儒，一时权要，倘饮水而思源，忆成人之有造。公子有德，曾不忘报。或以问君，报之一笑。退食之余，开怀自娱。笼中黄头，盆里金鱼，北海杯盘兮吾友，后堂丝竹兮吾徒。方玉笏登场以作戏，忽蒲轮聘帛以真除。盖当局以君为才且贤也，将责之通商而惠工，而以君之未尝从政也，先试之次席而从容，从此以身许国，壹志从公矣。暴日外逼，中枢内迁，君乃病辞，退休在先，大义所迫，力疾从焉。敌焰熏天，国危累卵。始粤汉二城之不守，继西南两路之中断。斯时民气，郁而欲散，维君奋臂大呼，谓中华获天佑，必不终亡，暴日遭天谴，必不可逭。方欲下尽刍荛，上宽下盱，七七之机翻新，纤维之手增产，奋耿耿之孤忠，作复兴之翊赞。天乎不吊，倏焉捐馆，盖下逮顽敌之投降，不足二岁耳。今者外患粗平，内战方恶，悲吾民之何辜，怅斯人之不作。念国家需才之殷繁，恨天地生才之寥落！

君之来兮权奇，君之去兮寂寞。同人或相从患难，或忝托亲知。对遗容而迸泪，忆谈笑于平时。综君生平，并世盖稀。造化无言，死生有期，为君一恸，与天下共之。呜呼哀哉，尚飨！

（录自《穆藕初年谱长编》“谱后 1947 年”）

光明伟大的同情与自由
——纪念步惠廉先生

耶稣基督一生以爱人救人为立教主旨。一千九百四十八年以来，信徒遍全球，传教师亦遍全球，类能发挥爱人救人之教旨，然能以事实表现者，尚不多见。

去今四十五年以前，满清政治腐败，外患纷来，一般热诚爱国青年，正在苦闷呼号中，江苏省南汇县各地开会演说，评论国事。有人密告知县，县境新场镇诸青年演说毁谤皇太后皇上，知县立捕青年四人，电禀督抚请示，同时张贴六言告示，有“照得革命一党，本县已有拿获，起获军火无数”等语。江苏巡抚电令解府讯办，两江总督电令就地正法，乃以命令两歧，再电请示。既而督抚就地正法之最后电令至，时为清光绪二十九年六月二十六日午十二时三刻。

⊙步惠廉像

但，此四青年先于同午十二时一刻，得意外的援救，保释出外了。

此救星从何来呢？上海三马路慕尔堂一位总牧师，得新场镇教堂牧师报告，知有四青年被逮情事，预测将受极刑，意欲援救，问计于老律师佑尼干。佑摇头，再问，佑答："我和你是美国人，须请美领事办文。美领事文到上海道署，道详督抚，督抚准许，亦须行道转府转县，此四青年头颅早被砍下矣，还及救么？"此总牧师大发同情心，老是不忍，坚求设法。佑说："只有一法，立刻雇小轮亲赴南汇县，要求保释。只须释出，便有办法。"时已二十五日下午，急雇轮星夜前往，至南汇已二十六日清晨。立谒知县，知县吸鸦片，不能早起，但闻洋人至，不敢不立起身出见，因生平未见过洋人，战慄握谈。总牧师偕华籍三牧师坚决要求保释四青年，自晨至午，剧烈辩论不休。知县烟瘾大发，实不能支，自知事已弄僵，此四青年不交与，洋人不肯去，万一酿成教案，更不得了，只得请总牧师具随传随到切结，并要求加盖指模以难之。总牧师对任何要挟，一一答允。

不到一小时，就地正法之电令到。囚禁中的青年，早戴著头颅去上海，不久，去日本了。

此千回百折、不顾一切、爱人救人的总牧师，是谁？就是一个月前即一九四七年十二月二十日在美国乔其州麦根城归天，享寿八十四高龄的步惠廉先生。此四青年为谁？就是顾次英（冰一），张志鹤（伯初），张尚思（心九），其中为首的，就是七十一龄之我。

此四十五年来，有生一日，不是先生坚决到任何阻力所不能阻的救人信念之赐，而谁之赐呢？

先生自幼立志，献身传布基督教旨。一八八七年来华，创立松江教会，建堂传教，其后由松而沪，复由沪而松。民国三年，创松江圣经学校，后隶东吴大学，旋正名为惠廉圣经学院，至民十二而乐恩堂成。对于教育，先设义务学校教贫民子弟，后设英文学塾，继加扩充，定名乐恩学堂，曾一度改名东吴大学附属第五中学。对贫苦儿童，与杨了公先生等创设松江孤贫儿院，孤儿受教后，有进修至大学毕业者。民十三，松江遭兵灾，民众惊惶万状。先生偕陆规亮先生、戴仰钦牧师等冒绝大艰险，抢救妇婴，安排食宿，加以保护，振济及于四乡，松人爱戴之若慈母。

不意民十六，暴徒盲目排外，对先生极尽侮辱，常人所不能堪者，先生一笑置之。其爱护松江，乐为服务，绝不改其常度。

太平洋战事爆发，先生为暴日幽禁集中营，备尝苦虐。回国后，犹时时悬念松江，爱恋中华。先生有子在华服务，未知父病，用无线电向父致耶诞祝词。先生病已弥留，犹就榻答话，谆谆告其子："你必须爱护中华。"

异国人犹爱护我中华如此，我中华国民，对我中华将何如？

尤有一点，不能不于纪念先生时，郑重提及：当时四青年既脱于难，或建议先生乘机劝四青年加入基督教。先生正色曰："信仰应听人自由。基督教爱人救人，岂可有所挟者？"

我敬仰先生之仁慈与勇敢，我尤感佩先生同情心之光明伟大。

今日者，我哭先生，我哭自由。

（录自《国讯》1948 年第 447 期）

你们都已经太晚了
——悼圣雄甘地

⊙甘地像

甘地先生死了，不死于六次被捕，不死于十五次绝食，而死于暗杀，不被杀于他人之手，而被杀于同种同教的暴徒之手。

甘地先生一生爱他的民族，进而爱全人类，他所悬的目的，是反战争、求和平，以取得印度独立，而即在最后一次绝食，求印回两族和平才获得成功的时候，被杀于反对和平者的魔手里，一九四八年一月三十日下午五时以后的新德里，从那时候起的全地球，竟不知还成什么世界！

全世界如还有反战争、求和平的人们，应该大家同声地报以一场痛哭，光是痛哭，有什么用？大家站起来，站起来干什么？要行动，要以行动救人类。

我替甘地先生庆幸了，甘地先生还能活到七十八高龄，如果生在世界上有等国家，像他这样一生斗争反抗，老早给有刀在手的权威当局杀死，不是明杀，也就是暗杀。

世界上有等国家，切勿误认为没有产生甘地先生，感觉惭愧。

但是甘地先生成功了，他临死留下一句话："你已经是太晚了。"就是告诉反对和平的狂魔们，和平的种子已经深深地下了土了，总有一天会发荣滋长起来。

岂但甘地先生这样说，我愿意同样地告诉一般爱好战争、爱好制造战争、蔑视人类生命的狂魔们："你们都已经太晚了。"总有一天会向你清算。

甘地先生是不会死的，和平是会永生的。我所为人类痛哭，就是自从经过了你们狂魔的手，从现在到最后和平，不知又须牺牲多多少少人类宝贵的生命。

我还是希望甘地先生之死，不致影响于印回最近感于甘地末次绝食而停止战争的现局，我更希望不因甘地先生之死，而动摇到英国工党解放印度的政策，请看印度的英人正在咒骂着老头子艾德礼的胡涂哩。

（录自《国讯》1948年第449期）

聂云台悼词

⊙聂云台像

云台先生品性纯厚，践履坚实，早年醉心科学，手管纺织工厂，热心社会福利事业，举其一二：闻新出有效药品，则宣传施送；精米有妨卫生，则特设糙米商店，廉价出售以为之补；提拔不少优秀青年，助之成学，今都为专家了。认社会必须改造，崇拜托尔斯泰学说，径与通讯得复，自题所居曰“托庐”，同时信仰宗教。从1915年至1930年间，发挥高度爱国热诚，做了不少有益于国家、于人民的工作，而不尽为人知道。未老病废，卧床二十多年，还写了不少关于医药卫生著作。1953年12月12日长逝。

先生虽于新国家不及有所贡献——殁前四十天还向我这样表示——应认为已经尽了一时期一部分的历史任务，值得人们敬仰的了。

（录自《黄炎培日记》第12卷1953年12月19日）

中国人民脑海中留着这样一个可爱可敬的孙中山遗影

我第一次见孙中山先生，是在上海张园，我参加在群众中听先生演说。年月已记不起，但先生支着一条手杖，雄伟的气概，我脑海里至今没有模糊。

我是中山先生领导的中国同盟会会员。1905 年冬天在上海正式宣读誓词——驱除鞑虏，恢复中华，建立民国，平均地权——而入会的。在这以前，若干革命团体是带地方性的，同盟会是全国性的了，全名是“中国革命同盟会”。当时为了避免刺目，便于秘密，一般称“同盟会”。我入会后担任的是上海干事，掌握大批党员名单暗号、电报密码，并负责党员过上海秘密招待接送事务，在这中间认识了一些新朋友，廖仲恺就是这时候结识的一人。但1906 年中山先生过上海，通过租界法国人秘密招我去吴淞口外大轮船上接谈，不料发生故障，竟不获见。

辛亥革命工作，我是参加的，但只参加江苏和上海地方性的革命工作。那时我结合了一大群热心革命的青壮年同志，每晚在上海望平街时报馆——最进步的报纸——小楼名“息楼”相聚；又常集中南阳路赵竹君家互报消息，策划工作。但这一大群人中，同盟会员只有我和陈陶遗两人。武昌起义消息到上海，各省先后响应独立，望平街是报馆集中地，家家玻璃窗外张贴电报，每夜群众挤得满满，都是探听消息。一个捷报到来，鼓掌狂欢；一电失败，群众疑这家报馆受清廷指使，诬胜为败，门窗立被捣碎。报馆再不敢报告失败，全国一片独立声，清廷震骇。九月（阴历）十三日上海闸北商团起义，全市白旗，沪军都督府成立。十五日我受苏州、常州、松江、镇江、太仓五地公推去苏州劝苏省巡抚程德全起义。程德全先已分电思想比较先进的几省督抚联名请清帝退位，我到苏则已全城白旗，即公推程德全为都督，我留苏办事，那时南京还给清军据守，程德全结合各省军队收复下来，移镇南京，军心民心一振，但党内部发生严重纠纷，同盟会组合的一单位领导人陶成章被沪军都督陈其美派蒋介石暗杀了。十一月四日中山先生归国抵上海，十一日南京临时参议院举先生为中华民国临时的大总统，十三日就职，改那天为中华民国元年一月一日。二月十二日清帝溥仪退位，十三日先生向临时参议院辞大总统职，袁世凯继任。

民国成立，同盟会被改组为国民党了，我没有参加。

1913年二次革命失败，我不久亦辞江苏省教育司司长职。

叛国的袁世凯不久死了。政海波涛，经过多次的翻腾，中山先生回上海了，1920年招我去，出示亲笔初稿《行易知难说》——后来定名"孙文学说"——征求意见，我答：向来读旧书只知"知之匪艰，行之惟艰"，今建立起新义来，让我细读一下。就留我和先生、夫人午餐，后来还承先生以初版本题款见赠。

1922年先生有一次见招，那时陈炯明叛变，先生脱险回上海，问我对今后进行有何意见？我答：先生原有周游全国的计划，也已经走过若干地区。今后继续进行，使全国民众都站起来，能更普遍地更亲切地接受先生正确的领导，任何叛徒，只有自取灭亡。先生答：问题在帝国主义侵略，敌人一步一步紧逼，不容许我们从容准备。又很亲密地留我和先生、夫人共晚餐。

那时我已经过很长时间在上海申报馆服务，承先生为我负责编辑的申报纪念册《最近之50年》作了一篇大文章——《中国之革命》。

那时全世界受到1917年十月社会主义革命影响，1921年列宁派马丁来东方求友，在北京见到了李大钊，李大钊介绍马丁去南方见中山先生，彼此谈得亲洽，马丁建议两事：(1)建党；(2)建军。先生要求苏联协助，后来苏联派越飞、鲍罗庭两人先后来，一助建党，一助建军。

就在1923年先生发表中国国民党改组宣言，确立了联俄、联共、扶助农工三大政策。

不幸1925年先生逝世，遗嘱："……必须唤起民众，及联合世界上以平等待我之民族共同奋斗……”最后还呼着：“和平、奋斗、救中国。”

一切、一切还不够我们后起者永远地深刻纪念么！

还愿附带一提：1906 年 1 月同盟会机关报——《民报》第二号介绍了马克思、恩格斯的生平，还介绍了《共产党宣言》，到今五十年了。

中国人民早解放了，中华人民共和国早成立了，中国人民在不断地回想着伟大的孙中山先生。

（录自《人民日报》1956 年 11 月 16 日第 4 版）

我也来谈谈李叔同先生

⊙李叔同像

我从一月七日、廿三日两天《文汇报》上读到两篇关于李叔同先生的文章，感觉我有义务把脑海里存在着的关于叔同先生一鳞一爪的资料补充地写出来供献给读者。

我和叔同是一九○一、一九○二年上海南洋公学——后来被先后改名南洋大学、交通大学——特班同学。叔同名广平，原籍浙江平湖，出生于天津盐商的富有家庭。同学时，他刚二十一、二岁，书、画、篆刻、诗歌、音乐都有过人的天资和素养。南洋特班宿舍有一人一室的，有两人一室的。他独居一室，四壁都是书画，同学们很乐意和他亲近，特班同学很多不能说普通话，大家喜爱叔同，因他生长北方，成立小组请他教普通话，我是其中的一人。他的风度一贯地很温和、很静穆——我看到"不肯把雨伞借给丈母娘"的记载，有些惊讶。

某一时代的社会存在，决定了某一时代人们的意识，特别是敏感而猛进的青年。必须认识：庸懦贪污的清朝统治着的中国到了十九世纪末期，在帝国主义包围侵略下，简直是支撑不住了。一八九四年甲午之战，败于日本，一八九五年割地赔款与日本讲和，一八九七年德占胶州湾，一八九八年英占威海卫，清廷发生戊戌政变，一八九九年法占广州湾，一九〇〇年八国联军占北京，一九〇一年订约赔款讲和，中国还成了个国家么！那时候青年们的内心只有一股爱国狂热，南洋公学就在一九〇二年冬天因反对学校当局无理由地一批又一批开除学生而全体自动散学。创立学社，就名“爱国”，老师办女学称“爱国女学”，都表现出一般思想的倾向。当时爱国青年所大大重视的一点，就是全国人民很多还没有觉醒，觉醒了的，也没有相当的文化基础，爱国青年们一致认为兴教育是当前一件首要工作。

叔同呢？从南洋公学散学以后，经过一个时期，在上海集合一般思想先进分子，择地租界以外——那时是一九〇四～一九〇五年——创设一个“沪学会”，经常召开演说会，办补习学校，我早和几个朋友为了兴学、演说，被清廷认为革命党，判处死刑，遇救，走日本，经过一个时期归来，和叔同一起在上海租界外杨白民所办的城东女学当教员。我至今还保存着叔同亲笔写他自撰词、自作曲的《祖国歌》，当时曾被一般男女青年传诵。当然，必须认定这还是叔同的早年作品，但也值得珍视。

我们还应该认识到叔同去日本几年回来创设“春柳社”，演出《黑奴吁天录》，藉外国惨无人道的故事来讽刺祖国被统治的黑暗，同样是基于爱国的热情和悲愤。

演了一个时期话剧，叔同出家了。在我的朋友们中间，还有自杀的，还有人去学制造炸弹，丢炸弹的。

最近我曾经和朋友们回忆和漫谈当时一般青年的心情，一位朋友慨叹了，他说：“可惜他们没有虚心接受马列主义，只有爱国主义，没有结合国际主义。”我只说一点：“请你想一下，那时还是二十世纪的初年，去列宁领导的十月革命还有十几年，帝俄还在侵略中国呢。”

叔同出家首先在杭州的西湖，经过了几年，叔同的夫人到上海，要求城东女学杨白民夫人詹练一和我当时的夫人王纠思伴她去杭州找叔同，走了几个寺庙，找到了，要求叔同到岳庙前临湖素食店共餐。三人有问，叔同才答，终席，叔同从不自动发一言，也从不抬头睁眼向三人注视。饭罢，叔同即告辞归庙，雇一小舟，三人送到船边，叔同一人上船了。船开行了，叔同从不一回头，但见一桨一桨荡向湖心，直到连人带船一齐埋没湖云深处，什么都不见，叔同最后依然不一顾，叔同夫人大哭而归。

一九四一年九月我去菲律滨首都马尼拉，中华佛教会邀我游大乘信愿寺，主持僧性愿告我，已约定弘一大师明年来菲岛，还给我看《觉音》月刊弘一大师六十岁纪念文，不料我离开菲岛不久，马尼拉突然被日军占领，而被称为弘一大师的叔同先生，也就于一九四二年在他所歌颂的祖国"圆寂"了。

（录自《弘一大师全集》第10册附录卷，原载《文汇报》1957年3月7日）

追忆沈肃文老同志

人生价值看他生时对国家、人民贡献有无多少而定，但有些人的贡献怎样，人们不一定知道。

沈肃文老同志的一生，对中国的贡献，知道的人不多。我是他的老友之一，今天他离开世界了，我有责任向大家扼要地追述一下。

十月革命，大大地震动了中国，爱国志士们正在找不出祖国前途的时候，大家从此憧憬着一条新路，肃老就是这样许多人中间的一个人。当时有一群人在上海创设中华职业教育社和中华职业学校，肃老是浙江绍兴人，原在地方办师范教育，那时候来上海参加社工作。不久，中国共产党成立，新路出现了。上海许多人在地下活动，肃老做了不少桥梁工作。我们知道：上海是帝国主义、资本主义和中国人民特别是劳动人民展开剧烈斗争的中心场所，职教社有两个人：一个是邹韬奋，办《生活周刊》，代人民说话；一个就是沈肃老。上海知识分子——当然是资产阶级知识分子，不少人经过了肃老有力的桥梁作用，获得新的进步认识。在那时候，我曾专诚从上海来北京访问李大钊，秘密交换彼此对国家、社会前途的看法和做法，非常融洽。这一举动，是和肃老商定而行的。

一群比较进步的知识分子，终为蒋介石所不容，遭受种种迫害，肃老始终与共。

日本帝国主义的侵略大爆发，这一群人连同校教师、学生、工人、图书、机械内迁柳州、重庆，工厂、学校复兴起来，肃老始终与共。在抗战前期和期中，曾受任北京大学、西南联合大学总务，不久仍回职教社任职。

1944年春，肃老依职教社公意，在川西灌县创办都江农业实用职业学校，社推肃老为校长。这一学校的设立，有鉴于教育距离生活和生产太远，农业尤甚。肃老创农家子弟受教归农的主张，希望以此为起点，逐步推行，从开学日起，校长和学生共起居、共劳动，全校师生一切生活都自己料理，教室授课和田地种植并重，使学校四周农作物一望碧绿，场圃道路修饰整洁，川西各界人士争往参观，影响及于一般学校。不到二年，日本军阀投降，社所办厂校一律移归地方接办，肃老相偕东归，地方留下去思不少。

昏天黑地中一亮一亮手电筒，终于迎到了太阳出现，大放光明。帝国主义侵略下、资本主义剥削下的中国人民终于获得解放。这一群人和它所办事业一齐接受中国共产党人和人民政府的领导，肃老很高兴地接受了中央轻工业部职务。

日阀投降，一部分人发起民主建国会，肃老自始即参加，有会必到。

而肃老病了，一病六七年，终于不起。

肃老初病，还时时抱病到部工作。民建有会，还是抱病出席。在病中，我去省视，他几乎每次提到两点：1、对国事前途大大地乐观；2、常常说："党和国家待我太优厚了，太不安了。"

现在肃老已经亲耳听到：工农生产大跃进，粮食、钢铁、机械三大元帅已得到全国人民重视，正在献出一切力量，人民公社化高潮很快地将从农村进入城市，由社会主义实现向共产主义迈进，新中国美好的前途已在向我们招手。

肃老！你一生努力，所为何求？亲耳听到了这些，肃老其含笑长眠吧！

值此公祭的时候，把我所知道的肃老生平行事，向

中国民主建国会同志们、

中央轻工业部同志们、

中华职业教育社同志们、

一般同志们、朋友们报告，还望补充、正误。

让我高呼：

沈肃文老同志千古！

（录自《绍兴文史资料选辑》第10辑）

我所敬佩的陈嘉庚先生

陈嘉庚先生是我一生几十年来最敬佩的朋友中间的一个。

我第一次认识陈先生，是 1917 年去新加坡，当时华侨领袖林义顺在会场介绍相见。那天的会，是我向侨胞报告祖国情况。那时叛国称帝的袁世凯刚死不久，军阀混战，帝国主义步步进逼，政治不上轨道，人民说不尽的痛苦。人民受了痛苦，还不认识痛苦从哪里得来，和怎么解除痛苦。看到祖国危险的前途，只有把人民唤醒起来，特别是青年一辈，不论在国内在国外，急需展开教育。我所报告的，大意是这样。嘉庚先生会后特约我谈话，并告我他在原籍厦门，已从 1912 年(民国元年)在本乡同安县办一学校，名集美学校，但难得相当的校长，新加坡也正在创办一华侨中学，槟榔屿也创办一华侨中学，都要我介绍校长。我那次去南洋，原是为国内创办暨南大学——初名暨南学校——向南洋各大埠宣传办学目标和招收学生。陈先生对这点，尤表深切的同情。我回国后，很快地为嘉庚先生介绍了集美学校陆校长、新加坡中学涂校长、槟榔屿中学许校长。

不久，嘉庚先生回国了。在种种困难之下，一心一意地独力经营集美学校，扩充为小学部、中学部、师范部、女学部、蒙养园部、通俗教育部、同安教育部，还资助同安县立男女小学。一切都亲自督导,所有经费完全由他个人担负。

先生的资源是在南洋种广大的橡树园获得的。华侨橡树园,先生是先导。为了专心回厦门办学,不再去南洋,嘱弟陈敬贤去南洋经营一切。所有收入,每年几十万、百万都向新加坡殖民地政府、祖国政府备案,向乡人公开报告,悉数汇归厦门,为祖国办教育事业。

新加坡西洋人商于嘉庚先生,筹办一大学,要求先生捐款。先生提出条件,要设华文科,学生至少读华文二年。订了约,先生自捐 10 万元,还募集几十万。先生的散财,是处处掌握原则的。

先生长期在厦门办教育,专心研究,发现种种问题,随时向我函问。一问一答,既答又问,还涉及祖国政事。先生亲笔复写给我的信,二三年间,前后积有三十余封。后来嘉庚先生决心进一步办大学了。

我应嘉庚先生的邀请,1919 年去厦门,既看到集美学校的校地、校舍一切设备,师生朝夕认真教、认真学,又带我看到即将开办的厦门大学基地和建筑中的校舍,我也同意于他预定聘请南洋侨界负有盛名的林文庆为校长。所特别使我大大感动的,先生自身衣服朴素,起居俭约。我曾访先生的家庭,先生先辈是寒苦的,先生发了那么丰富的资财,从没有在故居添置一椽一瓦、添一些时新装饰,完全符合"敝庐"两字,而先生所办的学校校舍那么辉煌宏伟,都是我所亲眼见到的。大公无私,先生真当得起这四字。

先生给我看亲笔所写《筹办厦门大学附设高等师范学校通告》,附大学计划(节原文):中国"门户洞开,强邻环伺,存亡绝续,迫于眉睫。吾人若袖手旁观,放弃责任,后患何堪设想!"我"久客南洋,心怀祖国,希图报效,已非一日。"拟"创办大学校附设高等师范于厦门。""大学生不分省界,高等师范,闽省、他省规定名额。""民心未死,国脉尚存,四万万人民的中华民族决无甘居人下之理。今日不达,尚有来日,及身不达,尚有子孙。""惟是个人之力有限,望海内外同志共同负责。"这些话给予海内外同胞以大大感动。

对日抗战开始,我全心全力地忙于当地组织和各地奔走宣传,这一时间,和先生失却直接的联系。

解放了,我和先生很早通电致意,先生很早来京参加新中国组织,在党和毛主席领导下,致力于祖国社会主义建设,并努力推动国外侨胞的团结。先生凡有发言,都忠诚鲠直,这是先生一贯的作风,他的内心总是拥护党、拥护政府。

先生患了顽固的病，由于党和政府对先生种种关怀，医务工作者积极治疗以及医药方面的种种优越条件，绵延了三年多，我以老朋友资格最后省视，先生慷慨地对我说："我太惭愧了，你我年龄相差不过三四岁，你能跑来跑去为人民服务，我常年在病榻上，真对不起老百姓。"我答："先生贡献太多了。国内国外，那么多新生力量，中间一部分，还不是先生一手培育起来吗！新中国的社会主义革命和社会主义建设的光辉成就，都有先生贡献的一分力量在内。"

嘉庚先生长逝了。解放十多年来，先生所办各种学校，早整个地捐献给国家了，但原来担任的常年经费还是由先生捐献。

我所认识的不少资本家，尽管是"民族资本家"，很少像陈嘉庚先生尽其所入归公，一点不留私有。我愿再说一遍：陈嘉庚先生是我几十年来最敬佩的朋友中间的一个。

（录自《人民日报》1961 年 8 月 16 日第 8 版）

像赞

袁观澜先生像赞

先生名希涛，江苏宝山人，以诸生肄业上海龙门书院。博习国故，旁及天文、地理、博物，而家益贫，常挟书恶衣服，徒步往来淞沪间。清光绪丁酉，中式举人，任广方言馆教授，益精研新学，归本教育。癸卯，创宝山县学堂。甲辰，偕龙门诸生创议改办师范学校。秋，赴日本考察。明年，校成，先生尝为校长。又尝筹设复旦公学、太仓州中学，被任江苏学务议绅、上海总工程局议董，继乃应直隶提学使聘，任学署总务科长兼图书科长。民国纪元，以教育总长蔡先生元培召，任为教育部普通司长，主张高等师范学校国立，亲赴各省视察规设，嗣改任视学。张先生一麐、范先生源廉、傅先生增湘先后长教育，并引先生为次长。六年，对德宣战，以次长充战时国际事务委员，以先生之力维持上海同济医工学校于不坠。七年，辞职漫游欧美，历十余国，独倾心义务教育，归而以笔以舌倡导之，遂被选江苏省教育会会长、江苏义务教育期成会会长，将以所志行之一省，不得，乃施之一县一乡，而于全国学制之修订、庚子退款之钩稽，本其精研，建为闳议，于省县教育以及重要行政，靡不参与。

先生待人诚笃，律己勤苦，处事宽厚，而治学独精覈。举止洒落坦易，一任天倪，而立品乃峻绝。民国十九年八月二十九日，以疾卒于上海，年六十有五。最后二年，实主人文社编审史料，功竟而殁，乃景先生之象而为之赞曰：

谋己不工，谋人则忠。其识通，其抱沖，其建于群也丰。吁，不得于一国而一省，而一里一井。苟死而教有成也，先生其瞑！

（录自《中华教育界》1930 年第 18 卷第 8 期）

书

做个中国的傅步兰

亚民君：

读到你三月二十一来信，知道你是从事盲哑教育的一位青年。你因为看到你的家乡——滇西，有着成千的聋哑儿童，没有受教育的地方，你想将来在那里开办一个哑校，终身从事盲哑教育，这种思想和志愿是十分正确的。我们人生的目的本在服务，升学只是发展个人对于将来的服务能力，以期实现个人的抱负而已。

说件故事给你听：五十年前，在华翻译西洋格致专书的一位英国人，名傅兰雅，年老回国，将他一生在华所得薪水剩余，尽数为中国人造福，认为最苦是盲哑，乃派他的儿子专学盲哑教育，学成替他起名字叫傅步兰，到中国来，在上海筹办一盲哑学校，傅步兰终身为校长。“八一三”战后，不知道怎么样了。吾三十八年前到美，还和这位老先生往来。他爱中国，和吾们一样。唉！这样的热诚服务，这样的计画远大，真正值得他们钦佩，希望你们将来做中国的傅兰雅。

你为了要实现你将来创办盲哑学校的抱负，准备再加深造，预备投考大学，专致教育。这种见解，也很可佩。现在将你询问的几点，答覆如下：

一、重庆壁山，有国立社会教育学院一所，其内容所组织不甚清楚，可直接向该院索取招生简章。

二、师范学院招收同等学力之学生，惟须修了高中二年而有证件者，学生待遇完全公费。

此致，顺祝

努力！

黄炎培　卅三、三、卅一

（录自《国讯》1944年第366期）

黄方刚讣告

讣告：

长儿方刚，研习哲学，历任广西、东北、北京、四川、武汉各国立大学及华西大学教授、东北大学文学院院长，不幸于三十三年一月十七日在四川乐山武汉大学教授任内病故，计前后执教十六年，得年四十三岁，遗妻一，男三均幼，除命次、三两儿前往料理敛葬并郑重搜存其遗著外，谨此哀告诸亲友矜鉴。

黄炎培

（录自《黄炎培日记》第8卷1944年1月19日）

悼周孝怀电

上海市政协委员会并转周善培委员家属公鉴：

中华解放，百端跃进。爱国老成，忽焉长逝。闻耗伤感，不克躬悼。

敬电

致哀！

黄炎培

（录自《黄炎培日记》第14卷1958年9月3日）

唁张菊生

惊闻菊老长逝高龄，获见新中华建国十年辉煌国庆，地下应有余欢。只回念几十年为国为民共同奋斗，属在深知，曷胜悲痛，合词敬唁。

陈叔通、黄炎培（咸）

（录自《黄炎培日记》第14卷1959年8月15日）

⊙张元济像

唁冷御秋

⊙冷御秋像

惊悉御老久病猝逝，不胜悲痛。炎培和艮仲、御老早年入同盟会，共参加辛亥革命。中年以后，御老慨然以兴水利为己任，矢愿在党的领导下贡献微劳、完成私望，不料赍志以终。炎培、艮仲久共患难，无役不偕，忽闻长逝，在国家失一老成，在我等失一挚友。敬掬哀忱，合词悼唁。

黄炎培、王艮仲

（录自《黄炎培日记》第 14 卷 1959 年 8 月 19 日）

寿序

寿叶成铭六十

吾一不知夫今人所为作生日，其用意果何在也。凡人乐生，蕲生年之永，情也；爱其人、重其人，从而祝其生年之永，亦情也，故自寿与寿人皆情所宜有。不谓今之人自寿以鸣其豪，博人之寿以夸其荣。髫龄壮齿，飞简张筵，遍召亲朋，椎牛大飨，有桃如陵，若崩厥角。或且远江所谓达官名流，一文一字，以骄其乡里；而达官名流，初未相识，不期而门庭若市，心未尝不滋厌之，徒以其所责非奢而易塞也；顾贵人事忙，或又苦于不能文，则雇落魄之士子，袭为骈四俪六之滥调，泥金大书，其名赫然，高张堂皇，谓达官名流厚我也。见者艳之效之，且求肸焉。嗟乎，不知不觉中，即此耗一般人之财力日力，宁复可数计。是日也，风毛雨血，夭百物以寿一人。试察厥庖，又不知其所感何如也。然则作生日可乎？曰："可。"夫生日何日，乃吾母生我之日耳。《诗》有之："哀哀父母，生我劬劳。"又曰："欲报之德，昊天罔极。"是日也，亲在则思何以慰之，没则思何以永之，无已其行若干利人事，为之寿者，助而成之。施德无足言，亦报亲德于万一耳。而《诗》又有言："周王寿考，遐不作人。"诚能作人，则不言寿考而寿考至。

叶君成铭六十初度，斥千金为中华职业学校贫苦青年设免费额，是为能作人、为能报德、为不失生日真意，吾爱且重之。知叶君不期吾之寿之也，则请为此说，告世之自寿与寿人者。

（录自《韬奋全集》，原载《生活》1926 年 12 月 26 日第 2 卷第 10 期，文后编者附志：此篇乃黄任之先生为叶成铭先生而作。叶先生之“能作人”，乃黄先生所言之足以针砭末俗，均有宣布于世之价值，故亟以实本刊。）

钱新之先生六十寿言

钱新之先生自民十六长中华职教社理事会，迄今达十七年，于社务主持擘画，极著贤劳，对于本刊赞助亦力。本年九月七日为先生六十寿辰，黄任之先生徇友好之请，为撰寿言，兹转录之。

试数我国现代金融界领袖，识与不识，莫不知有钱新之先生。顾其系朝野重望，何以致此，非一般人所知，知之殆亦不能尽也。今先生年六十矣，先生之知好谋以文字为先生寿，佥以炎培交先生久，相知亦较深，因以相属。余以先生自有所以寿者，奚待人寿。窃恃四十年交谊，就所忆及，略写先生之生平，使人人知所以系朝野重望，非无因也，而先生之所以自寿，在其中矣。

⊙钱新之像

先生籍吴兴，自其先世侨居上海。始毕业南洋中学，升天津北洋大学毕业，则偕马相伯先生及余同窗学友李叔同先生等就上海南市创沪学会。其后马先生寿达百有一龄，李先生者，后出家为高僧，见重于僧俗两界，法名弘一师者是也。沪学会时时公开讲学，办补习学校，倡体育，沪南风习故锢蔽，至是大开，余与先生订交自此始。时余方执教城东女学，先生之先夫人张，实偕先内子王从余读，两家往来益密，且曾登堂拜见先太夫人焉。余齿稍长于先生，各踔厉风发，锐以救国自任，而先生寓沉潜于高明，善能自克，朋辈重之。

先生尝游日本，留学神户高等商业学校。毕业归，执教南京高等商业学校，从而受业者极一时之选。时长全国农商行政者为张季直先生謇，于先生深加器重。民国初年，唐少川先生绍仪任国务总理，雅重先生，当时关于金融商业若干重要法规，皆出先生手笔。而余之重先生，则以某年先生赴辽沈考察金融实业，寄示报告一册，事实详确，推论精当，不禁叹服，此报告迄今犹保存余私人小图书馆中。

交通银行创于清季，自入民国，业务初颇开展，自一度停兑钞票，影响于信誉至巨。民六以还，先生任沪行副经理，加意经营，信誉渐复。其后又入艰苦途程，先生以协理代表总理季直先生负全局职责，苦心擘划，终得返于安定与繁荣，而先生欿然不自居也。既而金城、盐业、中南、大陆四银行合创储蓄会，先生实参发起。既成，偕吴达铨先生被推为主持者，而先生自任次席焉。业务蒸蒸，所谓四行储蓄会是也，而先生实负中心全责。

自对日抗战以来，在极度艰危劳苦之环境下，先生重复担荷交通银行重责，受任为董事长。时先生病足，不良于行，而不欲自逸，既屡辞不获，则力疾视事，无一日旷废，同时受任国民参政会参政员。全会、小组会皆出席，群众中有左右挟以登堂者，则皆注视："先生至矣。"先生或不言，言必中。其虑事也精，其操行也危，无厌无倦，以迄于今。

此为先生行事荦荦大者，盖夫人而识之矣，而有为人所不尽识者，试分述之：

其一，先生生平行事唯一标准，为其所考虑必熟必精者，厥惟国与民所蒙利害，而己之得失不与焉。类此之事，自难枚举。试举一事，先生生平所董理机关或团体公私财帑，为先生所掌握者，何止万万。抗战期中，从不肯因币值低降，出国币易外币，以弋厚利。不惟私人为然，即公益团体，在无人知，亦无人见中，绝不肯忍以损及国家。炎培与先生共事公团多且久，获悉其详，局外不知也。其一心维护国家利益如此，而其私人操守之清且纯，更不待言。先生为留学日本前辈，识日友至多。"九一八"后，谢绝往来，为敌为友，为公为私，其辨之严也如此。

其二，先生既唯一考虑国与民利害，凡信为于国于民有利者，必助成之。国民革命军兴，先生阴赞之甚早且力。“一二八”沪战，军民合力奋起抗暴，一切非所计，先生实偕社会诸领袖周旋其间。至“八一三”战作，国策既定，益惟力是视。凡此常人所惊为危且难者，而先生发于正气，激于忠诚，非所顾也。

其三，先生爱国心甚浓，而其政治兴趣甚淡，当轴重其有献于国，屡欲起用，先生坚辞。曾受命长浙江财政，不久亦辞去。先生留京沪久，国际间声望日隆，国民政府采海外舆论，曾特任驻法大使，先生辞。盖世俗所夸为荣利者，先生泊焉无所萦也。先生所念念在兹者，惟藉金融业行其所学，以福民而利国。

其四，先生起家寒微，以其处脂不润故，未有多金，然且岁以所入助公益。先生不乐自创，但见友好所为，信为有当也，则助之。己力不足，辗转以求人，务给其所需而后已。炎培稍稍发起文化教育事业，在此三十年间，几无一非藉先生力以成，然初非有私于余。受先生之惠，以生以长，非可偻指计矣。

其五，先生之于人，从无疾言遽色，盖和与厚两字可以括之。而尤有难者，任何问题至先生前，必就空间时间，向有关各方设身处地，务求行之通、处之安。有时当局既舍之矣，乃犹回旋起伏于先生脑海而未有已。余尝赠诗：“事须妥贴操心苦，养到深沉见理圆。”先生许为知言。至国家大事，洄漩起伏于先生脑海间者，其察之精、虑之周也更可知。有大故，先生无不为当轴尽言，然从未白诸人人，盖其慎也。

其六，先生生活至整饬，既广交游，则品性自难一致。尤难在三十年前，先生以金融界新进，周旋于北洋军人之间，愈见重，愈难自脱，卒乃和而不同，皭然自全其风骨格。盖今所倡新生活，先生自始未尝违此科条也。

吾尝观先生于微，盖其为人，见理而朗澈圆通，介以律己而于人有容，义之所在，勇于负责而不居名与功。吾今读书得间矣，《中庸》：“故大德，必得其位，必得其禄，必得其名，必得其寿。”有可得之位与禄而不求必得，则其得名也必。有可得之位与禄而不求必得，乃并可得之名而不求必得，则其得寿也必。以此寿先生，凡知先生者倘有同感乎，先生其亦闻之而莞尔乎。

（录自《国讯》1944 年第 376 期）

江问渔先生六十寿言

⊙江问渔像

余生平所至敬至爱，盖有二江先生焉：一为易园，晚岁弘宣佛法，所至倾动各界；一即问渔。二先生者，皆尝长江苏教育行政，皆富于著述，皆以品与学为国人矜式。余何修而获纳交于二先生，论学则所见同，论政论教又往往所持同，而问渔先生共朝夕尤久，年来且共出处、共患难焉。

余之始识问渔先生，盖在民国之初年。同客北平时，先生方任职农商部，时中国第一部《全国工商统计表》出版，主者以赠余，受而读之，惊其条理之精审，组织之完密，不意其出先生手也。一日，先生过我，出油印所著书见赠，书名不复记，似是《教育心理学》，先生则外揎其雪白之双袖，洒落之风姿，迄今犹深印吾脑海中。

先生之受任江苏教育厅长，出自苏人士之公推。既就职，处理井井，在朝在野，识与不识，莫不服先生治事之平允，待人之和厚与律己之端方。

民十七，先生丁外艰，辞河南教育厅长。既卸职，各方争罗致，大学教授也、机关领袖也，以是敦聘者，无虑十数。先生独以职业教育于国家生产、国民知识与生计至切要，决然谢一切，以就中华职业教育社主任职，耐寒茹苦，十余年如一日。

中华职业教育社自得先生主持而社务益进展，不惟附设职业学校、职业补习学校、职业指导所，各呈一日千里之观。即昆山徐公桥农村改进区工作，亦且充实完成于先生之手。维时以财力扶助者益多且厚，上海环龙路巍巍大厦因以告成。余行事往往不为有权在位者所喜，先生则时时以身翼蔽之。服务之余，主编《人文月刊》，锐然以校理秘文、启发篇章自任，其赴事之孟晋与精力之弥满有如此者。

民纪二十，余偕先生环游黄海，遂为日本之行，归未几，而"九一八"难作。翌年，上海乃有"一二八"民众抗日之役，社同人竭全力以为后援。嗣余奔走南北，先生极内外肆应之劳。至"八一三"大规模战事起，社同人皆执役后方，先生主救济组，难民如潮至，从容安排，俾一一得所。其间，余与先生尝受当局命，于役济南。归途，敌机频频空袭，过柳泉驿，共伏铁道旁田垅间，眼看低飞掷弹，车立毁，客幸皆无恙，然出入生死间已。

淞沪苦战三月而陷，社迁武汉，嗣是，余偕先生走徐州、走豫东南、走湘西，由桂黔滇以止于蜀，分社及其附属事业遍布西南诸都会，而置总社于渝都。先生不辞劳瘁，摄其大成。国民参政成立，自始受政府聘为参政员，痛心国难，慨念天职，益激奋不能自已，而社务仍先生主之。劳苦既极，医者试加检治，则血压高逾常度，力戒休养，不且病。于是，先生勉受同人之合力怂恿，暂卸社务，养疴于贵州之湄潭。

湄潭山水故清绝，浙江大学实迁于是。先生子若妇承家教、游欧西，皆邃于学，执教大学，幼者肄业，先生偕夫人朝夕其间。余赠先生诗："佳儿佳妇佳山水，君病三分减二分。"自谓道著，然先生仍时时驰书处理社务。参政会开会，苟非病躯不胜，未尝缺席。时时上书中央及地方当局，陈政事得失。访遍邻近诸县治绩，相与研讨改进。扶病为大学诸生演讲，亘数小时不倦。暇则集诸吟侣结社赋诗，写其怀抱。忧国之热诚，乐天之素养，先生盖兼而有之，各极其致焉。

今者先生行年六十矣，于先生生日，炎培既为诗以寿先生，社同人以羁于职守，不获趋前晋一觞，更属炎培为此文叙述先生之所以献于国于吾社、示范于同人者，公之于世。不克概先生之学之才之行于万一，惟愿将同人无尽之诚，遥祝先生康强长寿，永永倡导同人献身为国，吾社幸甚、国家幸甚！

民纪卅三年十一月十日，中华职业教育社黄炎培，姚维钧侍墨。

杨卫玉、杜镛、贾观仁、钱永铭、喻兆明、潘公展、冷遹、沈鸿烈、刘伯昌、康心如、俞颂华、沈肃文、徐仲年、张雪澄、傅守璞、谢向之、夏孟辉、温仲六、张乃璇、陈益华、祝士健、王林谷、童荷生、许荀八、王达□、史凤美、陈竹涛、张电寰、尚丁、王香臣、潘书畊、巫剑霞、幸世竣、沈百锟、杨墐修、张荣祖、郭海峰

（录自《国讯》1945 年第 383 期）

茅盾先生五十寿言

文学家须广大，并确切认识社会复杂的现象，深入民间而能显出之，此才是社会文学家。

百年以来，世界文化高速度趋向于合流，文学家发挥民族固有的特性，同时恣吸世界文化，创造出浑合而不失特殊风格的文学，此才是民族文学家。

为民众导师，须自身站在民众中间，此声是民众的呼声，一唱三叹博得民间欣赏，此才是民间文学家。

茅盾先生在友好中为备具此三种资格者之一人，但必须添上一个条件，前程无尽远大，什么条件？是年寿。

假先生以悠长之岁月，以五十、六十、七十以至无量，先生万岁，文学界万岁。

卅四年六月国讯社俞颂华、杨卫玉、黄炎培。炎培执笔。

（录自《国讯》1945 年第 394 期）

⊙茅盾夫妇合影

何香凝夫人七十寿言

⊙何香凝像

公元一九四八年中华民国纪元三十七年七月三日，旧历五月二十七日，是革命先进廖仲恺先生德配何香凝夫人七十岁生辰。他的友好将在她香港寓所开盛会向她庆祝，我们在上海无法参加，特公推炎培把我们对她钦敬和庆祝的诚意做一篇文章，并公推敬第写好寄香港。

原来革命家不重视个人寿命长短的，她们所期求在国家、在人民、在民族、在全人类的幸福，甚且不惜牺牲个人生命来换取她们所期求。某人多少高寿了，我看某人正好享高寿哩！这些话在革命家心里是不稀罕的。

香凝夫人呢，她不但襄助廖先生一生从事革命，而且亲身从事革命，而且五十年来，以一贯的精诚亲身从事革命。夫人过去岁月是以革命手段来替大众造福，今后岁月仍将以革命精神来替大众造福，所以夫人的岁月，不论过去与未来，都是替大众造福的。她经历的岁月愈绵长，大众享福愈多，而祝祷她岁月的绵长倒不是为了夫人，是为大众。明了这些意义，吾们对夫人祝寿，不应为夫人所反对，并且夫人也应该向自己祝寿呢。说到祝寿，也正需要革命有神怪的祝寿。供一尊寿星，是祝寿翁的。供一位西王母，是祝寿婆的。大家对她跪拜，是什么意义呢？谁都不知道。有封建的祝寿，儿孙广发请帖，又或加上征文启，把父母或祖父母说成一个了不起的人物，而自己不免顺带公文来自我宣传一番，至少是一名天下无双的孝子贤孙。寿堂前面，可怜到再没有人来可怜他们的一群乞丐，吆五喝六；一群儿童吹吹打打，都穿着破烂的彩衣，向寿翁或寿婆跪拜，目的是在讨钱。主人也乐得花一些钱，来一个无聊的摆阔。大厅正中，还挂起头等阔人具名的寿幛、寿联、寿额，虽伪造不妨，横竖不会被人告发的。如果间接又间接找出一位阔人，可以拉作姻亲，那更须千方百计求得一分联幛正中张挂起来，开口闭口总须说及这位姻亲，来唬吓乡下佬，表示我和豪门有关系，是真个豪门呢，豪门的祝寿那还了得，文武百官争先恐后，大家去拜寿，苦死了一群小公务员，好容易七拼八凑，甚至从借贷得来的钱办了一分礼物，希望豪门赏收，保住一只饭碗，礼物上全是眼泪了。为了一家笑，造成一路哭。为了人类的显扬豪华欢乐，一日之间，增加屠杀了无量数动物生命，屠众生来寿一人，这可以说是不人道的祝寿了。种种不合理，说也说不完，这些还能不革命么？快，快！

我们希望在港同人来替夫人做一个革命性的祝寿：要真诚，不用无聊的文字、无意义的动作；要质实，不夸大；要简朴，不多耗物质。总之，要恳切，要自然。我们在这里本着这种精神，遥远地向五十年来以一贯的精诚从事革命的夫人致敬致祝。大人，炎培还要附带说几句，四十二年前一九零六年清光绪三十二年春天，那时候我早受任同盟会干事了，在上海前后招待过不少盟同志。第一人是谁，就是仲恺先生。当时在极度秘密中招待先生宿在上海法租界天主堂街一个法国旅馆。我和先生订交是从那时开始，沧海变桑田，桑田变沧海，看到三次的岂但麻姑。我敬夫人，我念亡友，我祝夫人长寿，我怀亡友仲恺先生不朽！

黄炎培撰，陈敬第书。

张澜、宋庆龄、马寅初、陈慧、盛丕华、许广平、沈子槎、许英、包达三、史良、张伯、胡子婴、邱文奎、史东山、陈巳生、胡风、张志让、李正文、郭沫若、曹未风、沈体兰、宦乡、楚图南、杨卫玉、叶圣陶、吴耀宗、郑振铎、徐铸成、傅彬然、莫艺□、钟潜九、郑太朴、胡实声、卢琼英、姚□君、王造时、欧阳文彬、夏康农、顾惠方、史公展、

史伯随、史孟云、严玉华、丁慧涵、郑攸之、戈宝权

（录自上海明轩国际艺术品拍卖有限公司 2019 年秋季艺术品拍卖会“何香凝七十寿言手卷”）

赠序

今后女子走那条路
——女小同结婚赠言

廿四、七、一

小同！你今后走那条路？

小同！你今成家了，你今后究竟做那一种女子？陈衡哲夫人指导女子们一条康庄大道，我把他写在下边：

“女子不是新和旧的问题，在是否备具基本的清白、生活条件——包括对外的勤劳和整洁，简朴而有艺术风味和内藏的温雅、高明、廉洁、知耻——是有现代的常识和健全的人生观的，是有自尊心和经济上自立的能力的，是对国家担负他分内的责任的。

女子总须堂堂地做一个人，喂得饱自己的肚子，挑得起自己的担子，走得动崎岖不平的世路，识得出人海中隐藏着的港湾与岛屿，他的脚坚实地踏着地下，他的眼远远地看着世界，能实行，也有理想，他不但能以自力生活，还能把生活艺术化，使规则之中有自由，自由之中有规则，这才是康健民族的主宰者。”(《新生活与妇女解放》)

这都是父所要对你说的话，还要补充一句：生活不但要艺术化，还要生产化，这生产不是为着私人增加财产，是要为国家、为社会增加资源。

父不希望你今后做个家庭少奶奶，吃了厨子做出来的、使女们端出来的现成饭，一切享受自在的习惯，顶多做一个看家太太，有了小孩，看着小孩过日子，从此和社会无关系，不想也不惯服务。知识上、心灵上，对公众的贡献更说不到。若是这样，人家说你享福，实实在在做了一名国家的罪人。

父希望你家庭的事，要管理得好好的，小孩子要看得好好的——非不得已，总须自己喂乳——对你所认为亲爱者的父母兄弟姊妹，和自己的父母兄弟姊妹一样，可是对社会还是要服务的，知识的增进，身体的锻炼，心灵的修养，还是要努力的，苟为环境所许，有教书的机会，还要教书，你的体力，你的财力，你的智力，如果有余，尽量帮助人家，国家有难，不能上前线，也须在后方尽我国民的责任，不怕危险，跑在人家前面，替国家服务，还要用你最大的气力，将人类变成合理的组织。

基督所指点的真理，是博爱、是服务，和我中国先圣先贤所指点，并没有多大差别。国桢既深切地认识你，你也深切地认识国桢，你们既有同样的信仰，一定会赞同我的话。

国家正是多难的日子，你们结婚，父母没有欢乐的心绪，但祝望中国有兴盛的一天，和你们补行一番欢乐。

中华民国纪元二十四年七月父写。

（录自《断肠集》）

赠贾佛如弟

二九、一〇、二五

公私分明，平时不难。人多自私，我独不为，则难。人以私利诱我，而我不动，则难。假公营私，得利归我，失利归公，冒险以图利宜若可为，而不为，则尤难。我有急需，假公以济急，宜若可为，而不为，则难之又难矣。惟有就可能范围，公款付之公开，断我自私之路，亦即绝我自私之心。

爱惜物力，尽物之力而用之，虽一丝一粒，不放弃，宜也。对人不然，须于斟情酌理之中，宽留余地。

人须有自知之明，至少须认定个性，如偏于放纵，须从谨饬上努力；偏于拘紧，须从宽厚上努力。

宽厚待人之实施法，可以与，可以无与，我宁与之。但对己须从严格，可以取，可以无取，我宁不取。

观人察物，须识得透。但评论人长短，非取得特殊谅解时，不宜深深揭破。其深度应以对方理会得而不损其颜面为准。

忠须辅之以恕。居一机关领袖地位，公家物力，珍惜一分是一分，忠也。但有时还须藉物力以激发感情，使人人肯为公家尽力，激发一分是一分，是恕也，亦是忠。

人生修养功夫，得力于不断地勤求知识，求知识在读书。然亦不限于读书，遇事必思，见物必格，时时反省，改过迁善，从广远处用力以求其大，从切近处用力以求其实，从繁复艰困中用力，以求其精且坚，则得之矣。

想得到，说得到，还须做得到。

佛如弟索吾赠言有年矣，上所云云与其谓为为吾弟说，不如谓为为一般人说，更不如谓为为自家说，吾愿与有志修养者共勉之。

民纪二十九年十月二十五日

（录自《抗战以来》）

送蔡子北仑归台湾

蔡子北仑，二十年前相识于海上，时北仑方以相人术自隐，余赠诗："家国飘零恨岂平，老怀聊复睨公卿。要从骨相论清浊，不藉头衔为重轻。天下倘逢士知己，众中那许汝逃名。将军忍询开宏业，姑布他年道大行。"越六年，"九一八"沈阳难作，又七年，"七七"卢沟桥抗战开始，我竭全国物力人力，苦战八年之久，卒使暴日俯首乞降，而余飘零家国亦且十年，乃又得与北仑相逢于海上，则各两鬓苍苍，相顾之下，欷歔欲绝矣。时台澎既复，北仑方有白日还乡之咏，余亦愿以近作示北仑："劳劳邛海更巴山，跨劫人归老转顽。一别梦悬生死外，十年家堕有无间。风尘自检衣缁未，鸡犬都惊鬓雪还。照眼绿淞方强笑，彩云捧出血花殷。"我不知北仑此去，其为感慨又何如也。

（录自《永安月刊》1946 年第 88 期）

侄蕙琼与沈云荪婚赠词

男女结合，基于爱。爱分三期：两性因相悦而相恋，以成配偶，其时爱情最浓；成家以后，彼此间长则相助，短则相谅，爱情久而不衰；及其老也，相习而相忘，爱情愈淳而愈淡，愈淡而愈厚，是为男女相爱最合理之过程，亦即最幸福之生活。

（录自《黄炎培日记》第9卷1946年4月25日）

赠当当

当当！你很小的时候，授人剪刀，自然地把刀柄给人，自执刀锋。当当！你在六岁时，陪妈在医院，自感苦闷，但劝你回家，又不肯，说："我走，谁陪妈呢？"这一类从你很幼儿时不少表现。

当当！好孩子，你今天是十八岁了，正达高中二年学龄结束的时候。我们相信你，也希望你很认真地修毕大学学程，为人民服务。赠你一句话：要做一个很好的共产主义接班人。

爸、妈

1961年7月23日北京

（录自《黄炎培日记》第15卷1961年7月23日）

富强之本源谭序

沈君戟仪为余同乡老友，亦为教育界同志。沈君投身教育事业甚早，当前清光绪季年，即以提倡私塾改良自任。民国成立以来，设教育实进会，奔走鼓吹学校教育、军警教育及社会教育，足迹遍大江南北。年来余主张职业教育，将藉实用教育之力，救社会生计之穷。沈君深韪之，到处宣传，更以余力调查其地实业状况，著之于篇，以促社会之觉悟，近乃汇为一册，益以见于他种书报者，名曰“富强之本源谭”，将刊以行世，属余一言弁其首。愧余尘事栗碌，未能尽发胸之所蕴，而雅感沈君用心之勤，姑撮举其行谊以谂世人之读沈君书者。

中华民国十年九月，川沙黄炎培

（录自沈亮棨编辑《富强之本源谭》刊本）

题跋考证

题刘三来书

⊙刘三像

老友刘三，以文人兼侠客，即二十年前仗义收葬瘐死狱中之《革命军》作者邹容于其宅左者。自入民国，任北京大学文科教授。比者退隐淞南，日以灌园莳花为乐。其家在沪南之华泾，地滨歇浦，去沪可二十里，当沪闵汽车道旁，石牌一方，其下即邹容墓也。一昨过访，谓欲鸠集同志，辟一园林，种四时不断之花，为沪上软红尘客造一清凉世界。余曰："甚善，愿以求诸友好。抑君所谓四时不断之花，可得而语我乎？"刘三曰："诺！"遂以书来，辄供众览。受书者记。

任之知契：半淞小集，欢若平生，南园之游，期于共载。幸示休暇，先过高斋，如何、如何！承询四时花序，我能言之，不嫌偏嗜，聊述大概：

顷者酴醿送春，芍药始放，一年花事，于斯为盛。它若维扬月季(种类最多)、广州玉兰，清深郁怒，并擅胜致。玫瑰尚白，木香尚黄，安石榴有淡似玛瑙者，不以火色为贵也。萱花耐久，叶最披猖。莲谱夥颐，是宜繁植。譬之儒分为八，墨离为三，各有渊源，难为轩轾。薇有二品，白妍于红。夏中建兰，要为独绝。前人谓酒能令人远，吾于此花亦云。秋海棠哀感顽艳，最畏骄阳，若别辟一畦，间以玉簪数本，正如四围璎珞，端坐黄冠，秋色至此，叹为观止。凤仙鸡冠，无当大雅。桂馥秾挚，有汲黯之戆直，无魏征之妩媚。秋葵大瓣，朱色为佳，鞠有定评，吾无间言已。自是厥后，花不逮叶。丹枫乌柏，颜醉如酡，冬野萧条，赖此生色。芙蓉晚妆，丰韵犹存。嗣是腊梅水仙，渐入暮境。梅有花实之别，苏杨间有拗为盆景者，拳曲拥肿，谥为恶札。余家旧有千株，一冬髗尽，曾记诗云"苦恨寒花不自媚，尽情开与别人看。"然终不为惜也。杏李附庸，不能蔚为大国。玉兰辛夷，同根异色。木瓜颜如渥丹，自是一时之隽。紫荆含毒，然花自不恶。至如碧桃，最惬玄赏。是花有梅之艳，无樱之俗。烂若天半朱霞，洁似云中白鹤。长日坐啸，能移我情。紫藤郁怒蟠结，大似古篆，其嗜酒又类仆，真花中良友也。牡丹如徐庾骈文，微嫌繁富，顾嗜者独众。此外杜鹃大理，来自异邦，尽态极妍，不似客卿之无状。并蓄兼收，多多益善。若夫翦裁有法，栽种有时，所谓耕当问奴，不复缕缕。癸亥三月二十八日，刘三。

（录自《申报》1923 年 5 月 24 日《刘三致黄任之书》）

题沈肖韵姑丈遗像

问川沙近百年来文化中心，必推我姑丈沈肖韵先生家。先生禀承家学，器识文艺为时推重，与物无忤，对之如饮醇醪。甲午后，锐然以新知授我后进，兼倡实业，今滨海万家，机声亘日夕，皆先生所手创，而未及见，并未及料者也。炎培二十五岁前寝馈于先生书斋，受教最早，印象亦最深。世运迁流，重思旧德，低徊无极，敬题一章，缀于遗像后幅，付吾表弟湘之、本强昆季藏之。

上德故不德，土风化清嘉。至誉故无誉，举火待万家。先生云鹤姿，圣洁心无瑕。天资秉纯厚，世胄承清华。金石无尽藏，富甲江南夸。众觚识急就，百城拥周遮。小子日夕陪，绪论拾齿牙。检卷执绛蜡，学书涂墨鸦。于学无不窥，余事篆龙蛇。胸中青白眼，于人慎所加。斯时俗尚淳，新知方萌芽。偶输邛竹杖，未摘黄台瓜。甲午海水飞，投笔逐怒笳。归来长太息，伊人卧苍葭。滨海红女多，素手翻轻纱。纤纤乞针巧，轧轧鸣机车。沧桑弹指间，良田成聚沙。一隄苍波卧，千笠红日斜。白圭善审时，去取人我差。谁知卅年后，万户乐桑麻。荒荒汉石经，室迩人已遐。墓门柏盈拱，庭阶兰发葩。小子百无成，披图空长嗟。

（录自《黄炎培诗集》）

哀梁任公

⊙梁启超像

十八年二月十三日

任公政业之在民国，自有千秋论定。就文章论，戊戌迄今三十年来，自士夫以至妇人竖子，外薄四海，惟先生力能摄取其思想，而尽解其拘束，一其视听，此诚诱导国人迎吸世界新潮最有价值之第一步工夫也。晚岁稍稍示人以科学方法治国学之途径，凡所著书，俱未告成，图书辞典亦甫着手，遂赍以殁。要之近世纪来，文章震力之大、应声之广，谁则如之，谁则如之！

丙辰以后千场梦，歌哭为文万象苏。新旧一炉发奇彩，昨今百战见真吾。尽收情感归椽笔，欲问遗编到石渠。东北风云莽无际，惊心海外有焚书。日本政府禁公文入朝鲜，昨岁往游见之。

（录自《黄炎培诗集》）

上海法租界新出土之四百年前唐錞父子墓志铭考

民国初元，有人治第上海城西法租界巨籁达路南，当圣母院路、贝禘鏖路之间，今二一七号华丰皂厂址，掘地得二石：一曰“明故浙江布政司都事恕斋唐公墓志铭”，二曰“明故太学贡士唐公夫妇合葬墓志铭”，以归戴君春风。比者，戴君拓以见示，唐氏在明为上海望族，隐然系一方文化中心，是不可以无考也。

按第一石首称：明故征仕郎浙江布政使司经历司都事恕斋唐公墓志铭，赐进士第亚中大夫致郡事奉诏加升一级前监察御史邑人郁侃撰文，赐进士出身朝列大夫江西布政使司左参议前太常寺寺丞邑人王泰书丹，赐进士第通奉大夫四川承宣布政使司左布政使姻后沈恩篆盖。

其铭文称：“卒之期月，其子文等奉其叔父提学副使士絅《状》乞予铭。”“公讳錞，姓唐氏，字士声，恕斋其所自号。其先自宋质肃公以来，代为晋阳望族。五世祖讳英，徙居灵石。国朝洪武初，为上海税课局大使。高祖讳文祥，以长子随仕，因家焉，始为上海人。曾祖讳以忠，有隐德，妣马氏。祖讳昭，累封中仪大夫赞治尹衢州府知府，妣张氏、沈氏，俱赠恭人。父讳琛，赠刑部郎中，前妣徐氏，赠安人，母赵氏，封太安人。”“年十六，为邑庠生，寻以文学超卓，廪于学官。弘治壬子、乙卯试御史台，皆第一。”“戊辰，膺例卒业太学。”“壬申夏，郎中公婴疾危甚，自南雍闻之，穷昼夜徒步以归。”“公历事大理寺，毕即具疏丐一职侍养，既而果获先皇帝俞旨，授浙江布政司经历司都事阶征仕郎。”“预作寿藏于庙泾先垅之右……嘉靖戊子秋，忽遘拥踵疾，冬十一月十二日卒于正寝，享年六十，以己丑十一月十二日葬于所作寿藏。配余氏，有淑行，内助居多，先公一年卒，既葬，至是乃合窆焉。”“子男四：长文，次交，次燮，皆太学生；又次衮。”“孙男三：长继科，次继禄、继爵。”“其先伯考中丞拙菴先生长于诗。”“所著有《恕斋稿》数卷藏于家。”

第二石首称：亡姪太学贡士世载夫妇合葬墓志铭，赐进士第中顺大夫江西按察副使奉勑巡视提督学校前兵科给事中季父唐锦撰并书篆。

其铭文称：“国初，大使府君自灵石来为上海税官，长子赘于县主簿李从吉氏，因著籍为上海人。再传为吾祖，封衢州知府容轩府君，衢州生先考质庵府君，封刑部郎中。”“其第四子恕斋府君讳錞，浙江布政司都事，予之兄也。”“都事府君四子，文为之长，世载乃其字也。”“呜呼惜哉，时嘉靖癸巳之季冬十二月也，距生弘治戊申三月十二日，年四十有六。”“子男一，即继科。”“孙男二：长国英，次国秀。”“以嘉靖乙未岁之蜡月十有六日，令窆二柩于庙泾祖垅之侧。”

今请检《上海县志》，为一一考证之：

（一）唐氏錞、文父子以上世系图及事略考。见《县志》者以“·”为记。

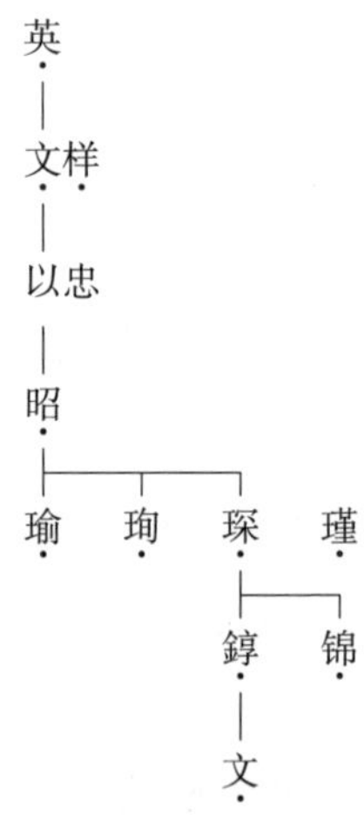

⊙唐氏錞、文父子以上世系图

唐錞：字士声，浙江布政司都事——嘉庆《上海县志》卷十一《选举志》“监贡栏”。今据其《墓志铭》，乃知号“恕斋”，先食饩邑庠，两试御史台皆第一，历事大理寺，以养亲请，乃授浙布政司都事，年六十卒。有稿藏于家。

錞父琛：字廷璧，少以孝友闻。不乐仕进，父疾，奔走汤药，三年如一日。成化二十三年，授金山卫指挥使，力谢致仕——同《志》卷十一《选举志》“封赠栏”“武职栏”及卷十四《人物》“独行栏”。据文《墓志铭》号“质庵”。

琛长兄瑜：字廷美，其先江陵人，宋参政谥“质肃”介之后。高祖英，洪武初官上海乌泥泾税课局大使，因占籍焉。景泰二年辛未科进士，拜南京礼科给事中，出守衢州。先教后刑，衢人大悦，及去，民立祠祀焉。后参政湖广，襄河为害，作堤障，广仓储，民赖以济。初迁山西布政，改云南，定土官世袭法，及给散滇粮事。大臣屡荐，未果用，或劝稍降志，瑜正色曰：“我一介寒士，至此复何求？”久之，擢都御史，巡抚甘肃。会诏使讽织细罽充贡，瑜执不从，黜弁田广等阴构之，坐劾去。宏[弘]治五年诏复原官，致仕卒。衢民闻丧奔哭者，累月不绝。著有《学吟稿》、《拙庵稿》及《滇南杂詠》。城区登云坊、方伯坊，并为瑜立。两世都宪坊，为瑜及其父赠都宪昭立（一说为瑜及继禄立）。唐家弄，瑜宅所在，故名——同《志》卷十二《人物志》本传，参看卷六《建置志》“坊巷栏”、卷七同《志》“第宅园林栏”、卷十《选举志》“进士栏”及卷十八《艺文志》“集部”。

琛次兄珣：字廷贵，天顺元年丁丑科进士，右都御史，总督两广——同《志》卷十《选举志》“进士栏”。唐氏之盛，以瑜、珣兄弟贵显始。

瑾：据《县、府志》，成化七年，瑾与琛输米三百斛，饷广西军，授正七品承仕郎散官——同《志》卷十四《人物志》“独行栏”。瑾疑与琛等同辈。

琛父昭：子瑜仕，封都御史、甘肃巡抚——同《志》卷十一《选举志》“封赠栏”。据文《墓志铭》号“容轩”。

昭父以忠：见錞《墓志铭》，别无考。

以忠父文祥：赘于上海县主簿李从吉家，因著籍为上海人——见两《墓志铭》。李从吉，山西灵石人。少负奇概，通兵略。太祖初年，授县主簿。时道梗，间关到官，会巨盗钱鹤皋倡乱，劫知县祝挺，从吉奉挺密谋，举兵一鼓平之。从吉早世，妻刘瑩葬于县西原，并二女瘞焉。今肇家浜有三节妇墓——同《志》卷九《职官志》“宦绩栏”，参看卷八《职官志》“历官表”。三节妇墓，在肇家浜北。洪武初，邑主簿李从吉妻刘氏暨长女唐文祥妻、次女沈源仲妻同葬——同《志》卷七《建置志》“冢墓栏”。

文祥父英：由晋阳徙居灵石，为上海乌泥泾税课局大使，是为上海唐氏始迁祖——见上“瑜”条。乌泥泾税课局，明洪武六年建，嘉靖三十三年裁——同《志》卷六《建置》“城署栏”。英与李从吉同为灵石人，盖以同乡而命子入赘也。

錞弟锦：字士䌹，瑜从子。宏[弘]治九年丙辰科进士。时修《会典》，择进士有才望者入史馆，锦与焉。出就东明令，守己执法，一以安民为本，暇则校勘文字。正德丁卯，以最闻。入为兵科给事中，清理广东盐法，查核积逋百余万引，所司侵盗者置之法，余悉蠲除之。时刘瑾残横，不谒馈，谪判汝州。瑾诛，晋南工部，转刑部。时修孝陵，裁积费，省旧额之半。清芦洲，洗宿弊，凡淹系可矜者，力奏出之，竟任无一滞狱。擢江西按察使，改江西提学副使。罢后，杜门养重，锐情著述，一时金石之文，皆出其手，卒年八十，著《龙江集》十四卷、《龙江梦余录》四卷、《大名府志》二十八卷——同《志》卷十二《人物志》本传，参看卷十《选举志》“进士栏”、卷十八《艺文志》“史部”、“子部”、“集部”。

（一）旧《志·锦传》称：宸濠變，集士民激以大义，捕城守内官，夺其锁钥，驰请王守仁入城，建首功。考《明史·宁王传》锦从逆，两存俟考——同《志》卷十九辨证。灵济桥，即西簑笠桥，俗呼鱼行桥。嘉靖间，锦重建——同《志》卷六《建置志》“桥梁栏”。喜雨亭，在城隍庙，有《记》，锦所撰。三李公祠，成化间知县李棨《德政记略》，锦所撰——同《志》卷六《建置志》“城署栏”、卷七同《志》“坛庙栏”。进士坊九，其一为锦立。学宗坊为锦立——同《志》卷六《建置志》“坊巷栏”。

（二）唐氏錞、文以次世系图及事略考。见《县志》者以“·”为记。

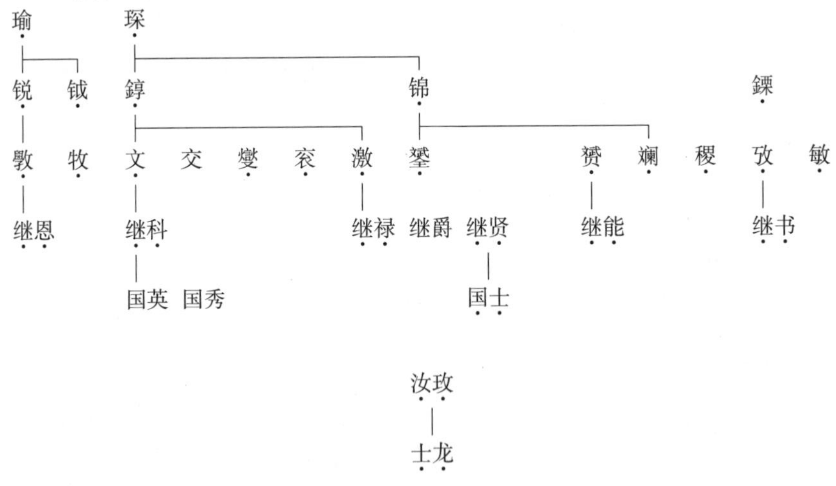

⊙唐氏錞、文以次世系图

錞子文：字世载，太学贡生——见文《墓志铭》及同《志》卷十一《选举志》“监贡栏”。

次子交：见文《墓志铭》，别无考。

三子燮：字世辅，太学贡生，归安县县丞——同《志》卷十一《选举志》“监贡栏”。

四子衮：字世甫，太学贡生——同上“监贡栏”。

文子继科：字子登，附贡生——同上

錞次孙继禄：字子廉，事寡母，以孝闻。嘉靖三十二年癸丑科进士，除遂安令。下车募壮勇数百人，储粟数千石，倭寇所至残破，遂安独全。有杀人狱，既具，称冤不已，往验无伤，惟胸前遒敛如石，继禄曰：“若饮之卤乎？”囚叩头服。召拜御史，出按湖广，兴山盗凿矿行劫，聚众三千余人，县官利贼矿不以闻。继禄缚县令，阴遣人谕贼令自解散，人给一符还籍，隘兵验符，毋擅诛，贼党尽散。擢大理丞，晋少卿，迁操江佥都御史。隆庆二年，入为副都御史，俄移疾卒，年五十一。祀乡贤。继禄居家如在官，无惰容妄语，严整介洁——同《志》卷十二《人物志》本传，参看卷六《建置志》“乡贤祠栏”、十《选举志》“进士栏”。

继禄父激：字世扬，子继禄仕，赠副都御史——同《志》卷十《选举志》“封赠栏”。继禄事寡母，以此推之，激盖早世者。

錞次孙继爵：见錞《墓志铭》，别无考。

继禄从弟继贤：字子象，嘉靖四十三年甲子科举人，象山县知县——同《志》卷十《选举志》“举人栏”。

继科子国英：见文《墓志铭》，别无考。

继科次子国秀：见文《墓志铭》，别无考。

继禄从孙汝玫：字次仲，好学，有文誉。崇祯十二年己卯科举人。清康熙间授常宁县知县，未赴卒——同《志》卷十《选举志》“举人栏”及卷十四《人物》“文苑栏”。

汝玫子士龙：孝友，能诗文——同上“文苑栏”。

继贤子国士：字进卿，万历三十四年丙子科举人。福州府通判——同《志》卷十《选举志》“举人栏”。

锦子鋆：字世全，太学贡生，中书舍人——同上《选举志》“监贡栏”。

锦子赟：字世具，太学贡生，光禄寺监事——同《志》《选举志》“监贡栏”。

锦子斓：太学贡生——同上《选举志》“监贡栏”。

锦从子玫：字世仁，附贡生——同上《选举志》“监贡栏”。

锦从子稷：字世相，嘉靖元年壬午科举人——同上《选举志》“举人栏”。

玫子继书：字子绅，太学贡生，四会县主簿——同上《选举志》“监贡栏”。

锦孙继能：太学贡生——同上《选举志》“监贡栏”——但父为谁不可考。

瑜子锐：字士谦，太学贡生，工部司务——同上《选举志》“监贡栏”。

锐子敩：太学贡生，主簿——同上《选举志》“监贡栏”。

敩子继恩：太学贡生，商城县主簿——同上《选举志》“监贡栏”。

瑜子钺：字士仪，太学贡生，南京后军都督府都事——同上《选举志》“监贡栏”。

瑜孙牧：字世惠，太学贡生，徐闻县知县——同上《选志举》“监贡栏”——但父为谁不可考。

鏁：太学贡生——同上《选举志》“监贡栏”。鏁疑与锦同辈。

敏：字勉之，贡生，德化县教谕——同上《选举志》“贡生栏”。敏疑与牧、敩、玫同辈。

（三）墓地庙泾考

庙泾为唐氏祖垅所在，二《墓志铭》俱言之。上海有两庙泾：其一，自十八保五十图北流，绝俞塘，过北桥镇，西北流，达六磊塘，又西入华亭县境——见《上海县续志》卷四水道上九叶——此又一庙泾也。唐墓所在之庙泾，据《上海县续志》卷四水道上六叶称：

“东芦浦引江水南流（越麦根路、康脑脱路、新疆路、爱文义路、静安寺路、威海卫路、长浜马路），径北长浜（越宝昌路）、方门泾（越金神父路）、王家浜、南长浜、庙泾浜，至淡井庙而南（西出一支名庙泾浜），入肇家浜（俗称带浦桥）。”

据此，则庙泾浜由东而西，位于长浜路之南，而与之平行者。今唐墓发见地，即在迤东斜接长浜路之巨籁达路南首，是以南北地位论，恰相符合。又唐墓发见地，在贝褅鏖路以西，圣母院路以东，圣母院路即南接金神父路直抵带浦桥者，是以东西论，亦相符合。

嘉庆《志》卷七“冢墓栏”称：唐瑜墓在周泾，唐锦墓在周泾北。周泾，郎敏体尼荫路及肇周路之北半段——见《续志》卷四之七叶——皆去今发见地不甚远。

大抵当唐氏全盛时，上海城西，实为其长子孙营庐墓之地。观西芦浦东经唐家宅——《续志》卷四之六叶——陈泾庙亭在西门外，唐文进倡建——嘉庆《志》卷六津渡——其遗迹固随在可考也。

附(一) 郁侃考略

郁侃，字希正，号直斋，乌泥泾人。宏[弘]治十五年壬戌科进士，授御史。逆瑾干政，出判吉安，迁开州，母丧终制，迁潮州知府。严明果信，人心帖服，势豪禁戢。移知黎平府，乞归——嘉庆《志》卷十《选举志》“进士栏”及卷十二《人物志》本传。

附(二) 王泰考略

王泰，字时旸，宏[弘]治十二年进士。以刑部主事理漕淮扬，弛军士淹系者百人，去日，籍公帑若干缗，筑石堤数百丈，以防湖涨。擢太常丞，出为江西参议，旋谢事归——同上《选举志》“进士栏”及《人物志》本传。

附(三) 沈恩考略

沈恩，字仁甫，宏[弘]治九年进士，授刑部主事，进员外郎，忤刘瑾落职。瑾败，复起，历官云南按察使，擢四川布政使，知蜀民苦边粮料价，前后奏减百余万。时杨廷和柄国，苍头骄横，恩置之法，卒以此坐免。居乡，屏谢干牍。或关地方利弊，陈白尤剀切。其殁也，贫不能敛，祀乡贤祠。大方伯坊，为恩立——同上《选举志》“进士栏”、《建置志》“坊巷栏”及《人物志》本传。

恩宅在城东北福佑桥南。相传宅成，梦迎堂额，“恩”上有“潘”字。诘日，送宾至门，见小儿入塾，册端书“潘恩”，乃瞿然曰：堂未成而居者已有人矣。因名“二恩堂”。后沈氏中落，潘为大司寇，遂为潘氏居——同上《建置志》“第宅园林栏”。

上海唐氏人才，在明时，博学远识不及秦葵斋（裕伯）父子，文章尔雅不及陆俨山（深）父子，义勇立功不及乔春山（镗）父子，徒以一门科名鼎盛，子姓蕃衍，试检邑乘，当时同姓著录之多，殆无出其右者已。

民国二十年三月十一日

（录自《人文》1931年第2卷第2期）

悼方惟一还五首

二十一年八月十一日

余初识先生，为清光绪乙巳江苏学会始创之际，先生盖犹张姓也。嗣是兴学议政，罔不与偕。自先生回翔宣南、南通、白下，迄于归卧玉山，春秋佳日，杯酒言欢，往往篝灯纵谈，夜分无倦。盖先生和易诙谐，所至令人意兴百倍，故咸乐与之游。独谈及国政乡政，刚正之气，立见眉宇。齐卢一役，先生擿抉尤苦，丙寅、丁卯后，绝口不复谈时事矣。先生道德文章政事，渐渍于人心，脍炙于人口，不殚述。一恸之余，率成五绝，恨不得起先生地下复共推敲也。

名场卅载侭趁趩，正气长留十亩庵。苦忆少年腾踔日，亭林绝学一肩担。

白茆汤汤欲念谁，玉山还我仗扶持。北平远接南通席，两地春风坐女师。

丁桥西畔象坊东，啧室今成三代风。一座吴音清可听，却从鲠直见明通。

访古同挐甪直舟，濠南唱和集名流。不堪生死分元白，此是千秋第一秋。乐天哭微之句。

杂谈今古酒千杯，得句惊人亦快哉。无恙钱家塘里月，几时蜡屐复能来。

（录自《黄炎培诗集》）

题苗可秀烈士就义遗书

廿四、十、卅

苗可秀，辽宁人。东北大学文学系毕业。“九一八”后，在第二十八路义勇军邓铁梅部任军官教育，继任总指挥，多年苦战，廿四年七月被掳。临死，作书贻其师友，沉痛壮烈。敌人大感动，愿为送达，获传于世。

真抗敌者，虽敌亦敬之；卖国者，虽敌亦弃之。否则关壮缪何为见重于曹瞒？《贰臣传》何为刊于清乾隆朝？以亲日为职业者何为见斥于日将多田？而苗烈士此书何能邮达于吾人之目！

（录自《断肠集》，另参《黄炎培日记》第5卷1935年10月31日）

寿奚燕子五十九

⊙奚燕子像

廿四、十二、廿五

适从秦奚婚筵与砚畦丈谈五十年来奚氏人物，道及燕子近况，盖积年不相见矣。席散，有遮我于楼头而握手者。其人鬑鬑欲雪，初不敢叩姓字，归途思之，得非燕子乎！翌日，果以书至，为言明岁且六十，友好将会觞预祝。余以修志役赴川沙，届日不获与，独念锦衣冠玉，四十年前之燕子，犹深深影藏脑海。余虽少君一岁，不意彼此绮年玉貌，竟随完整之河山，尽入模糊梦境也。嗟乎！燕子，今何时乎？老当益壮，亦行自勉耳。燕子其起！起！

燕子词人雪满头，初闻甲子岁星周。忍从百变沧桑后，复忆五陵裘马游。少日文章惊海内，中年哀乐减风流。输君一岁都无似，漫挟愁怀上酒楼。

（录自《断肠集》）

哭刘三并跋

二十七年九月十日

苦忆江村撤讲帷，后堂弦韵酒千卮。固知君性偏疏放，见笑吾心太执持。晚岁无柯空有斧，平生郁感一宣诗。哀哀胥眼犹堪抉，信美河山闪敌旗。

嗟我刘三，江户酒楼，华泾讲幄。城东朝课，一鞭小院春风，市北宵缧，廿里荒凉郊月。高原瘗骨，妥志士之英魂，深巷卖花，补雅人之活计。伤时痛饮，臣叔清兴有加，去国联吟，顾二灵光无恙。凡我与君往事，复谁写此生平！既而似水交情，如蓬脚迹，故家乔木，厌言十载之兵戈，京国缁尘，闲杀一廷之獬豸。偶衔杯于白下，犹流恨于红笺。中郎有女，绝妙簪花，伯道无儿，空传置篴。斗庐寂寂，谢华毂之往来，雪鬓萧萧，饱尘襟之哀乐。身在朝而仍隐，境疑菀而终枯。今者敌骑江东，君魂泉下，村啮野莩，万劫红羊，剩水残山，一楼黄叶。剑南诗卷，赢祭告于他年，岭右哀闻，极汍澜于此日已。

（录自《黄炎培诗集》）

挽吴表姑母沈太夫人并跋

二十九年六月二十六日

五十年前首忍回，先人门下执经来。嫁衣分得笘余物，桑海都成劫后灰。儿报劬劳励风节，妇修定省待泉台。三巴游屐无家恨，两代仙軿遗世哀。

湖帆三弟，先从徐景微兄处获谂潘夫人之耗，展读墓状，哀怆万端，欲有所作，以杀悲思，卒卒未果，而我姑母之讣又至。回忆童丱朝夕，惟吾姑母为最亲，此诗第三句，当时事实也。国变苍黄，海桑反复，传闻姑母年来，每劝戚友砥厉名节。我国今当存亡生死之交，幸获中兴，吾弟将为康雍之四王，不则写八大之烟云，署义熙之甲子，艺苑传其正气，德门光其遗晖，忠孝两全，弟之谓矣。拙诗辗转付邮，失晨之鸡，自惭落落，丧家之犬，应谅皇皇。

（录自《黄炎培诗集》）

读罗斯福传

这是一位英国女作家贝锡尔曼恩(Basil Main)所写的，因为是女子写的，所以偏重于富兰克林罗斯福(Franklin Roosevelt)家庭生活及罗夫人生活一类的□□。也因为是英国人写的，对于政治，有他的特殊看法。我们读书，都得知道□书人的立场和他的见解。但这些，我此刻都不提。我读的这本书，是译本，译笔相当条畅，名词的编译有不统一的地方，用语有太方言化的地方，这些，我也不提。我仅从这本书上看出佛兰克林罗斯福所以能任美国大总统，并且连任三次，他在政治上奋斗的经过，以及从这里看出美国国民和美国政党值得□我们注意的地方。

罗斯福这人立志非常坚定，他常喜欢到旧书摊买书。有一天，在旧书摊上买到一部福克斯写的《烈士记》，很是快乐。带回家一看，原来是不完全的，很觉懊丧，立下决心，无论怎样，要买到一部全本的，隔了数年，此志不改，后来居然买到了他所希望的全本《烈士传》。

罗斯福又很正直。他在哈佛大学读书时，深□到人生遭遇往往有不公平的地方，社会风俗习尚，不是有利于这一群，便是使那一群吃亏，这是不应该的。他根据自己的熟识和实事求是的精神，定要改革社会上种种不合理的习惯。因此，在校里一面固然很受同学的欢迎，但也免不了被反对,因为他太正直了。

罗斯福是很佩服威尔逊氏的。他以为威尔逊氏是一个正直而有高尚理想的人。当威氏担任□□州州长时,政绩很好,罗斯福以为像威氏□□的人能□把握全国政权,可使政治清明,营私□污的政客们的钻营绝迹,人民大众得到福利。因此,他曾用很大的气力帮助威氏任大总统。

上面说罗斯福对于威尔逊氏是很佩服的,但到后来,也渐渐发觉威氏的缺点。威氏为人太正直,理想太高远了,必须另有人帮助,把他过高的理想放低一些,才不致离开现实世界太远,成为空中楼阁。曾经有过这样的故事,有位英国的爱锡尔勋爵,是一个现实主义者。威尔逊氏到欧洲参加和平会议,爱氏批评他,说威氏是位神仙,到欧洲是神仙离开宫阙而下凡,会失脚的。他又说威氏好像释迦牟尼穿了大礼服跑进军政部,人们对威氏的批评是这样,罗斯福却始终对威氏表示忠诚。威氏倔强而不合实际的态度虽非罗氏所赞成,但他始终认为威氏自有他的长处,始终赞扬他的长处,以为历史上人物所不能及的。

罗斯福有健康的身体,经过医生诊断,健康程度足以担任国家的领袖。他在竞选总统期间,每天自早起到深夜一二时为止不断的演说、开会见代表等。有时一天要演讲二十次,演讲时,他的精神特别贯注在农民听众群中。在演讲之外,更喜欢□法民直接谈话。同时,他准备失败,以为只要尽我的忠诚和能力为了高尚目的来奋斗,即使失败,也没有什么可以懊丧的。他时常以此自慰。

党派斗争中不真实的妄语,罗斯福氏是极端反对的。他尤其注重在一般公民之前做一个清白人物。他先任纽约州州长,借这个机会,尽力于造福地方工作,有几桩实在的贡献。他主张把纽约□路伦士河的水力变成电力,而且使价格变为极低廉,减轻民众的负担。第一,他筑□□水力电厂。第二,架设几千里长的馈电线。第三,把电力分送到千万人家和工厂里去,使人民有廉价的电力使用。此外,如关于农业经济、司法改良以及公务员老年恤金等种种措施,都获得了大多数人民的信仰,这是后来参选中得到胜利的根据。

当时,美国人的政治程度低下得很可怜的,像罗氏这样正直有为的人,很容易遭受政客们忌恨。他的独立特行,难免遭人嫉视。美国商人资本家的智识程度也很低下,只知自私自利,在罗斯福被选任大总统之前,美国经济发生恐慌,四个人中间即有一个人失业。于是罗氏主张管□农工商业,提出复兴法案,商人资本家不了解罗氏主张的意义,大大的怨恨他反对他,一直抱着反抗的态度,罗氏为了大多数人民的幸福，不惜与之奋斗。美国一般民众，智识程度倒是很高的，所以罗氏第一次当选为大总统不必说了，就是一九三六年大选时，选民的大多数仍是主张罗氏连任，罗氏第二次□任大总统后，资本家主张和平运动，但罗氏的外交政策，认为只有加强国力保护美国的权利，才是根本和平□和。当然，资本家是反对这种意见的，于是罗斯福不怕烦难地把他的政策内容和理由告诉全国国民，到底获得了大多数人民的拥护。

说到美国当时的经济危机，在一九三三年以前三年内，银行倒闭的在五千家以上，失业人数由三百万人增加到一千三百五十万人。生产数量减去了百分之四十七，农产品价格减低百分之七十一，预计的全国岁入减少百分之五十六，人民纷纷提取银行存款，几乎陷于经济总崩溃的绝境，在这期间，罗氏大声疾呼，愿意担任总统挽救危局，反对他的人，就在他就职二星期前，偕同支加哥市长薛尔玛在街上行走时谋害他，竟有人向他开枪，结果打中了薛尔玛，凶手再开枪，却有一群女子把凶手捉住了。薛尔玛临死时对罗氏说："我很喜欢我，死不足惜，幸而你没有受到枪击。"

罗氏幼时有这样一个轶事。在他五岁时，他父亲去见克利夫兰总统，总统和他说："你这孩子，我希望上帝保佑你，不使你做美国的总统。"这话很值得体味。克利夫兰深感美国总统味儿不好尝，但罗氏还是当了美国的总统，并且连任三次。

还有，罗斯福夫人爱玲娜年轻时，一年四季穿着长统袜子，有时，她把袜子卸下至脚踝间舒适一下，她的外祖母就立刻制止她，以为女子不当□□腰部，从这事看来，美国在三四十年前，女子尚不许露腿呢！

我写《罗斯福传》完了，我想：

美国总算前进的民主国家了，民众的智识程度的确够。支持罗斯福政策的，还是靠美国广大的民众。可是同时怎么还有这许多商人只知自己，不知有国。拼着命把军火和制造军火的原料卖给处心积虑要打美国的敌人日本，直到末了一天才止。到西海岸受日本炮击了，怕这般资本家荷包里的，才觉得有些血腥臭了罢。

一九三三年三月罗斯福就职大总统以前两星期，米阿米群众欢迎场上"误中副车"的一幕，不几乎等于我们中国西安事变的严重性么？要使前前后后看清了美国这般艰巨的环境里像罗斯福这样的总统万少不得的话，那么这一枪不几乎影响到美国整个国家的命运！或者竟还可以影响到世界！

吾想：美国广大的民众，是该享受共和幸福的，只这种政党制度，用甚么方法使之足够配合这般国民，似乎还有问题，总不希望把一个国家的命运，赌在无知识暴徒的枪法上。原来真正的广大民众的意旨，倒是不会错误的呀！吾想。

（录自《国讯》1942年第299期）

我师蔡孑民先生之生平
——蔡孑民先生传略书后

我师蔡孑民先生，以民纪二十九年三月五日辞世，距今三周年矣。先生之门与其友好，不期而会于陪都以纪念先生，炎培尝朝夕受业先生者，敢不“既竭吾才”状先生之生平于万一乎？

先生两度长全国教育行政、长全国最高学府、长全国最高学术研究机关，虽获稍稍行其所志，实则未尝大行，行之亦未能久。然其影响所被，不惟制度文物为然，在大中华民族精神上，亦即奠下深厚之基石，而完成其承先启后之职责也已。

当满清季年，国政不纲，外侮洊至。先生生长浙东，凡明清之际黄梨洲、张苍水、全谢山诸大儒民族思想，亦既潜接而默识之。至是，感于环境之日益恶化，卓然立此为思想中心。当炎培等受学时，所以朝夕诏示，一以国家民族大义为基点，乃有“孑民”二字之更名，爱国学社、中华教育会之后先发起。革命先觉中山先生倡义海外，一时才智风云蔚集，先生以海内大儒，参加振导焉。诚富革命思想者，必尊视公众意志，先生前此表同情于南洋公学学生之罢学，以及后来对五四运动之态度，皆此思想之所驱使也。

民国成立，先生欧游甫归，受任全国教育行政，主张以美育代替宗教，以美感教育完成道德。其理论大意以为：人惟不执着现象世界，才能接触实体世界，从正确之世界观，获得正确之人生观，见于先生所为教育感想文，此为先生人生哲学之基本理论。盖先生思想虽以国家民族为基点，实未尝以此自域，尝训吾侪后生读《天演论》、《民约论》，多吸收世界知识，而己亦数游欧洲，穷治哲学，虽终身不倦，其求知热之高度有过人者。

凡革命起于遂行其是非之心，先生于是非之辨，持之最严。平居气度温粹，人对之如饮醇醪，一至评论时事、臧否人物，严气正性突然忿涌，酒酣耳热，至不可抑止。其见诸行动，义之所在，虽威武不屈，盖先生之个性与其素养使然也。

先生基于宏大之宇宙观与严正之人生观，视人类一切行为，苟无背于人道、无害于国家民族，皆在包容之列。苟其有利，身为之倡，其或有害，必斥去之。虽大反习俗，亦所不惜。其长北京大学，百家腾跃，则无所不容，而肃若秋霜。其外著之风度与内藏之衷曲，知先生者盖深识之。

维时北京政府国政之不纲，既犹我大夫崔子，而外侮之来加烈且迫焉，而五四运动作矣。先生秉其一腔义愤，又尊视群众心理，不欲摧抑其正义感。始则以投鼠忌器故，不得不周旋于当国武人之间，至百折千回而终于大去。斯时先生用心为最苦，而其贡献于民族精神之复兴实为最大，百世下历史家当公认之。

国民政府既立，先生舍政而学，一意致身于全国学术之倡导，将以培立国之大本，树国人向学之先声。未几而先生老且病，以迄于长逝，然学术空气渐趋浓厚，则实先生之赐也。先生病中，于暴日侵略，主张抗战至坚决，见于其所为《满江红》词，先生之精神盖一贯焉。

炎培以为民气之所趋、真理之所在，断非一时暴力所能摧灭。我中华古训于政治主大同、贵民而轻君，于教育主有教无类，此其中盖有联系之真理存焉。人莫不求生存，视听言动莫不求遂其所欲，亦既确立中心思想矣，人人献其才力心思，而衷于一是、终于一的，范围不过，曲成不遗，此为理想之政教大方针，先生自由主义的教育，实远超此数千年遗训，而下开民治之基，与中山先生民权主义第一讲民权发展之经过，其源相同，决非欧洲法西斯纳粹欲以一手掩尽天下耳目之独裁主义所能取而代之者。今轴心国家之失败，既显著其朕兆矣，他日全世界民治昌明，回忆当时先生之所倡导，其先知为可佩也。

炎培所窥见先生生平略如上述，而言行一致、夷险一节，其人格有如此者。后之人爱读先生文章，佩先生学问，须知先生于文章学问外，别有所以感人者在。

方先生初逝，炎培尝为哀悼词，而结以数语曰："有所不为，无所不容。"盖有所不为者，先生之律己也；无所不容者，先生之教人也。无所不容，其大也；有所不为，其正也。愿重述于此。

高平叔君辑先生传略，既获读大概，辄以此文书于其后。

（录自《国讯》1943 年第 334 期，转引自《黄炎培教育文集》第 4 卷）

悼牛厚泽三首跋

三十二年六月二十八日

磊磊心肠仆仆身，各将志业照轮囷。鄱阳雅语聊为寿，百岁名齐相老人。

载笔周游亦壮哉，我惭度陇尚徘徊。滔天未易长城坏，忍踏延陵墓草来。

恩仇一梦坠空云，君叔何曾惜此身。里老胜闻说遗爱，长官勤政县民勤。

秦子翰才自兰州函告，陇人为牛厚泽先生生前举办教育实业有功，于六月六日举行蒙难纪念。先生尝为民勤县长，县人谢镇宇犹能缕述先生善政云。回忆二十年前，先生往来西北与东南间，吾两人志事略同，故踪迹至密，中华职业教育社初成立，先生与会，享寿至百有一龄之马相伯叟亦与会，人戏呼为牛马大会。不图盗杀君叔，志决身歼，而余至今尚未获登陇一拜宿草也。

（录自《黄炎培诗集》）

寿董必武六十并跋

⊙董必武像

平生谢绝人称寿，亦少人前祝寿来。吾子长年须厚爱，中华元气待深培。平和露出刚方性，渊默能兼激辩才。世象日新人不老，大同梦境况恢恢。

余与兄自民纪27年7月18日汉口中路83号寓庐握晤订交，六年以来，一月数晤，乃至一旬数晤，晤必纵谈时局，深佩兄于论事论人，平而不苛，深入而能客观。吾人理想，大致相同，欲以国家民族达于全人类，平其不平，乐其乐而利其利，意兄亦谓然也。中华元气，凋敝已极，逐寇难，寇去而有以善其后，则尤难。兄将何以教我？

（录自《黄炎培年谱》）

悼寒筠三首

余初不识寒筠，民纪廿七年，在桂林始获相见。既君由中华职业教育社桂分社转渝总社，见君所为社员统计及整理文书计划则大惊，谓非有极精细脑力不办。既而手为答青年短札，余以事冗，更时时为代，则更叹其义正而词婉，言简而心长，入之国□，所以导青年于常轨，直将使之泣下，正不惟其文琅琅可传诵也。青年既奉为师保而余更亲若弟昆，几于一日不可无君者。而君病遂殁，谓非天乎！既殁三日，益华夫人始生一女，谓非天乎！

两家不百里而遥，独秀峰前始订交。命短才长成一晌，邻春巷断冷颜飘。

每从渊默见忠贞，交友无多只一诚。骨比梅清心发细，盖棺认为写生平。

何曾记室限牛华，仰叩梦梦伯道嗟。黄绢他年成慰藉，劬劳终许护兰芽。

（录自《国讯》1944年第357期）

题张自忠纪念集

⊙张自忠像

张上将自忠殉国，于今四年矣，而国犹未复，敌寇骎骎且越平汉而西，踏湘桂而南，事急矣。愿全国上下且勿作“胜利在望”语，大家随时随地，随时自问：“我将何以对死者？”

民纪卅三年九一八之明日。

（录自《张上将自忠纪念集》卷六，标题为本书编者所加）

挽贾季英联并跋

十亩沧桑，吾园如梦，直到弥天烽火，犹课潜修，弟子剩三千，想见绕棺齐痛哭；

八年皮骨，君笔余花，不图匝地金铙，重呼内战，死生艰一面，便容把袂亦酸辛。

先生毕生尽瘁教育，自民国初元长上海江苏省立第二师范学校，先后十有六年。此校由龙门书院、龙门师范学校递嬗而来，校园即上海名胜地吾园旧址，今夷为廛舍矣。先生执教不辍，直至“八一三”之战。日寇陷上海，同人等所创中华职业学校，犹赖先生以身翼蔽，使诸生埋首潜修，以迄于凯旋光复。

⊙贾丰臻像

炎培与先生髫年同应童子试，中年共事教育，无役不偕。当时沈信卿（恩孚）、袁观澜（希涛）二前辈以及杨月如（保恒）、顾述之（倬）诸先生，皆一志教育救国，炎培与先生参伍其间，今诸先生尽作古人，往事回头一梦耳。抗战获胜，先生于通邮后立赠一书，附赠一律，有“八年皮骨空留我”之句，墨渖犹新，而先生归道山矣。国事犹是纠纷，民生犹是痛苦，先生其有遗恨哉！炎培并跋。

（录自《黄炎培日记》第9卷1945年11月25日）

赵香宋先生去世略其生平附之以诗

⊙赵熙像

一九四八年十月一日，上海

赵先生名熙，号尧生，别号香宋，四川荣县人。清末以名翰林为监察御史，因弹劾满清权贵庆亲王奕劻及邮传部尚书盛宣怀，而名益震。先生是四十年前真能抨击豪门、真能打老虎者，当时并未因之革职，且未受谴责，可见清廷虽极腐败，犹重正气，犹惮舆论。先生以今年九月二十九日病殁于家，年八十二。

重登蜀道尚无期，一老惊天不憖遗。分韵记陪歌乐酒，还邮见答剡溪诗。（本事都载入《苞桑集》。）拳拳百辈心香叠，岳岳中年谏草驰。忽地翻帑朱玺在，人琴桑海百嗟洟。（报端闻耗之日，我方移居整理故籍，偶翻二十年前从北平旧肆购得之段注《说文》，一开卷，赫然朱文“赵熙”两字。）

（录自《黄炎培诗集》）

陈叔通《陈陶遗传》辨正

⊙陈陶遗像

陈陶遗，1906年在上海辛家花园相识，并同参加同盟会。后陈去日本东京，租屋设同盟会江苏支部，习制炸药。与绍兴沈希侠、宝山赵正平、金山顾珊、阮介藩结为兄弟，从事支部工作，陈为长。1911辛亥革命前一年归。过上海，在南市某茶肆为逻者逮捕，解南京，与孙少侯同一羁所。赵正平时为两江师范日语翻译，进言于校长李瑞清（清道人），转劝总督端方释陶遗。端方号陶斋，陶遗原名道怡，从此以“陶遗”名。1913二次革命失败，赵正平去爪哇，陶遗从之，在泗水为教员。李烈钧、钮永建亦于是时去新加坡。1915归。世传陶遗为张謇所营救，绝不确。

（录自《黄炎培年谱》）

其他、连署

同本堂义庄记

同本堂者，陆君清泽、张君国模合建以祀其先人，而教养其族裔者也。两君故兄弟，清泽后外家陆氏，故合两姓而命名“同本”焉。炎培既获登其堂，读其所订章程，观其所为事业，则作而叹曰：此可以风世而垂后也已。

昔之为祠，限于祭，其立庄置田也限于养。夫为子孙者，亲承其父若祖之謦咳，则霜露之感油然而生。顾曾不数传，俎豆委于尘蒿，墓木饱于樵斧，乃至鹄面鹑衣，环祠而诉其无告者，比比焉。此无他，百世而后，祭有时衰，而养有时穷也。二君鉴于此，其立法也，设评议、理事两部，任职者不惟其长、惟其贤。事前预算，事后决算，一切设施，本之众意，著为定章。而其施教也，族儿满七岁，无力资之使受义务教育，其秀者资之升学。陆君且就堂之旁，设莲溪学校，学生不限于二姓。春秋节日，以时演讲。俟积金多，更设习艺所，资助高等教育。夫不教而养，曷若教之使自养。能自养，则子姓愈繁，其生产以互助而愈大。仓廪既足，门闾斯光，相与永永无忘先泽焉。世之人方盛诋家族主义为不适于时，若此者其又奚病欤？而况二君者，本友爱以建堂，则四海兄弟之谊，后世子孙，感念先训，充实而光辉之，虽广斯堂于天下可也。

堂在江苏川沙县城北门外，成于民国三年三月。二君合捐田如干亩，屋如干所，现金如干，泐如石。

（录自民国《川沙县志》卷十二“祠祀志”）

诒翼堂记

赵君增涛就川沙故居拓地建祠，颜其堂曰“诒翼”，而属余记其事，其言曰：

余之家于川沙八团六甲钦公塘之西，先世之可考而知者，仅五世耳。高祖绳祖，次子曰安，实吾曾祖，生子二，次曰仲春，则吾祖也。生子五，吾父兴堂行四。别支曰圣文，与吾高祖同辈行，顾其行次失考，后无存焉者。相传吾高祖有田全甲，其后寖落，吾祖力耕自食，吾父昆季皆业圬，有田仅一亩有半耳。吾家既凌夷衰微，啬于养，安望丰于祭？余十龄始就塾，十四随父走沪渎习圬。五十年来，叨窃先荫，因缘时会，差幸生计非恶。木本水源之思，胡可恝也。方十六七龄，作工于南翔西百善郙赵氏，主人子章、子明兄弟，示余家谱曰：吾辈通家，皆宋艺祖后也。余耻攀附，未加深究。某岁于故宅堂隅得木主，题曰：善载赵公，讳恩愚，生明万历四十三年，卒清康熙二十年。更索之，无所得，公其始迁祖乎！抑自公至绳祖公，历若干世、若干年，举弗可考。焉知后之视今，不同于今之视昔也，此祠之所为作也。

祠以民国十五年三月经始，自门而庭而堂。门与堂左右，各二室。东西厢，又各二室。堂后为龛三，以供木主，左右各三室。其东屋，守祠者居焉。环祠田五十余亩，守祠者耕焉。屋一以铁筋三合土建，水不能蚀，火不能灼。以民国十六年三月告成，凡耗银二万五千圆，吾力略尽矣。

赵君言如此，记者曰：赵君读书不多，而能知本；积财不多，而一施以正，其可风哉！抑不惟善念其祖而已，行于乡者，有某桥焉，曰增涛所建也，某路焉，曰增涛所筑也。以是诒其子孙，昌大其门，其无负君名斯堂之意也夫！

（录自民国《川沙县志》卷十二“祠祀志”）

两位老婆婆的话

我到上海附近乡下去，在轮船上，遇见一对年老妇人，在那里作家常闲话。

甲老妇："你们去年花卖多少钱呢？"（棉花，乡人简称"花"）

乙老妇："可怜得很！去年收成不好，种二十亩田，每亩只扯得六十斤，九月里因为急用，每担（百斤）只卖得十四元，通共卖得一百六十八元。除掉买种子，买肥料，雇工帮忙，仅仅多五六十元，而完租到要一百块大洋，像去年的种田是亏本的，要饿杀的。可怜不可怜呢？老阿姊呀！你们好，自种田。"

甲老妇："自种田也不见得好啊。近年钱粮多么重！一亩要一块四五角，三年前还不过七八角。吾们去年种自家田二十亩，除头割脚，也不过多着四五十块钱，交交会，还还债，剩两只空手。"

乙老妇："老阿姊啊！你是有福，你的儿子好，在上海做工头多么好！你的小儿子阿林，今年几岁了？"

甲老妇："阿林九岁了，小学堂里先生说他读书还好。隔壁的董家嫂嫂倒说我们的阿林，将来同他的阿哥一样，要坐包车的！"

乙老妇："老阿姊啊！你真是有福……"

忽然人声大嚷："到了！到了！"几百个人一哄而散。

我听了两位老婆婆一段闲话，得下边几种感想：

一，农夫的可怜！种二十亩田，不算少了，还有不满二十亩的，还有没得种的。每亩收棉花六十斤，也可以算中稔之年了，可是还要亏本，要饿杀。

二，因为急用，九月里的棉花随收随卖，每百斤仅得十四元。这种地方，想到乡村公共仓库的好处，农家收成急用，把农产向公共仓库押钱，到几个月后，农产涨价，然后卖出，利归于农，不归于商了。

三，一亩田的赋税，倒要一块四五角，三年前不过七八角。

四，上海附近的妇女，祝颂人家的儿童，说他要坐包车的，他们眼睛里，看一辆包车是何等的阔绰！可是上海市上的妇女，有因要求他的丈夫买汽车不许而淘气的；蹩脚的包车，又不在他们眼睛里了。可见人们欲望是无穷的。吾闻古时评论人家的富，说他有多少小车子。(《曲礼》："问士之富，以车数对。")吾不料小小的交通器，倒是三千年来人们欲望的老代表。

(录自《生活》1929 年第 4 卷第 21 期)

时代的长途大汽车里一群乘客

廿四、八、廿一

二十四年八月十五日，锡沪长途汽车在南翔行通车礼。先期发柬，在沪被邀者，那天早上八时集闸北虬江路公兴路口登车，行半小时，到南翔。集古猗园，园不算小，礼堂很小，客人来得个多。困在垓心的几位楚霸王，挟着虞姬，太阳的火，引起了心头的火，实在不大按捺得住了，匆匆礼成而散。我呢，老在外边流宕流宕，倒发见了不少难得见面的老朋友。

一声爆竹，忽地里彩绳两下分开，五六十辆大汽车，和一百辆左右自备汽车如潮如海地向常熟前进。

原来锡沪长途汽车公司，是集资创办的。民国廿二年九月发起，经过了两个年头，眼睁睁盼到了通车的今天。当轴的诸位，牢牢记着“前车覆，后车戒”的古训，和和气气地从没有闹过“车脱辐，夫妻反目”的恶现象，在舆论督促之下，聘到了“驾轻车，就熟路”的能员，按住了预定的方针，进一步，算一步，居然一路顺风，没有推车撞壁，总算高高兴兴地接受那三千位来宾载道的颂声，和一百四十公里旁边几十万人民舍旧谋新的舆诵。只累得南翔和常熟地方忙碌不堪地仿佛干那百两盈门的大喜事。

我是随着大众，上了一辆大汽车，才坐定，正谊社旅行部主任徐缄若君走来告我，邵达人君自备汽车内留着两座，怏怏前去。我呢，实在舍不得群众，而又不能孤负邵、徐两君的好意，就推内子及林荫小学校长陈鼎芳女士去，我们一张公共的大话匣开始发声了。

且慢，让我登记一下通车诸君高姓大名，老实说，对门和隔壁许多张半生半熟的面孔，不好意思去请问，还是用这个法子来解决，难得没有一个人反对，居然完完全全大家亲笔写出来，一看原来如此。

一看，原来中间包含着这许多大人物，可谓萍水相逢，尽东南之美了。潘、潘、童、吴、方五君都是嘉定人，嘉定到了，五君指示了不少使人起劲而又使人起敬的故事。

建筑在嘉定西站旁边的一座大桥，称侯黄桥，是纪念明末殉难者侯广成、黄陶庵两位先生的。广成先生名峒曾，陶庵先生名淳耀，都是当时有名的文学家。清兵来到，两先生联合同志，起义抵抗，不成，殉节。后人感念两先生，一谥侯忠节公，一谥黄忠节公。陶庵先生还有一位老弟渊耀先生，是一同殉难，所谓嘉定的二黄先生。正谈话间，忽从城墙上发见一童子状，仰尧先生大声说："这就是石童子呀！"前清倭寇猖獗，快要到嘉定时，一个石姓的童子首先望见，奔告守者抵御，倭寇恨这童子，把他杀死，年纪只有八岁。事后，地方纪念这位义童，在城头上立个像，大家称他"石童子"。

外冈到了。有一桥在建筑，仰尧先生说："这桥拟题名大昕桥，所以纪念钱竹汀先生的。竹汀先生名大昕，是前清一代大儒，学问渊博得了不得。经史不必说，音韵学、历数学、天文学、舆地学、金石学，乃至辽、金国语，无所不通。先生墓在外冈，到今嘉定人珍藏他遗著的还不少。"仰尧先生还说："这几天，嘉定城内正开着'嘉定先哲遗著展览会'，惜今天不及去观看啦。"

太仓过了。双凤、直塘、窑镇、支塘、白茆、古里村，一个个路牌，在眼帘前一闪一闪地过去。一位客人站起来，指着远远里一座高楼，对别位客人说："诸位要认识瞿氏铁琴铜剑楼么？那里就是。"

沿途经过了不少村镇，夹道人山人海，也有放爆竹表欢迎的。究竟欢迎声里包含着什么意思呢？常熟某报有一篇文章写得多么深刻，仿佛是这样说："一般乡下千灾百难的老百姓，正在走头无路的中间，忽然汽车通了，欢迎呀！欢迎呀！欢迎什么？欢迎上海和各地有钱的人们从汽车上装载些银圆来散散。"照这一段意思，与其说"欢迎"，毋宁说"哀迎"。就怕上海和各地坐了汽车来光临的旅客，也正在哭笑不得。

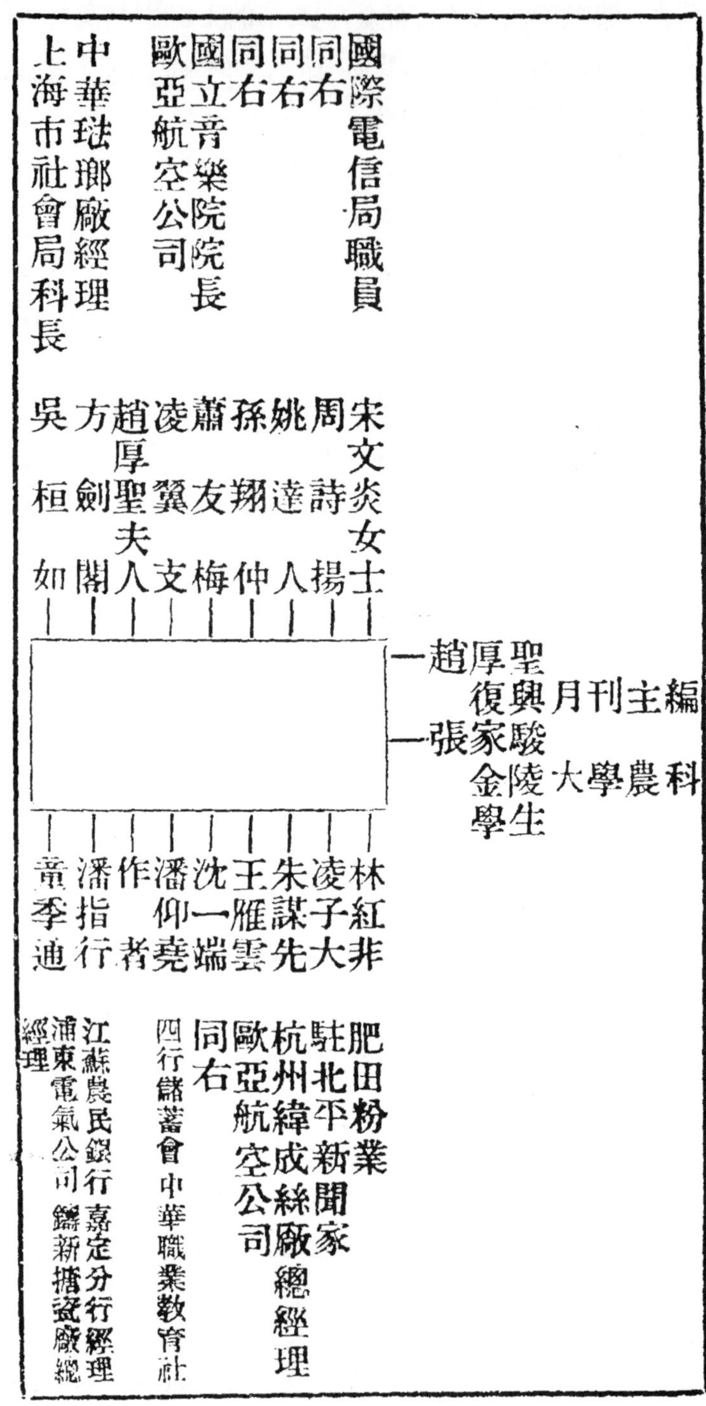

姓名	職業
宋文炎女士	國際電信局職員
周詩揚	同右
姚達人	同右
孫翔仲	同右
蕭友梅	國立音樂院院長
凌翼支	歐亞航空公司
趙厚聖夫人	
方劍閣	中華琺瑯廠經理
吳桓如	上海市社會局科長
趙厚聖	復興月刊主編
張家駿	金陵大學農科學生
林紅非	肥田粉業
凌子大	駐北平新聞家
朱謀先	杭州緯成絲廠總經理
王雁雲	歐亞航空公司
沈一端	同右
潘仰堯	四行儲蓄會 中華職業教育社
作者	
潘指行	江蘇農民銀行嘉定分行經理
章季通	浦東電氣公司 鐂新搪瓷廠總經理

⊙通车诸君姓名

常熟，我还是在前清宣统二年去过，一别二十六年了。短短的人生，能禁得二十六年的久别么？怪不得一班老朋友一个个欠陪哩。

我第一个常熟朋友，是同学殷次伊兄。他最精熟的是历史和地理，他的人品很好。不料三十岁左右在常熟、上海间舟行溺死。如果长途汽车早通了三十年，次伊也许死不了。如果到今还在，我敢相信他在学术上定有很大的贡献。

我第一次到常熟，招待我的是谁？是丁君初我，名叫祖荫，又号芝荪。他的文学是好好的。在地方推行新教育时代，他是常熟地方的教育领袖。到了民国初年，他还做了几年本县的县长，是江苏几个好乡官中间的一个。晚年住苏州，专心编辑地方掌故。他曾告我有《虞阳说苑初编》已付刊，二、三编亦已具稿，惜不久下世了。

我十四岁的时候，正在学做八股，忽然送到一本江南乡试中式第二名曾朴的朱卷。首篇题目，是“桓公九合诸侯，不以兵车，管仲之力也，如其仁，如其仁。”那篇八股文做得又典雅，又流畅，又堂皇富丽，可爱之至。从此吾脑海里有一曾朴，觉得仰不可攀，料不得后来我还有资格和他俩订成深切的交情。他为写了一本《孽海花》小说，早年就享大名，晚年和他的儿子虚白编行《真美善》小说，介绍了不少欧西名著。他是两只脚分跨着新旧两文坛的。他的才调却不让他的文章来遮掩，倒底到了晚年在江苏财政上一度表显他的政治才能。可惜在几个月以前早下世了。那一天我到常熟，碰巧那位青年文学家曾虚白先生正在招待，我不见还可，一见，那能不触引我痛哭故人的情绪呢！

还好，剩下几位老朋友还能安慰我。一位是刘琴生，一位是蒋韶九，可惜他俩正在实行“下野”，度那冷静休闲的岁月，不肯在热闹场中露面，就看见一位本县人做过本县县长的庞甸材。庞君厚貌深情，亲亲切切地来招待我和七十二老人沈信老。

常熟在三十年前，一种有名的产物，就是科第。单就状元而论，前清一代，一百一十四个状元，江苏一省，占了四十九个，常熟一县倒占了六个（据仰弇说嘉定也有四个）。除了更多的吴县占到十六个以外，没有一县比得他多——详见拙著《人文月刊》二卷二期《清代人文统计之一斑》——现在还生存着五个进士、两个举人。可惜其中一位孙师郑先生在几星期前又下世了。其中有位张双南先生倒也是三十年前老友。

时代的长途大汽车，不停的前进，一方面惹你伤叹，一方面却又惹你欢喜。

曾孟朴之后有曾虚白，前边说过了。刘琴生之后有刘聪强，是王云五中兴商务书馆云台二十八将之一，那见得不是一个个强爷胜祖呢？

前进！前进！我愿和我可敬可爱的青年，鼓着热诚，奋着勇气，大家趁着时代的长途汽车，凭藉着一座庄严而残破的锦绣江山，领导着四万万千灾百难而不失为优秀聪强的民族来前进！前进！

附：虞山怀旧三绝

一失足成千古恨，空携雄涕吊江潭。多君博雅饶风趣，隔舍乡音趁夜谭。（殷次伊）

书生作宰亦精神，枌社弦歌转眼新。晚岁乡邦考文献，沧江遗恨失传人。（丁初我）

孽海烟花早品题，忏将绮梦付惊鞶。词人老去留仙蜕，白发秋娘日夕啼。（曾孟朴）

（录自《断肠集》）

为杨效春先生辩诬

民国二十七年四月廿九日，汉口《大公报》载有黄炎培、江恒源、朱经农、高阳、俞庆棠、陈礼江、杨开道、赵冕、卢作孚、梁仲华、唐现之、梁漱溟等十余人启事一则，全文如下：

前安徽黄麓师范校长义乌杨效春先生，为人淡于名利而勇于为国家社会服务，人格皎然，众所钦仰。此番在肥以汉奸罪名死于军法，纯系因诬被害，除其详细经过已由黄麓校友另有申述不赘外，对于先生名誉被诬一层，同人等与先生相交多年，知之甚深，义难坐视，用特负责共同声明，以存公道，敬维社会公鉴！

（录自《黄麓通讯》1939年第2卷第1期）

曹显亭

一九四〇、四、一五，重庆

记重庆曾家岩中国共产党办事处工作的小同志。

一个灰黄色军衣的孩子，埋着头在写字。

“你多少年纪？小弟弟！你家那里？”

“我十五岁了。我家河南省舞阳县里。”

“你念过几年书呢？”

“我那有工夫念书！先生！我打了三年游击。一年里不知打多少游击！”

“打游击好呢，念书好呢？”

“我要念打游击的书。先生！我念了书，还要去打游击。

先生！我的大哥在打游击，我的妹妹在打游击。定要把日本强盗从大门里打出去。

我念书，我写字，就为了这些。”

“我爱你，我敬你。小弟弟！何不留下你的姓名呢？”

“曹显亭”，提起笔来写出三个大字。

（录自《红桑》）

黄自不死

作曲家黄自，字今吾，江苏川沙人，小字四由。既殁四年，其叔黄炎培听黄自之弟子奏黄自所为曲，哀其志，叹其年之不永，因作此歌。

碧海清天，波平如掌。

一阵阵罡风，卷起掀天恶浪。

无数青年男女，在齐声高唱。

吾师乎！吾师乎！

无奈孤舟独桨，只留得琴声海上。

海云开处，那个山头，苍颜一叟，飘扬着国旗在手，是大中华护国老人长寿。

唤出吾师小字，芳香满口。

唤一声，浪回流，四由。

唤两声，天低头，四由。

唤三声，大中华万岁千秋，四由。

三一、四、三

（录自《白桑》）

陶行知不死

一九四七、七、二三，上海

陶行知先生是一九四六年七月二十五日去世的。

一

我真不懂：
办的是教育，
教的是民众，
是妇女，
是儿童。
教他们清清白白地做人，
有了手，要做工。
拜谁做老师呢？
大众。
教什么，学什么，做什么，
是一贯的新的作风。
只有这些，
也没有敢触犯什么“法律”，
也没有想和你们比英雄。
然而，然而，
晓庄终于被封。

二

“先生！谁在教你卖力？
白的，你不许人家说它是黑。
这世界当然属于有钱有势者呢！
广大的群众，让他们糊涂地过去，不好么！
你偏要教得他们明明白白，
教他们站起来，
真站起来了，天下不从此多事了么！
要是人们都这样，这世界还了得！
你想：
这是谁的国家？谁要你教他们爱国？
你偏要教他们：曲，说是曲；直，说是直。
我们不能容许你，
像你这样的人，先生！简直是‘要不得’。”

三

先生！那里去呢？
有钱有势人不要你的了，
自有人要你：
广大的群众要你，
穷人们要你，
苦人们要你，
小孩子们要你。
先生去了。
千千万万人哭你，
送你，
一年一年不断地在想着你，
永远想着你。
光想你，够么？

不够。

要追上你。

来！来！大家来追上你。

晓庄不灭，

先生不死，

永远供养在穷人们、苦人们、小孩子们、广大的群众每一个人的每一颗赤裸裸的心里。

（录自《红桑》）

黄炎培先生七十寿辰与诸亲友谈话录

时间：卅六、十、十九日

地点：上海中华职业学校

首先谢谢诸亲友劳驾，唯今日粗点淡茶，招待不周，望原谅。

祝望长生，人心所同，但仔细想来，徒然留存于世上的时间长，消耗大众食料，有何意义？譬如纸花能供久玩，鲜花有香有色，仅开一二天，人总是爱鲜花，不爱纸花。故我意寿命长短，不足计较，要在活得有意思，不徒为酒囊饭袋才好。至于说到“祝寿”，我的确不感兴趣。

适才竞武（黄先生第二公子）说我嘱他废除一切仪式，万不可受人礼物，此何故？愿向诸友说明道歉。时势若此，坐在堂上的我辈，处此境遇下，虽生活勉强过去，要知世上有多少人正处于食不能饱、衣不能暖，甚至流离失所，卖男鬻女之窘境中！况我服务教育界朋友中勉强生活，甚至不能生活者，不知凡几？若铺张祝寿，累及穷亲苦友不送礼觉得不好，送则说不出的苦，叫我那能心安？今日有不少达官贵人，不知体恤属下，一逢婚丧喜庆，铺张装阔，广分礼帖，累的一般人叫苦连天，实属罪过。最近职教社订就一份章程，凡亲友婚丧事故，每人限送一万元，数虽小亦足表示心意。我们不仅以此自勉，并望诸亲友亦如此提倡。刚才我进门时，适逢一位太太亲送礼来，我要请这位太太原谅，我一定将原礼奉还，否则不仅对不起别位且违反我提倡节约的初意。

现在随便谈谈我个人，七十年来，可说前后一贯的生活于艰苦之中。小时还好，十余岁时父母去世，全赖外祖父培养读书。廿岁，为塾师历四年半，考入交通大学前身南洋公学，环境全□，始悟天下之大，人才之多，心胸为之一广，我愿奉劝今日在座青年，我人做人，应先立志做如何样人，然后照预定的方针做去，人家毁誉，不必计较。我小时因穷，为人鄙视，廿岁左右，屡向人家求婚而被拒绝。直至第六家始成，即我已故之王夫人，因为我的文章和楷书，为先岳父王筱云先生所赏识，得以玉成。不久在科举场中，□了头角，贺者盈门，皆说早知此儿不凡。及后参与革命而遭逮捕，幸为美教士力保，得免于难。此时声誉骤落，大家又看不起此儿。迨避难归来稍创□业，乃又受人□誉了。我乃大悟毁誉毫无价值，只在我能自立。今日要为诸小弟妹告者，我人作事，万勿因人毁誉而忧喜，只有抱定宗旨，终身行之。

人求上进，犹逆水游鱼，至为艰苦。为了行我良心之所安，有些时候，不能讨人欢喜，甚至获罪于人。两人相打，我处于两者之间，左边人责我不帮他打右边，右边人骂我不帮他打左边，两边不讨好，只不过讨好了自己良心。

地球上总人口不下二十万万，人类在各种动物中，智能最高，此智可以为善，亦可以为恶。利己利人，就是善，如何谓之恶呢？但求利己，不惜害人，甚至害人同时害己。我们做人务必为大众着想，千万不可专为个人打算。譬如做寿若为个人打算，我可以叫大家破钞，乘机敛财，乡间地保每年做一次寿，即是为此。记得“八一三”时，上海居民纷纷逃往外埠，轮船公司生意兴隆，有航行宁波的轮船公司老板，大投其机，每张票价由数角涨至二元多，在他个人，因此大发投机财，而不知多少人遭受意外痛苦。此种行径叫做乘人之危，损人利己，实在不道德。我辈忝在教育界，尤宜格外注意。在今日学校供不应求的状态下，有许多学校乘机提高学费，我们职教社所办学校，每期收费必在政府规定限度以内，选取最低额，例如五十万到一百万，我们只取五十万。今日在座诸亲友亦有从事商业的，当必知薄利所以多卖获利的道理，即因肯为他人设想所得的酬报。若大家能设身处地为人着想，则世上何事不易解决？我个人七十年来，无善可述，只想少做些恶事耳。近年不辞奔走，斡旋于国共之间，亦是为大众设想，不幸此种努力宣告失败。说明深刻些，我们所主持的学校，虽可使收费不过于高昂，但无法制止其他学校的投机营利，则此种努力虽未失败，亦何尝成功。

做人千万勿搭架子，要知我人衣食住行，凡生活所需，那一件不赖众人供养？而有些人往往看不起地位不如我者，此等人实属无耻。例如在学校中工友与教师，论学识当然教师为上，但其为学校服务则一，不应轻视工友。一般人多轻视乡下人，随嘴加以侮辱，殊不知城里人所吃的饭，还是乡下人供给的。在平等的精义下，人类实无贵贱可分。我的女婿张心一曾任甘肃建设厅长，论官不能算低，他却终年坐脚踏车巡回乡村间，专替老百姓除痛苦，没一点官僚习气，做官须这样，做人更须这样。第一“臭架子”必须剥脱，我个人惭愧尚未完全剥脱，但可断言者，今后臭架子一定行不通。明朝末年，松江有家奴大杀主子的史实，可知奴役人者，虽在专制政体庇护下，亦且遭遇反抗，发生危险。今日有钱人，穷奢极欲，恣意享乐，穷人除挺死待宰，一无生路，揆诸情理岂可谓平？

还有一点，座上有许多小弟弟小妹妹，过去我们对小孩子，动辄责罚，现在始悟儿童无罪，罪在大人未能善为教养耳。我长子方刚已故，遗下孙儿三人，二孙在美，大的十六岁，在美学制小型飞机，已能飞行十八英里，现投考航空学校。今后世界，将为空中世界，务使小儿辈眼光远大，胸襟广阔，多予学习机会，无论骑马、游泳、开汽车、开飞机……学得愈多愈好。综合我的意思，像我个人，实在不够标准，必须另定新型：第一不得违反人类平等大原则，第二要养成各种适应环境习惯，第三要发挥民主精神，所谓民主，即每人要承认他的地位，为大众中的一分子，在公共组织中，发表自己的意见，服从多数人的意思。拙著《民主化机关管理》现初出版，对此义甚多申论。总之，希望每个人都能发挥力量，为众人造福，使众人成为一列健全而坚强的队伍，尤望诸亲友本着爱护我个人的厚谊，将我一番诚意为小弟妹多解释，切勿靡费，否则届时请恕黄炎培歉陪。

（录自《国讯》1947 年第 438 期，文后附注：鹤如记。）

附：谢寿小启

炎培献身教育，夙以埋头服务自矢。国难猝来，勉效奔走，而七十之年，忽焉已至，念生我之大恩，图报国而无效。今后愿屏弃一切，潜心著述，将七十年社会蜕变经过，就所亲历，写示国人，藉过去以策未来，同时卖字以资生活。诸友好为余祝寿，愧不敢当，任何礼物，概不领受。范蔚宗有言：一人向隅而泣，则满堂为之不乐。今亿万生灵都在求生不得之中，个人何忍言寿。

（录自《国讯（港版）》1947 年第 2 期）

斯大林大元帅七十岁

一九四九、一二、二，北京

一

人，谁不在求生存？
　为什么，
　　人类演进到今天，
　　　种种制度、名义，
　　老是人欺骗人，
　　　暗里是人剥削人，
　　明里是人掠夺人。
　更明些，
　　人杀人。
　　　黑暗啊！黑暗，
　　从那里找光明？
欧亚两洲的边缘，
　北极海之滨，
　　有一个国家，
　　　经过了千艰万苦的历程。
伟大的十月社会主义革命，
　取得了胜利。
　　执行了土地法令，

和平法令。
三十二年间，
把一个落后的农业国，
变成了强大的工业国，
惹起了全世界的震惊。
它生产力激增了，
相伴而来的，提高了人民生活水平。
“看吧！
羡慕吧！
我是苏联的人民。”(马雅可夫斯基的诗句)
这中间，
第一位导师是谁？
列宁。
继续着，
把社会主义革命大业，
发扬光大起来，
终于造成空前的光荣。
这二十五年来，
领导者是谁？
斯人林。

二

第二次世界大战开幕了。
一九四一年六月，
希魔凭着西线战胜的威风，
突然恶狠狠地发动了侵苏战争。
从黑海到北冰洋，
二千哩长的战线上，
眼看着敌骑纵横。
从基辅的沦陷，

到斯大林格勒巷战，
　简直是“一发千钧”。
凡苏联的友人，
　没一个不是紧张，
　　没一个不是关心。
　　当局者，
　　　不慌不忙，
　把空间换取时间，
　　充分发挥出组织力量。
　　　军火制造，
　　　　粮食生产，
　　大量地相伴而进行。
　　　同时在国际间，
　扎稳了反法西斯的联合阵营。
　　　那时候，
　　法国屈服了，
　邓扣尔克又撤退了大队的英军。
　　美国扬言：
　暴日在东边牵掣下，
　　欲西顾欧陆而无能。
　伟大！
　　伟大！
斯大林格勒一夕的反攻，
　歼灭了三十三万希魔好战的骄兵，
　　完全决定了敌我输赢。
　　　从此，
扭转了整个世界大战的局势，
　终于一九四五年五月，
　　解放了柏林。
　　　八月，

雄师东指了。
配合着中国人民的战斗，
关东军遭遇了惨败。
三天内，
接受了昭和末路的投降。
这一场世界性的恶战，
出最大气力者谁？
是那个国家？
苏联。
最艰苦地，
最英勇地，
主持挽救这最危险的局势，
终于取得最后胜利。
使世界人民不致完全迫害在希魔掌下，
这是谁呢？
斯大林。

三

胜利了，
和平了，
方庆幸世界从此取得长期的安宁，
怪！怪！
猎人发见了被打到半死的恶虎，
动起心来了。
想！想！
为什么不把它
医好起来，
养胖起来，
让它全心全意地为我用，
拿这恶虎来吓唬另一个猎人？

它忘记了一个故事，
慕尼黑丑史里的张伯伦。
还不是利用希魔的凶狠，
想暗中结成反苏同盟。
恶虎到底是恶虎呢！
一面侵苏，
一面就来攻英。
一九四一年，四二年，四三年，
那时英伦三岛，
危险到怎样？
苦痛到怎样？
请问养虎自卫的张伯伦，
“玩火者火烧”，
还不够丢人！
美帝更“异想天开”了，
伸着一手，从掌心里叠起几个华尔街的小金圆，
另一手，举起原子弹的空匣，
“你跟我走吗！
给你这般可爱的金圆。
不跟我吗！
你还不怕原子弹的凶狠？”
它嘴角还嚷着打，
实际上只是拿来威胁利诱人家。
要大家跟着它，
做帝国主义的牺牲。
那时候，
人类中间有一巨人，
他看清楚了全人类心理的趋向，
它在装腔作势地嚷着：
打！

打！
打！
他在词严义正地答复着：
和平！
和平！
和平！
他说了就会做，
他会拿出力量来保卫和平。
“你当我没有原子弹吗！嘿！”
它用原子弹来屠戮，
他用原子能来生产，
来缩成动力，
化整为零；
来开凿江河，
改正地形。
一切都是有利于人生。
它用原子弹来杀人，
杀死千百万人；
他用原子能来造福于人，
养活千百万人。
让全世界人们来公评：
谁暴？
谁仁？
这巨人是谁？
斯大林。

（录自《红桑》）

马克思颂

一九五四、一、一九，北京

读了《资本论》第一卷，温读了《共产党宣言》，写这首诗来纪念。

一

伦敦市，
　市中心的西偏，
学校区，
　来来往往的是青年，
中古式的大厦，
　多么庄严！
　　是图书馆，
是博物院图书馆，
　题什么名？
不列颠(全名是“不列颠博物院图书馆”)，
　进了门，
　　首先取得了领书签，
一人，黑脸，美髯，
　埋着头在翻检，
　　在抄写，
　不断地在书堆里钻研，

这样，
一天，又一天，
一年，又一年，
十年，还不止十年，
踏的地为他而凹，
坐的席为他而穿，
是在十九世纪——
五十、六十年代之间。

二

好繁荣的工厂，
浑浊的空气，
轰隆轰隆的声响，
上工，
放工，
一大群放，
又一大群上，
怎么？
十岁童工也有，
六岁的也有，
连四岁的都叫他们站在做工椅上，
不满十小时不放，
这般小的孩子们，
哪里撑得住呢？
太不人道了！
太不人道了！
天天竟把鸦片来喂，
喂成小猴子一样，
简直不让他们成长。
荒唐！

说不尽的荒唐，
旁人在愤怒、在顿足，
老板们在狂欢、在鼓掌，
一人，黑脸，美髯，
看得明明白白了，
一齐写在他的书上。

三

到底是一现的昙花，
一会儿繁荣，
一会儿凋谢，
总跳不出周期性的变化，
为的是什么？
它们都是靠剥削剩余劳动来起家，
只知有我，
不许有你，
更那许有他，
一会儿，
他们感到危机！
大危机！
问题在无法使市场更多更大，
尽管飞扬着殖民的大旗，
尽管奔驰着帝国的炮车，
无奈市场和生产力间的矛盾，
前者数学级数的增加，
无法配合后者几何级数的增加，
当！
丧钟在响，
当！当！
是那家？

资本家。（二、三资料都出《资本论》第一卷）

四

生产工具必须国有，
　必须消灭私有财产，
　　第一声这样高喊，
请读《共产党宣言》，
　“让那些统治阶级在共产主义革命面前发抖吧！
　　无产者失却的只是锁链。”
　“各尽所能，
　　各取所需。”
　　　还不够理想么！
这就是共产主义社会的基本条件。
　第一步是：
“各尽所能，
　按劳取酬。”
这是社会主义社会的生活特点。
　先后给天才者发见了，
　　从莫斯科到北京，
从二十世纪一十年代——
　到四十、五十年代，
又出现了新民主主义，
　由此而来的，
　　民族统一战线，
　人民民主统一战线，
真理都在眼前，
　是谁发见最先？
让千千万万人，
　千千万万家，
信仰他，

纪念他，
　敬礼他，
人人心里头，
　家家壁上头，
一人，黑脸，美髯。

（马克思脸黑，家人朋友呼他为黑人，见我所读《马克思传》四十二页，美髯见遗像）

（录自《红桑》）

祭黄君公续文

维宣统三年三月初四日，同人等谨以清酌庶羞，昭告于金山黄君之灵曰：

呜呼！富而好礼，善交久敬，言信行果，见义勇为，四者得一，足以风当世而为薄俗规，惟我黄君兼之而无亏。此古人所延颈愿交，执鞭欣慕，自叹不能与斯人同时。同人等得以晨昏与共风雨往来，亲接其言论与丰姿。比十年来，时事益危，忧时之士无不皇皇然以兴教育、振实业、提倡公益为鼓吹，而举世不秋，拥厚赀者相率自陷于投机之事业，遇公益事则坚拒而力辞。独君汪汪之度，慷慨好施，举凡私立学堂之设置、商办公司之成立，以及赈恤善举、缓急呼助于君，君悉权其轻重大小以应之。于是里鄙热心志士欲有所建设，皆恃君为护持，故靡论识与不识，海内外仰君之名，莫不交口称颂，私心窃祷，谓君江海之量，挹彼行潦，殆未有衰。孰料七日之间，君竟乘此凄紧之风云一逝而莫可追。

呜呼哀哉，君当绵惙之际，植善、家修等适探其疾，握手喘促而言曰："中国交涉掣肘如斯，数日未见日报，恐如我病之不可医。"家修不敢伤其心，乱之以他词，犹瞠视欷歔，若不胜悲。呜呼，疾病呻吟之顷，犹不忘国家社会，其平日之抱负可知。

呜呼，君年才四十！苟永其年，为我地方造福，亦岂有穷期！今君死忽忽一月于兹，同人等追念君之生平，咸不禁上为国家社会恸而下以哭其私，呜呼尚飨！

上海西园追悼会

马良、沈恩孚、吴馨、狄葆贤、

管祥麟、朱葆康、瞿钺、林祖溍、

包公毅、黄炎培、钱铭铨、雷奋、陈冷、

龚杰、吴在、苏本炎、王植善、史家修

（录自《公续先生哀挽录》）

李平书先生六十寿序

民国二年一月二十二日，即壬子十二月十六日，为我平书先生六十寿辰。同人以先生热心毅力，凡政界、学界、商界与夫地方一切公益之事，经先生规画维持，类无不食先生之赐。微先生寿辰，同人早思所以永之，俾世知先生之所以福我同人，与同人之所以赖于先生者，至深且钜。乃于先生览揆之辰，谨为文以附于贡言之列，而磊落瑰奇如先生，其丰功伟烈，足以铭金石而光史乘者。非夫蓄道德能文章之士，何能操觚简以扬厉先生。虽然，窃尝闻之曰：泰山不让土壤，故能成其高；河海不择细流，故能成其深。同人与先生相处者，久谂先生之为人，谨疏其荦荦大者，著之于篇，盖所以纪实也。

先生幼而羁贯，尊甫少琳封翁为宝山生员，精岐黄术，先生本其家学，故亦深探《灵》《素》之奥。弱冠为上海邑庠生，时龙门书院初创，主讲席者为兴化刘融斋先生，盖经学大师而兼理学者也，先生为其高第弟子。虽习举业而不屑为占毕之儒，为文汪洋恣肆而一轨于正；博道经世之学，凡掌故、地理、山川、边徼以至世界之大势、风会之转移，纵目遐览，不啻了如指掌。历来院长如鲍花潭、孙蕖田诸先生皆以通儒目之，而学使黄漱兰先生尤以国士相许。以廪生优行贡成均，廷试一等，以知县用，赴京兆试，未售，乃谒选曹，分省东粤，历委要差。旋署陆丰县篆，民俗横悍，动辄械斗，先生绳之以法，复感之以诚，狱市不扰，民乃大和。捐廉俸，行保甲于各乡，分设义塾暨宣讲所，躬莅董劝，不期年而治化蒸蒸，积牍咸理，及瓜代，移交者惟卓郑二姓一案而已。先生尝谓：亲民之官，莫如县令，而行政之效，惟保甲所以清盗源，惟义塾与宣讲所以迪愚顽而敦风俗。故其继署新宁也，僻在海隅，素称盗薮，先生一以治陆丰者治之。复出廉俸，召募练勇，捕诛盗魁，解散胁从，不数月而盗风以熄，阖邑颂神明焉。

谢事后，奉檄清丈沙田，向皆视为利薮，先生杜绝苞苴，铲除积弊，吏胥奉法，豪强詟栗，赋课无匿，疆理咸厘。广州湾界务议起，外人侵踞，狡焉思启。粤督以先生深诇外情，檄署遂溪，以维界务，而巡道某不用先生言，致为外人所窘。先生援据公法，不屈不挠，绅民效死，强邻夺气。长外交者胆小如鼷，徇彼要索，黜我贤令。粤督以去就争之，白先生无罪。而先生慨总署之巽懦，欲折冲而无权，遂乃敝屣缨簪，返我初服。外人伏戎中路，欲肆无礼，邑民奋起保卫，绝彼狡谋。是役也，外人齮龁先生者已至，势将欲得而甘心，而不知先生久已置利害于度外，故虽褫先生之职，而适以成先生之名。闻先生之风者，其亦可以自励矣。先生回籍，道出香港，新粤督合肥少荃李公语先生曰："君为上海人，胡异于西人而与之为难？"先生对曰："公理所在，主权所关，焉得不争？若怵于势而默焉，其何以为国？"李公韪之。被窘之巡道不慊于心而毁先生于李公，公斥之曰："使人人尽如李令，中国其有豸乎？"可谓知先生者。即外人之厄先生者，见先生高节亮志，未尝不心焉敬之。故先生在籍，设于地方诸事，凡遇交涉而以公理力争，彼外人且就范焉。

先生里居，默念南市毗连租界，非仿行文明各国地方自治之制，必不足以图强。正事研究，而鄂督张香涛先生延先生入幕府掌理文牍，兼提调武备学堂。庚子之乱，和议告成，国势益弱，怒焉忧之，遂回籍任上海制造局提调，乃一意经营地方。就原有之马路工程局改建总工程局，以立地方自治之基础。绅民仿文明各国选举制，公举先生为总董，于是开筑马路，修建桥梁，添设巡警，创办电灯，百废具举，规模一新。浚浦界线之议，先生与工程司力争，保全实地极多，商民交口颂之。洎《城镇乡地方自治章程》颁定，即改总工程局为城自治公所，复举先生为城董事会总董，进行之事，日异月新。先生又以医学为卫生要图，爰创设上海医院，并设女子医学校，縻己资甚巨。上海一隅，遂为各处自治之圭臬焉。

辛亥秋，武昌起义，豪杰之士云集响应，上海制造局为军火根本之地，前沪军都督陈君英士造先生谋取之。陈君往攻制造局被絷，先生两次驰救，晓局中以大义，遂释陈君，相与服从。先生总理局务，督饬工匠趱造军火，筹借经费至百余万。复商之沪宁车站总管，得运军械以济苏军攻宁之用。由是光复金陵，联络长江，武昌义士大振，南北息兵，共和之局以成。当沪地光复时，先生以军政府之敦促，暂膺民政总长之职，复奉苏都督檄委江苏民政司长。其时城自治公所已易名为市政厅，另行举董接办，先生仍昕夕驻厅，绅民之白事者，日辄数十人，先生一一为之擘画，靡不就绪。又以南汇、奉贤、昆山、崇明诸县，时有不靖，屡来告警，先生或调派军队，或商遣商团，分往镇抚。而邻邑人民或有见凌于豪强、受屈于官府者，咸求伸理于先生，诉牍纷至，日不暇给，先生牒行各县行政官，据理剖晰，辄获解释。盖先生任民政仅九阅月，而维持地方秩序、保护社会安宁，凡利国福民诸大端，虑之于心而施之于政者，咸翕然有当于人心。智略渊邃，而精神复足以济之，宜其恢恢乎游刃有余也。

近乃创贫民习艺所，以兴工艺；扩新普育堂，以惠茕独。虽先后辞民政司长、民政总长之职，而于地方建设之事未尝有一息之懈、一事之沮。此则先生秉志坚卓，任事勇决，而又淡于荣利，不事家人生产，故能游万物之外而不为所挠。震厉忧勤，常引为天职，故能定大计、决大疑而不与众人同。彼嘐嘐智名勇功之士，始未尝不踔厉奋发，以贪天之功，及乎志得气满，肆焉自以为天壤之内莫我尊且贤者，非不呺然大也，而其神已散，而其质固已敝矣。以视先生成功不居，翛然无与，超乎尘鞅之表，而庞褫麋寿应焉。则今日我同人之所以祝先生，与夫先生之所以大有造于同人者，将永永游先生之寿宇，而受福亦讵有涯涘哉！

姻世愚弟叶佳棠、严应钧、钟文耀、孙泰圻、艾恒镇、郭怀澄、郁怀智、苏绍柄、干城、王宗骏、刘汝曾、莫锡纶、陆文麓、叶景沄、姚文枬、张焕斗、王震、沈恩孚、叶逵、朱炯、张嘉年、王宗毅、王维亮、张恩煜、陈敬铭、顾遵儒、顾学谦、郁颐培、李厚祐、李厚垣、施启华、施樑、施季华、施景华、杨宗录、陈鋐勳、郭怀桐、贾丰臻、朱大经、鲍裕、胡镕、黄如章、陈仁琅、姚文彬、司徒骥、张荣墀、庄裕昌、姻世愚侄曹成达、黄炎培、吴馨、黄庆澜、穆湘瑶、顾履桂、杨逸、沈懋昭、苏本炎、朱日宣、金祖壎、杨炜、郭廷鈐、许模、王引才、范熙瑞、凌纪椿、葛士麒、夏绍庭、姚元焌、王宝崙、丁熙咸、范熙庸、朱得传、沈照、姚鸿、沈周、苏本铫、黄蓉緐、瞿庆善、金祖坤、周文炽、谢永锡、王燮功、金毓孙、龚模、臧洁、钱海、艾青选、毛经畴、杨士煇、邱长龄、吴炳熊、赵鸿藻、姚明善、徐志淦、陆熙顺、庄炎、范镛、叶世镛、周锡钺、周锡钊、胡宗禧、沈镛、周福康、徐文彬、沈宝善、张在新、张国衡、袁嘉熙、郁钟圻、严兆滋、周以藩、钱允利、吴治让、郭廷杰、杨士煌、王廷芳、曾有藩、孙煇元、毛宗灏、张祖勳、马云骥、陈新畬、葛懋奎、唐鹤龄、黄凯元、周丰亨、顾宝华、陆庆锡、陈德坤、蒋光昌、孙作霖、张文才、吴庆生、宋文奎、周汝贵、恩杰尔、王东荣、葛熙、顾保青、陆家春、王茂炽、张兆麟、叶光宗、曹永钫、王汉、陈锜、章震泉、汤应嵩、瞿庆璋、宗侄李显谟谨祝，王宗毅撰，叶振家书。

（录自李平书《且顽老人七十岁自叙》）

纪念马克司逝世五十周年

本年三月十四日，是马克司逝世五十纪念，世界学术均在筹备盛大的纪念。闻我国学术界蔡元培、叶誉虎、江恒源、张蕴和、章益、陶知行、李公朴、朱铎民、章乃器、李石岑、陈望道、黄任之等一百余人，现亦发起马克司逝世五十周年纪念会，并预备出版数十万言之纪念册云，兹觅得该会《缘起》如下：

卡尔马克司于一八八三年三月十四日逝世，今年适为其逝世五十周年。在此短促之五十年中，马克司之学说所给予世界之影响至为重大，而五十年来世人对于马克司，无论其为憎为爱、为毁为誉，而于马克司之为一伟大之思想家、为近世科学的社会主义之始祖，则殆无人否认。迩年来，我国以反对共产党之故，辄联而及于马克司之思想与学说，寖且言者有罪、研究者亦有罪。此种观念亟应打破，何也？一种思想之产生，一种学说之成立，断非偶然之奇迹。吾人如能基于纯正研究学术之立场，则无论为附和或为反对，但于此种思想学说都应切实研究，唯研究乃能附和，亦唯研究乃能反对。盖真理惟研究乃能愈益接近也。今以反对共产党之故，遂及于马克司之思想与学说，则为盲目为思想上之义和团。同人等今基于纯正之研究学术立场上，发起纪念马克司逝世五十周年会，一以致真挚之敬意于此近代伟大之思想家，同时亦即作研究自由思想自由之首倡，并打破我国学术界近年来一种思想义和团之壁垒。是为启。

（录自《申报》1933 年 3 月 13 日《我国学术界纪念马克司逝世五十周年》）

祭胡母张太夫人

维中华民国二十三年九月二日，上海市地方协会史量才、杜镛、王晓籁、钱永铭、虞和德、徐新六、张寅、刘鸿生、穆湘玥、林康侯、张嘉璈、朱庆澜、秦润卿、郭顺、胡孟嘉、蒉延芳、陈光甫、冯炳南、王伯元、黄炎培、查良钊、陈蔗青、王志莘、邹秉文、聂潞生、施伯安等谨以香花清酒，致献于胡母张太夫人之灵而言曰：

翳维太君，德与古侔。俭而中礼，安不忘忧。备钟郝之二难，宜椠鑴于千秋。方以笄龄来嫔于安定也，王氏巾箱，梁家荆布，不闻里党有闲言，乃使夫君无内顾。惟郤缺之耦，相敬如宾，致朱公之门，散财复聚。乃寄梅先生之见背也，呼天有泪，叩帝无乡。拚二十年之心血，导后昆于义方。人第羡兄弟峥嵘而竞爽，而未识太君擘画之周详。今者哲嗣觥觥，贤孙跻跻，留佳语于申江，指连云之申地。伯歌季舞，不出一门，夕膳晨馐，相期百岁。奈之何爱日难留，罡风陡作，一笑而拈花，仰寥天而控鹤，撒手婆安，往生极乐。

同人等或叨世谊、或列周亲，悲灵一护而有痗，信般管之常新。如玉之刍一束，盈尊之酒三巡，天乎鉴德，魂兮归真。伏维尚飨！

（录自《申报》1934 年 9 月 3 日《胡母张太夫人之哀荣，各界领袖均往执绋，极一时之盛》，前有引语："已故沪绅胡寄梅氏原配张夫人，于前日因病仙逝，享年六十三岁。夫人生平治家有方，教子成名，足为女界楷模。哲嗣筠籁、筠秋、筠庵、筠庄均为政商界闻人，交游颇甚。胡氏在日，亦热心公益，手创万国商团中华队，尤蜚声金融界。昨日为张太夫人举殡之日，各界领袖前往执绋者，不下七百余人。灵榇安置于永安公墓，仪式非常简洁而隆重，兹录其详情于次……上海地方协会祭文：”）

祭曹炳生

维中华民国二十有八年六月二十四日，王晓籁、林康侯、金廷荪、江一平、姚肇第、黄定慧、张念萱、姚永言、曹志功、黄振世、宋孟华、徐大统、李耘孙、杜月笙、徐寄庼、许晓初、项康元、潘肇邦、田淑君、俞松筠、张起飏、瞿振华、程桐生、薛耕莘、胡国乔、黄涵之、闻兰亭、张镜湖、孙鹤皋、杨志雄、顾守熙、张翼枢、沈伯英、余芝卿、葛福田、刘仲英、程子卿、孙相基、关炯之、钱新之、徐采丞、许冠群、丁济万、费席珍、胡咏祺、魏廷华、陈志皋、龚静岩、陈璇璋、朱良弼、孙道胜、浦缉庭、黄任之、袁履登、奚玉书、姚惠泉、袁家潢、陆高谊、张翼、冯执中、张一麐、陈子彝、符前耕、凌有光、金为伟、虞洽卿、黄金荣、薛笃弼、季云卿、许锦春、马鸿根、蔡洪生、陈福康、陈翊廷、戴春风、魏敦义、龙筱云、刘春圃、孙筹成等，谨以刚鬣牲醴之仪，致祭于曹炳生先生之灵曰：

呜呼，死生永诀，阴阳隔阂。闻诸哲学家言，人身虽死，而魂永生，然则吾侪之公祭先生当知之也。以先生学识之渊博，可创大业而垂不朽，以先生体魄之健生，可享幸福而臻上寿。今年仅三十，流血于十步之内，饮弹而亡，是岂命耶？先生自幼读以至少壮，素重责任之心。对于职责未有愆尤，为究何而遭此横逆之来，虽以身殉，非其罪也。丁此时艰，牺牲者不知多少，而可哀悼者，莫若先生。先生功在社会，竟一瞑而长辞，怅百身之莫赎。先生今脱离此世界，其升天堂耶，抑生极乐世界耶，而吾辈犹在梦梦中也。先生死而有知，幸有以托梦于吾侪也。自古有生者皆有灭，不生者乃不灭。生灭固为常事，惟在此非常时期，先生之仔肩綦重，今竟卸肩不顾，撒手长别，固吾侪之不幸，抑亦先生所不愿也。抚棺一恸，悲惨同声，尘世茫茫，未来如漆，空楼徒伤鹤去，故垒几见燕归。泪溅春江之水，气嘘歇浦之潮。云旗飘飘，来受此祭。呜呼哀哉，伏维尚飨！

（录自《申报》1939 年 6 月 25 日《本市各团体昨追悼曹炳生》）

唁张自忠

军事委员会转张总司令荩忱先生家属礼鉴：

襄东之役，荩忱先生为国捐躯，精忠义气，将永为吾民族军人之模范。用特专电奉唁，藉申同人等对于张总司令敬仰之忱！

至希

鉴察！

国民参政会副议长　张伯苓

暨驻会委员孔庚、陈博生、李中襄、邓飞黄、许孝炎、林虎、杭立武、陶玄、高惜冰、范予遂、董必武、左舜生、张君劢、刘叔模、黄炎培、莫德惠、卢前、胡石青、张澜、秦邦宪、章伯钧、许德珩、李璜、褚辅成、王造时叩(真)

(录自《申报》1940 年 7 月 12 日《白崇禧、黄绍雄等致祭张自忠、钟毅，张伯苓等电唁张氏家属》，前有引语：“军事委员会副参谋总长白崇禧偕浙江省主席黄绍雄、桂绥署参谋长张任民、第×战区政治部主任韦永成等，因追念张故总司令自忠及钟故师长毅，在鄂北英勇抗战，先后殉职，忠烈可风，特于十一日午后前往两公灵前分别致祭，以表唁悼之忱(十一日电)。国民参政会张副议长暨驻会委员，顷电唁张总司令家属云：”)

附录一：存目

传

宜兴徐黄夫人传

严陈夫人传

苍逸老人传

王母朱太夫人传

刘崇秋夫人传

我儿方刚之一生（我儿方刚之死）

吴母孙太夫人家传

川沙陆蘅汀先生传

行略

杨卫玉先生生平事略

先父事略

冷御秋事略

记

记青年国手吴清源

旧友访谈录（夏蔚如、黄安生、洪铸生、钟子年、吴士翘、张新吾、李印泉）

碑

简照南纪念碑文

墓铭

顾敬初墓志铭

王母吴太夫人墓志铭

王俞夫人墓碑记

鄞县黄筱堂(可法)墓志

张小斋墓碑

川沙陆逸如先生墓志

许克诚妹婿墓志

哀诔

张甥介煦哀词

庄允升诔词

杨卫玉同志哀词

包达三同志哀词

舒新城哀词

江问渔先生哀词

祭文

悼民党要人陈英士及癸丑以后殉国诸烈士

纪念吴怀疚

悼倪菊裳

悼简照南

悼吴叔厘

悼孙中山

悼水产学校前校长张公镠

悼张季直

悼朱葆三
祭钱新之母曾太夫人
悼沈商耆
悼袁观澜
悼蒋渭水
悼张效良
悼赵树声
悼叶鸿英
中秋月亮底下一位新军神张在森
王若飞、秦邦宪、叶挺、邓发、黄齐生、李绍华追悼会致词
悼复旦大学校长李登辉
徐静仁悼词
沈曾畦表姊悼词
黄伯樵纪念词
胡大表姊闵太夫人追思词
“四八”死难诸人追念
陆棣威悼词
痛悼中国人民最敬仰最亲爱的朋友——伟大的斯大林同志
胡应庚(七十三)纪念词
感谢格罗查博士给我们的启发
纪念格罗查博士
程德全瞑目了
辛亥革命前后伟大的孙中山先生

像赞

秦温毅先生象赞

书

致刘厚生函(谈读刘著《张謇传记》意见)
唁陆规亮

唁蒋竹庄

唁徐玉书

唁江翊云

唁吴士翘

唁黄涵之

寿序

卜舫济君六十寿言

张啸林五十九寿序

黄母胡太夫人八十龄寿序

张岳军先生六十颂词

张公权先生六十寿言

徐子为母寿屏

赠序

赠某女士赴美研究文学

送甥许梅就读湄潭浙江大学书

送雷洁琼教授就任北平燕大

题先父遗像

附录二：《黄炎培日记》所见传叙文片段

第2卷

1924年3月6日：车次撰《宜兴徐黄夫人传》。

1926年11月17日：夜，应吴任之先生之属，撰《卜舫济君六十寿言》。

第3卷

1928年7月26日：作严颂文妻《陈夫人传》（同月30日：《严陈夫人传》定稿）。

1928年11月27日：为武鉴衡君遗孤命名傅慰，作《武子命名记》。

1929年5月15日：夜，为两社撰《祭钱新之母曾太夫人》文。

1930年9月16日：为同济校友会撰《袁观澜纪念碑文》，沈君怡所托。

1931年1月4日：为生活撰《朱成章之死》。

1931年1月5日：作《人文月刊》文——《辛亥革命史中之一人——程德全》。

第4卷

1931年12月5日：作三告通讯诸君文——马占山

之研究。

1934 年 3 月 7 日：姚兆里招餐，为其撰让老行述材料事。

1934 年 4 月 24 日：草《张甥介煦哀词》。

1934 年 8 月 2 日：作《记青年国手吴清源》。

1934 年 8 月 12 日：草《庄允升诔词》。

1935 年 11 月 12 日：撰《戈公振纪念碑》。

1935 年 12 月 6 日：《顾敬初墓志铭》脱稿。

1936 年 11 月 6 日：为王延松之母吴撰墓志铭：《王母吴太夫人墓志铭》。延松是坏人，借国民党党部之威力，借抗日名义敲诈钱财，但其母无罪，故应其请。

第 5 卷

1935 年 5 月 31 日：写张啸林五十九寿序。

第 7 卷

1940 年 12 月 21 日：写《先室王纠思夫人行略》脱稿。

1941 年 1 月 18 日：胡君子靖哀辞。

1941 年 7 月 31 日：草《刘仁辅先生墓志铭》一篇。刘名锡智，宜宾人。分函宜宾绅士贺绍九、王光蜀、杜一诚、解维哲暨刘子叔光交卷。

1941 年 8 月 5 日：草《仓逸老人传》，脱稿。

1942 年 8 月 31 日：草《王母朱太夫人传》，招志莘来商榷定稿。

第 8 卷

1942 年 9 月 30 日：为老友蔡蔚挺作文一首《刘崇秋夫人传》。

1942 年 10 月 14 日：作《送甥许梅就读湄潭浙江大学书》。

1943 年 1 月 26 日：应教育全书编纂处之约，草文一篇《杨斯盛》。

1944 年 4 月 19 日：始写《我儿方刚之一生》，未脱稿。（1945 年 1 月 17 日：晨起即写《我儿方刚之死》，未完）。

第9卷

1946年3月4日：为台湾蔡北仑将归，写赠言《送蔡北仑归台湾序》。

1946年4月25日：侄蕙琼与沈云荪婚赠词。

1946年7月31日：作文，《送雷洁琼教授就任北平燕大》。

1947年3月23日：夜，成《黄母胡太夫人八十龄寿序》，子黄荣庆开丝棉织厂。

1947年8月8日：午后作文《王俞夫人墓碑记》，为王振芳元配撰。

第10卷

1947年11月23日：撰《鄞县黄筱堂（可法）墓志》，应其子专校学生黄昭文之请。

1947年12月15日：悼复旦大学校长李登辉，卅六年十一月十九日殁，年七十五岁（文）。

1947年12月24日：《吴母孙太夫人家传》定稿，徇吴鸿璧请也。

1948年2月22日：撰写《徐静仁悼词》。

1948年3月2日：作沈曾畦表姊悼词。

1948年4月1日：写《黄伯樵纪念词》。

1948年5月14日：撰文，《张岳军先生六十颂词》。

1948年5月16日：写张小斋墓碑。

1948年5月29日：作《川沙陆逸如先生墓志》（6月1日，陆修渊来，面交以乃父墓碑稿）。

1948年6月11日：《何香凝夫人七十寿言》，包达三等发起公属撰文。

1948年8月11日：作文，《张公权先生六十寿言》。

1948年8月26日：作文脱稿，《川沙陆蘅汀先生传》。

1948年10月6日：为许克诚妹婿写墓志。

1948年11月3日：写徐子为母寿屏六幅，十月廿七日撰。

1949年2月14日：写文一首，《胡大表姊闵太夫人追思词》（不存稿）。

1949年6月21日：作文，《我儿竞武的一生》。

第 11 卷

1950 年 10 月 28 日：晨八时，至景山东街丁二号任弼时家送殓……我送《哀词》。

1951 年 1 月 19 日：写《哀词》一幅，悼中华职校校长贾佛如。

1951 年 4 月 7 日：下午，匆忙中应《光明日报》之请，写文《“四八”死难诸人追念》。叶挺、邓发、秦博古、王若飞、黄齐生、黄晓庄是 1946 年 4 月 8 日从渝飞延安，在山西兴县上空触黑茶山，全机焚毁的。

1952 年 2 月 3 日：十时赴陆棣威追悼会(嘉兴寺)。陆鸿仪，号棣威，是一位规规矩矩的法律家，现任中央人民最高法院委员兼民庭庭长，一日上午八时病殁。我略致悼词。

1952 年 3 月 15 日：写所作《卢作孚先生哀词》。

第 12 卷

1953 年 3 月 8 日：知辛起草，我修正：《痛悼中国人民最敬仰最亲爱的朋友——伟大的斯大林同志》。

1953 年 5 月 20 日：写《夏敬观哀词》。

1953 年 12 月 19 日：写《聂云台悼词》。

第 13 卷

1954 年 11 月 27 日：讯黄炳权、张伯初，附香草师友门人定论及下讯。

1955 年 2 月 9 日：作《张表方先生哀词》，写成大幅送治丧处。

1955 年 3 月 25 日：《(史东山)哀词》。

1955 年 6 月 20 日：作关于胡风问题的小文《胡风的本质就是这样的》。

1956 年 2 月 5 日：草《杨卫玉先生生平事略》。

1956 年 2 月 7 日：夜写《杨卫玉同志哀词》。

1956 年 6 月 15 日：老友陆规亮本月七日去世，年八十五以上。其女尔昭赴告，电唁之。

1956 年 11 月 6 日：作文脱稿：《我脑海里留着这样可敬可爱的孙中山先生》。

1957 年 2 月 3 日：撰写胡应庚 73(启东，盐城人，乔木的父亲)纪念词。

第 14 卷

1957 年 4 月 2 日：题先父遗像。

1957 年 4 月 4 日：因邵力子等给我看他们所草《马相伯传稿》，遍阅《人文月刊》我和陈乐素所写《相老人八十年经过谈》。

1957 年 4 月 6 日：撰《包达三同志哀词》。

1957 年 4 月 23 日：午后小同来，给以《先父事略》。

1958 年 1 月 18 日：作文，我授意，王季深执笔。写得好。《感谢格罗查博士给我们的启发》。

1958 年 2 月 22 日：唁蒋竹庄词航邮发。

1958 年 9 月 3 日：得上海电报，周孝怀今日逝世。发悼电如下……

1958 年 10 月 12 日：写《追念沈肃文老同志》。

1959 年 8 月 15 日：张菊生(元济)十四日在上海病故，唁电……

1959 年 8 月 19 日：得南京民建电，冷御秋昨以心肌梗塞病突然去世。共艮仲具名电唁。

1959 年 9 月 14 日：老友徐玉书(永祚)病故，电唁。

第 15 卷

1959 年 11 月 2 日：整理《冷御秋事略》。

1960 年 2 月 10 日：夜，得悉上海老友江翊云去世，参加治丧会。电唁。

1960 年 9 月 18 日：写《访旧录》完稿，改名《旧友访谈录》。夏蔚如、黄安生、洪铸生、钟子年、吴士翘、张新吾、李印泉。

1960 年 11 月 29 日：电上海舒新城治丧委员会致哀。

1961 年 2 月 2 日：复上海江问渔，附《沈藩丑史》。

1961 年 2 月 24 日：我写《江问渔先生哀词》。

1961 年 4 月 12 日：接讣告，惊悉老友吴士翘逝世，连续三年(1903 年、1904 年、1905 年)教育司同事。复唁。

1961 年 7 月 23 日：今日上午七时十五分，当当满足十八岁。写赠当当。

1961 年 8 月 15 日：作文《我所敬佩的陈嘉庚先生》，分送《人民日报》社、《中国新闻》社、《职业教育》社。

1961 年 11 月 16 日：悉老友黄涵之去世，电上海致唁。

第 16 卷

1962 年 9 月 18 日：下午，写黄继光烈士纪念大幅。

1965 年 10 月 16 日：《程德全瞑目了》文入吾文目，不发表。

1965 年 11 月 6 日：我写《辛亥革命前后伟大的孙中山先生》脱稿。

附录三：《申报》等文献所见传叙文片段

杨卫玉同志哀词

……

卫老永别我们了，在我说不尽的哀感，为的是他和我手携手在黑暗中间走着一条艰险的、曲折的、漫长的道路，不断地在敌人包围中，一面探路，一面还在筑路，就是职业教育。当时他们认为于国家、于人民特别于青年是有利的，这样走了三十年。我有义务在卫老身后说明他所走的路是怎样艰险，是怎样走的。

（录自《社讯》第88期）

江问渔先生哀词

……

眼前国内国际形势都很好，帝国主义的寿命不会很长了。中国人民在共产党、毛主席领导下，人人学习、人人工作，大家走上社会主义道路，向共产主义迈进。先生！爱国爱民如先生！长眠吧！安息吧！

一九六一年二月十四日

黄炎培

(录自中国嘉德国际拍卖有限公司第71期周末拍卖会会刊)

悼民党要人陈英士及癸丑以后殉国诸烈士

今日开会追悼,虽为已死者而设,然鄙意以为死者已矣,生者一息尚存,不容稍懈,对于福国利民事业亟应实力进行,庶今日之会为不虚也。

(录自《申报》1916年8月14日《尚贤堂追悼大会记》,前有引语:“昨日为开会追悼民党要人陈英士及癸丑以后殉国诸烈士之期……黄任之演说:……”)

悼倪菊裳

倪君生平事业在改良社会,此次病危,犹能遗嘱改良丧葬,而吾国习俗,群认躯壳为重要,相沿土葬。但坟墓太多,异日将有坟满之患,所以处置躯壳之法,以火葬最为合宜。吾尝思处置躯壳之好方法有二:一,火葬;二,人死后送给医学校解剖。在日本医学校,学生毕业,已经过解剖数百人,在中国则无此实验。孔子曰:“死欲其速朽。”亦看破人死无用,此火葬亦为孔子死欲其速朽之意。吾人当体倪君改良风俗之意,努力改良。至于此处会社建设以来,华人之来此火葬者,菊裳先生实为第一。而昨日向警厅请求出信证明,亦属创例。倪君泉下有知,当亦痛快!做人当分别是非、要公正,现社会风俗不好,倪君努力奋斗,吾甚钦佩他有是非决心。

(录自《申报》1922年7月29日《倪菊裳火葬纪》,前有引语:“热心社会事业之倪菊裳逝世,遗嘱火葬,已志昨报。昨日午后二时,由葬仪株式会社用马车装运木盒,前赴倪君寓所,将尸体载回闸北顾家湾会社。至四时余,由倪氏亲友开追悼会,推傅佐衡主席报告,次黄任之演说,大旨谓:……”)

悼简照南

鄙人与简公是朋友,虽相交不过数年,以言交谊则甚浓厚。简公平日提倡教育不遗余力,嘉惠公众,故今日之参与追悼有二点:一系私交上的,二系公意上的。简公之为实业家,与普通实业家有所不同,即在能取之于社会、用之于社会。

不仅如此，又肯为国家培植人才，补助教育费，派送留学生，年约数十万元。安知此优秀之人才不尽以简公为模范，而造福家邦乎。简公之死，群众固甚悲悼，焉知简公已化身无量数之简公在后也！尤可敬者，简公不求名、不求功，明兴实业，暗助国家，使国家得其实利、增其荣光。鄙人夙曾提倡职业教育，简公深表同情，且具伟大之计划。□尝告予，愿辟地建兴职业学校，以利贫民。诸位不要徒羡简公成功之成绩，须知简公之成功能忍失败而来也。我知简公初营南货，继为棉业，继为轮船业，而其资本不过三千元，惟其能坚持百折不回之志愿，达到多财善贾之目的。钱之为物，果具万能，以哲理论，则据佛典上谓：尔之钱用去之后，才算尔之钱。此言寓意奥远，诸君味之，以为何如？据予研究所得，富翁囊中之钱可认为暂时所有，而不可便认为自己之钱。在生虽节衣省食，死后则遗诸子孙，而子孙之钱，子孙作如何用法，已不可得知，又乌可认□己有乎？如简公之钱，简公聚之、简公散之，聚之散之，均得其当。贫民受其利，社会受其益，教育受其惠，推而言之，全国人民，远至海外华侨，无不蒙其利。故其死也，得今日如许同人之哀悼，简公诚堪为国人模范也云云！

（录自《申报》1923 年 12 月 30 日《简照南追悼大会纪》，前有引语："简照南追悼会，昨日假南京路市政厅举行。自上午九时至午后六时，到会团体凡一百八十余起，人数在一万五千人以上。兹将详细情形汇志如下：……演说之大要。上午会场，首由江苏省教育会、中华职业教育社代表黄任之演说，略谓：……"）

悼吴叔厘

首述与吴君在城东女学同任教席数年，且曾同居三载。次言吴君任事之切实有恒、不事高远，最堪钦佩！云云。

（录自《申报》1925 年 2 月 23 日《吴叔厘先生追悼会纪》，前有引语："教育家松江吴叔厘先生于上日逝世后，昨日，南洋公学附属小学师生开追悼会于该校礼堂。堂中供吴君遗像，两旁悬挂挽联、祭轴甚夥。下午□时开会，该校全体师生均到，吴君亲友到者亦不少。先由沈叔逵君报告开会秩序，次到会者向吴君遗像行三鞠躬礼，次沈叔逵君报告吴君行述，略谓：吴君任附属小学算学教员，历二十三年之久。平时热心教授，受其教育者无不心领神会。吴君视学校如家庭、视学生如子弟,二十余年如一日。去年在病中且常眷念学校,其热心与恒心均属难能可贵,令人非常钦佩。吴君有子女各一,女已出阁,子则尚在中学肄业,现拟从事于实业云云。次由黄任之君演说:……”)

悼孙中山

今日为江苏省教育会特开孙中山先生追悼大会,在昔未有先例,此次可谓创举。中山先生之为人,为全国民所信仰,非特吾教育界所景慕,其主义、其事迹、其功勋,均为民众所知悉,无庸赘述。不过当知中山先生与教育界有何关系,缘以教育界所用之教育方法,殊不能超越中山先生之三民主义。此其所以有功于教育界,而本会所以认为有追悼之必要也。

(录自《申报》1925 年 4 月 20 日《省教育会之追悼孙中山大会》,前有引语:“昨日(十九日)下午三时,江苏省教育会假职工教育馆开孙中山先生追悼大会。是日上午,该会于距离会场之附近道路,遍钉指示路由牌,至会场之布置,于中央高悬孙公遗像,并加以惕勉之跋文。场之四周,满挂挽联挽诗,不下百数十件,全场一色惨白,气象极为悲肃。是日前往致悼者,除该会及中华职业教育社全体职员与南市各校男女学生外,尚有其他机关来宾数人,孙公子哲生亦莅会。追钟鸣三下,由中华职业学校文书专修科学生毛一飞、华痕□、姜安文、葛祖泽四君担任速记,首由该会副会长黄任之致开会辞,略谓:……”)

悼水产学校前校长张公镠

水产学校前校长张公镠君,为该校创办人,于本年二月,婴肝疾作古。该校特于昨日开会追悼,到会者有黄任之、袁叔畲、张玉墀、秦蘅江等,文联挽件共有二百余件。先由校长述追悼词,次献爵献花,读祭文,全体起立,行三鞠躬礼,继默悼三分钟。更由该校前教务主任秦蘅江君述张君略史,黄任之君等演说,至下午四时许散会。是日该校并印有追悼张公镠先生之刊,详载张公事略及追悼文件,以志纪念。

(录自《申报》1925 年 4 月 26 日《水产学校追悼前校长张公镠纪》)

悼张季直

先生事略，已见略史，吾则就吾所知事业之影响社会国家及其个人之功夫言之。先生为国内各界所推重，不惟国内，国外人亦所深佩，所以致此者，果何故乎？或谓由于科名，由科名乃得达官贵人之佽助，此则未免浅视之矣。先生四十年前，纯致力学问，而尤笃习经世之学，《年谱》已言之綦详。先生乃一苦学之青年，既贫且贱，无力可学，且以出于农家，频受人之蔑欺侵凌，其困苦为何如？而先生则力学不懈，顾以师率浅陋，无以为教，大都自求以得之。故吾人所感于先生者，第一为自学之精神。甲午以后，中国垂亡，先生察国家危殆之因，由于国际贸易之入超于出，而尤以棉铁为最高额，于是发愤经营实业，而先从纱□始。吾虽未见其经营缔造之状，而就所闻知，则以资本不充，无力支撑，然卒能鼓奋勇，以底于成，第二为不畏艰难。其办学也与时异趣，时国内办学者汲汲以办大学相尚，而先生则从小学入手，欲储备小学师资，故先办师范。中国有师范，盖自南通始。先生办师范，与学生朝夕相处，其陶冶之切，有足多者，南通教育之负盛名者以此，第三为从根本着手。

人生之大贡献在立言，先生之名言有三。十二年，与友人某君谒先生。友人乃留学新返国者，先生与友人曰："学生入世，有三人誉之者，其人必达；三人毁之者，其人必穷。"吾闻之至今不能忘。方江苏咨议局之初成立也，先生演说曰："欲办一县事，须知一省事；欲办一省事，须知一国事。"其语似本经义，然《大学》修齐治平之道不外是矣。前八年，先生来沪，遇程雪楼。程谓："天下何物为吾所有乎?"先生应声曰："天下何物非吾有乎？吾人能知天下之物无非吾有，乃可超脱一切；能知天下之物无一为吾所有，则不避艰危，为世人谋福利。"此二语固千古不可磨灭者也。先生为会长十余年，其与会关系之深切，尤□人所当永矢勿谖者。

（录自《申报》1926 年 9 月 27 日《省教育会追悼张季直纪》，前有引语："江苏省教育会昨日（二十六）下午二时，在陆家浜职工教育馆开会追悼张季直，到会者五百余人。主席袁会长致开会词，次行三鞠躬礼，并由上海童子军沈总教练率童子军至幕前行敬礼，次静默三分钟，次黄副会长报告张氏史略，旋有丁文江、张君劢、卢绍刘演说，于敬之报告，末奏哀乐散会，已四时二十分。兹将是日详情分志于后……黄任之报告:……”)

悼朱葆三

朱公葆追悼会定于今日下午一时,在宁波同乡会开会,业经筹备总主任方椒伯会同各筹备员布置就绪。该会全部开放,第一层设灵,第二层开会,第三层为军乐部及学生座,第四层为茶点室。参与追悼会者到会时先由劳合路进门,在灵前行礼,即上二楼开会,会毕上四楼茶点。兹将开会秩序及会场职员姓名录后:

开会秩序为(一)奏乐;(二)振铃开会;(三)各界诸君入席;(四)主席致开会词;(五)报告朱公事略;(六)奏乐;(七)宣读诔文;(八)全体起立行三鞠躬礼;(九)鸣钟静默三分钟;(十)唱追悼歌;(十一)演说;(十二)家属答谢;(十三)摄影;(十四)奏乐散会。

主席傅□庵、司仪周肖彭。报告朱公事略盛竹书,读诔文□建候,演说马湘伯、李佳白、王儒堂、余日章、袁观澜、黄任之、哈少甫、袁履登、叶惠钧、陈良玉。会场纪录洪叔言、徐思防……

(录自《申报》1926 年 10 月 24 日《今日之朱葆三追悼会》)

悼沈商耆

人皆知沈先生待人接物圆转如意,而不知其克己奉公方正异常,但观其服官仍书生本色,已属难能。而虔于制礼作乐之外,兼擅挥洒,书宗右军,超迈前古,能以圆笔作方形字,又非凡手所可几及。胡图天妒,竟遭覆辙!予不徒为私谊哭,且为文化前途悲也!

(《申报》1929 年 12 月 27 日《沈商耆先生追悼会琐记》,前有引语:“沈商耆先生道德文章,夙为士林所景仰。昔官江苏教育厅长时,颇著政声,惜为期未久,致不克展其抱负。年来息影歇浦,从事讲学,诲人不倦,故造就特多。不幸于上月间以覆车殒命,闻者痛之。二十二日下午,本埠中华职业教育社等各团体假座职工教育馆开会追悼,各方参加者五百余人。素车白马,极一时之盛。……黄任之君演说,颇多妙语,略云:……”)

悼袁观澜

之一

先生一生事业至多，而最大之贡献则为义务教育。苦心焦思，无微不至。先生得病之前十天，江问渔先生应广州之召，演讲义务教育。将行时，与先生谈义务教育之要点，先生以不离乡民原有之生活为义务教育实施之南针。教育提倡多年，结果如何？有湖南友人某君应东北大学之聘，来中华职教社谈知：湖南共产党徒遍地，中学毕业生实为其重要分子，可见学生无出路问题，至为严重。先生以为一方面提倡义务教育，一方面不使离开原有生活。先生认徐公桥之乡村教育可为全国法，宜设法推广。诚以生活一离本位，教育一普及，危险有不堪言者。故纪念先生，在试办义务教育区，并以不离乡村子女原有之生活本位，立石昭告同志。

（录自《申报》1930 年 9 月 29 日《昨日袁观澜先生追悼大会》，前有引语："黄任之致悼词，略谓：……"）

之二

我国兴学数十年来，尚乏效力，教育不能与社会打成一片，实属阶厉。每观已受教育之农工子弟，大都均不愿重理故业，以致失业日增，社会乃大受其害。又闻共党中颇多受过中等教育以上之学生，羼入其间，教育前途，可胜浩叹！予尝闻袁先生有言：我所提倡之义务教育，第一须使彼受教者不脱其本业，然后学而致用，相得益彰，庶可告无罪于社会而得教育之真价值矣。予甚愿继袁先生之志者，三复斯言。

（录自《申报》1930 年 10 月 1 日《袁观澜先生追悼会琐记》，前有引语："末由黄任之先生演说：……"）

悼蒋渭水

蒋渭水先生是无名的甘地、是没有成功的甘地，真个有名的甘地必须有许多无名的甘地，然后甘地成功。此刻中国所需要的就是几千万个无名甘地、有几千万个蒋先生，而蒋先生不死，而中国不亡！

(录自《申报》1931 年 10 月 5 日《各界昨日追悼蒋渭水》,前有引语:“上海各界于昨(四日)日上午九时,假小西门蓬莱大戏院开追悼台湾革命领袖蒋渭水先生大会。计参加追悼者有本市抗日救国会、总商会、邮务工会、上海韩人各团体联合会、驻沪印度国同盟会、旅沪台侨同乡会、亚洲文化协会、中华职业教育社、持志学院、泉漳中学、公时中学等七十余团体、代表六百余人。会场空气极严肃,大会主席团黄炎培、吴迈、黄警顽、刘士木、庄希泉、沈卓吾、许冀公。奏乐开会后,全体肃立,向党国旗及总理遗像行三鞠躬礼毕,复向蒋渭水先生行一鞠躬礼。主席团沈卓吾恭读《总理遗嘱》毕,静默三分钟,纪念总理并为蒋渭水先生志哀、献花圈……次黄炎培先生演说云:……”)

悼张效良

本市营造厂业同业公会、建筑协会、木材业同业公会及浦东同乡会等联合发起,市教育局、地方协会等共同参加之张效良先生追悼会,定于今日下午二时起在法租界马浪路二五三号通惠小学举行。主席团业已推定张继光、陈松龄、徐怡铭、杜月笙、潘公展、钱新之、王晓籁、李大超、秦砚畦等九人,并有赵晋卿、黄炎培诸氏之演说,当日《社会日报》并发行特刊一大张,专载张氏生平事略及各界祭文诔辞、挽联幛句等,以留纪念。届时马浪路上,素车白马,定有一番哀荣也。凡各界人士与张氏有旧者,可径往通惠小学致敬,如有挽联等件,亦可直接送至会场。追悼会筹备处及办事处,因时间关系,均停止收受云。

(录自《申报》1936 年 8 月 29 日《今日各界开会追悼张效良》)

悼赵树声

全国邮务总工会为追悼已故常委赵树声氏,特于昨日下午二时,联合京沪杭邮务工会,假爱多亚路浦东同乡会六楼举行追悼大会。由全国邮务工会委陆京士主席,各情分志如次……

主席陆京士报告赵君生平事略,略谓:今天全国邮务总工会为赵同志举行追悼大会,承各位先生、各位同志远道来此参加,本会殊深感激。兹谨将树声同志平生事迹及行述略为在座诸君道之。

同志为浙江乐清县人，终鲜兄弟，父母健全，但均已年迈。同志天赋敏慧，幼年随父课读，已悉心于学问。民国十二年，考入上海邮政管理局任邮务员。民国十八年，参邮工运动。先是，同志在上海工会所刊印之《上海邮工》上常有文字发表，同人慕其文笔之隽美，辄就教焉，于是同志遂为邮工运动之一员健将。曾为护邮运动、收回邮权运动及合并储汇局等运动出力不少。全国邮务总工会之成立，其先均由同志擘划筹备。总会成立后，同志被推为常委兼秘书长，对于推进会务，厥功甚伟。民国二十一年，同志被推为上海市总工会执行委员兼秘书长，对于工运多所建树。同志除尽瘁于邮运及工运外，并热心于教育事业，历任民立中学秘书长、中华邮工函授学校教务主任。勤劬服务，昕夕不辍，暇时并为同人襄理党的工作，故对于同人实为一日不可离之同志。论其个人则道德高尚，不慕名利，作事勤恳，埋头苦干，而尤富于责任心，夙为同人所钦敬。最近因主持民立中学纪念大会，用心过度，积劳成疾，竟致不起。窃念树声同志之死，为公为私，均为莫大之损失。死者已矣，吾人今日在此追悼同志，应效法其埋头苦干之精神以完成其未竟之志，则今日之追悼会，不无意义焉。旋由陶百川、马公愚、黄任之、程海峰、朱学范相继演说毕。

（录自《申报》1937 年 3 月 15 日《全国邮总会昨追悼赵树生》）

纪念吴怀疚

今日纪念吴公，非徒为吴对于童子军中赞助良多，而童子军不忘提携之德而然也。盖吴公为社会服务之热心家提倡家，不观夫十载前，西区犹一荒僻之地，而今则渐形热闹，非有吴公之经营计划，曷克臻此。去岁五四运动之时，今日在此开会，明日于斯集合，则又吴公辟此体育场之功矣。要之，造福社会、造福将来，又不一而足。夫为社会服务为童子军之至旨，则今日纪念吴公，愿即以吴公为模范。

（录自《申报》1920 年 1 月 19 日《吴怀疚纪念铜碑开幕礼》，前有引语："昨日（十八日）上海县全体童子军在公共体育场，为吴怀疚纪念铜碑行开幕礼，仪式列后：一，……五，演说。先沈信卿君略谓……次黄任之君演说，谓：……"）

后记

2018年夏天，在思南路上海科学会堂的某个会议上偶遇柴志光先生。先生言及恰逢黄任老诞辰一百四十周年，正在着手准备《黄炎培序跋记文书信选辑》一书。正巧之前我在编制晚清上海新学书目时，看到过一篇黄任老的序，想问问柴先生的新书有没有收入这篇序。先生查阅以后，将其添入新书中，并客气地将我的名字加入书前编委会名单。

我十分愧怍，也十分激动。愧怍的是自己几乎什么也没做，激动的是拙名得以附任老骥尾而行。黄任老及"内史第"对我本人来说意义非同寻常。早在解放前，我的曾祖父在川沙城内南市街、乔港路交界处的一角，经营着一爿名为"祥泰"的烟纸店，几乎毗连于"内史第"。曾祖父以九旬高龄去世，可惜我当时年纪尚幼，脑海中唯一关于曾祖父的印象，只有橱柜抽屉里头那一包飞马牌香烟。曾祖父烟瘾很大，直到晚年都每天抽完一包。现在的我每每为之抱憾，如果我当时再长大几岁，或许可以与曾祖父聊聊"内史第"里诸位名人的逸事，甚或他还亲见过其中的几位。

这种遗憾却在本书选辑过程中与柴先生的数度交流而不知不觉地释然了。看到柴先生为了整理出版顾炳权先生的遗著而不懈努力；在在以浦东乡邦文献为念，不懈蒐辑、编印，以广流传；孜孜不倦地访碑读碑，乐在其中，因为文征明手书的《筑川沙城记碑》佚失而叹息不置。看着柴先生的身影，我想，这应该就是沈树镛、沈肖韵、黄炎培等前辈一脉传承下来的浦东学人精神吧。

最后，希望未来能有更多的“存目”文章显现于世，也在此盼望能早日读到柴先生的浦东访碑录。

栾晓明
2022 年 1 月